高等职业教育"十四五"系列教材

高等职业教育土建类专业"互联网+"数字化创新教材

轨道交通工程测量

段军朝　张　能　赵旭坤　主　编

中国建筑工业出版社

图书在版编目（CIP）数据

轨道交通工程测量／段军朝，张能，赵旭坤主编
. — 北京：中国建筑工业出版社，2024.3
高等职业教育"十四五"系列教材　高等职业教育土
建类专业"互联网＋"数字化创新教材
ISBN 978-7-112-29436-7

Ⅰ．①轨⋯　Ⅱ．①段⋯ ②张⋯ ③赵⋯　Ⅲ．①城市铁
路-铁路工程-工程测量-高等职业教育-教材　Ⅳ.
①U239.5

中国国家版本馆 CIP 数据核字（2023）第 244443 号

本教材主要涉及城市轨道交通工程土建施工阶段的测量与监测工作。全书共 14 章，第 1 章介绍了国内外城市轨道交通工程的建设发展概况以及施工测量的任务和内容；第 2 章介绍了施工测量的基本知识；第 3～6 章分别详细介绍了地面控制测量、联系测量和地下控制测量的布点、外业施测方法及要求、内业平差计算等内容；第 7 章对线路坐标正反算（平曲线、竖曲线测设）做了详细讲解；第 8～11 章分别就地下车站、矿山法区间、盾构区间、高架区间的施工测量进行了详细介绍；第 12 章介绍了竣工断面的测量方法和要求；第 13 章重点讲述了地铁工程监控量测的相关知识；第 14 章介绍了施工测量技术管理与质量控制。

本教材参考国家现行标准规范，面向专业岗位及职业需要编写，可作为城市轨道交通工程测量的教学、培训教材，也可供相关专业工程技术人员和社会从业者学习使用。

为了便于本课程教学，作者自制免费课件资源，索取方式为：1. 邮箱：jckj@cabp.com.cn；2. 电话：（010）58337285；3. 建工书院：http://edu.cabplink.com；4.QQ 交流群：760699638。

责任编辑：司　汉　李　阳
责任校对：芦欣甜
校对整理：张惠雯

高等职业教育"十四五"系列教材
高等职业教育土建类专业"互联网＋"数字化创新教材
轨道交通工程测量
段军朝　张　能　赵旭坤　主　编

*

中国建筑工业出版社出版、发行(北京海淀三里河路 9 号)

各地新华书店、建筑书店经销

北京鸿文瀚海文化传媒有限公司制版

天津画中画印刷有限公司印刷

*

开本：787 毫米×1092 毫米　1/16　印张：16　字数：398 千字
2024 年 3 月第一版　　2024 年 3 月第一次印刷
定价：**48.00** 元（赠教师课件）
————————————————————
ISBN 978-7-112-29436-7
（41763）

本教材编委会

主　　编：段军朝　中建三局第三建设工程有限责任公司

　　　　　张　能　中建三局基础设施建设投资有限公司

　　　　　赵旭坤　陕西铁路工程职业技术学院

主　　审：张　俊　贵州大学

副主编：王玉华　南京铁道职业技术学院

　　　　　李保盛　北京盈建科软件股份有限公司

　　　　　王孟君　南京铁道职业技术学院

参　　编：毕永清　四川省川建勘察设计院有限公司

　　　　　周　平　四川省第四地质大队

　　　　　何浪泓　中国电建集团华东勘测设计研究院有限公司

　　　　　操　抗　武汉华中科大检测科技有限公司

前　言

　　城市轨道交通是当前新型城市化发展的主要公共交通形式，具有安全、节能、环保等特点。近年来，城市轨道交通工程的建设飞速增长，带动了相关产业链的发展，带动了沿线商业及地产的繁荣，给居民出行带来了便利，同时也带动了城市 GDP 的增长，城市轨道交通已经成为城市建设的重要组成部分。城市轨道交通建设行业的蓬勃发展，对工程测量人员的技术要求在不断地提高，且地下空间、隧道工程等对测量专业人才的需求量也随之增大，这就对施工测量技术在轨道交通工程中的应用推广及教育培训提出了迫切的需求。

　　为了满足城市轨道交通工程专业测量监测人才技术能力的提升，编者结合《城市轨道交通工程测量规范》GB/T 50308—2017，总结参与的城市轨道交通工程项目经验，并参考相关城市轨道交通工程测量书籍，特编写本教材。本教材以城市轨道交通工程土建施工测量内容为主展开，循序渐进，结合工程实例讲解方法和原理，帮助读者理解和掌握测量方法，具有很好的教学功能与指导意义；教材力求理论与实践相结合、专业知识与工程实例相结合，图文并茂，内容深浅得当，操作性与指导性较强；教材注重落实立德树人根本任务，引导学生成为德智体美劳全面发展的社会主义建设者和接班人；教材内容融入思想政治教育，推进中华民族文化自信自强。

　　本教材由中建三局第三建设工程有限责任公司段军朝、中建三局基础设施建设投资有限公司张能、陕西铁路工程职业技术学院赵旭坤任主编，南京铁道职业技术学院王玉华、北京盈建科软件股份有限公司李保盛、南京铁道职业技术学院王孟君任副主编，贵州大学张俊任主审。其中第 1 章、第 2 章、第 6～7 章由段军朝和赵旭坤编写；第 3 章由王玉华编写；第 4 章由李保盛编写；第 5 章由王孟君编写；第 8～12 章由张能编写；第 13 章由四川省川建勘察设计院有限公司毕永清和中国电建集团华东勘测设计研究院有限公司何浪泓编写；第 14 章由四川省第四地质大队周平和武汉华中科大检测科技有限公司操抗编写。

　　本教材在编写过程中，得到了兄弟单位专家、学者、同行的大力支持和帮助，在此表示由衷的感谢。

　　由于编者水平有限，本教材难免存在一些不尽如人意的地方，不当之处也在所难免，对书中存在的问题恳请读者批评指正。

目　录

第1章

Chapter 01

城市轨道交通工程概述

城市轨道交通现已成为大型及其以上城市公共交通的骨干交通方式，通过本章节教学，使学生了解城市轨道交通的定义及分类，了解国内外城市轨道交通的发展概况，了解城市轨道交通土建工程的分类、主要施工方法，了解城市轨道交通工程施工测量的任务、内容以及最新测量技术装备的发展。

能力目标

（1）具备测量员、测量工程师等关键测量技术岗位人员对城市轨道交通工程相关概念认知的能力。

（2）具备对城市轨道交通工程施工测量工作认知的能力。

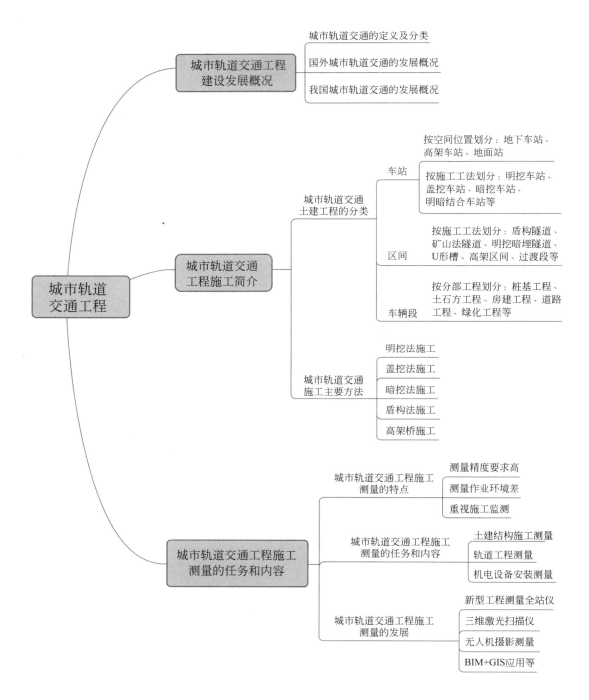

城市轨道交通工程

城市轨道交通工程建设发展概况
- 城市轨道交通的定义及分类
- 国外城市轨道交通的发展概况
- 我国城市轨道交通的发展概况

城市轨道交通工程施工简介
- 城市轨道交通土建工程的分类
  - 车站
    - 按空间位置划分：地下车站、高架车站、地面站
    - 按施工工法划分：明挖车站、盖挖车站、暗挖车站、明暗结合车站等
  - 区间
    - 按施工工法划分：盾构隧道、矿山法隧道、明挖暗埋隧道、U形槽、高架区间、过渡段等
  - 车辆段
    - 按分部工程划分：桩基工程、土石方工程、房建工程、道路工程、绿化工程等
- 城市轨道交通施工主要方法
  - 明挖法施工
  - 盖挖法施工
  - 暗挖法施工
  - 盾构法施工
  - 高架桥施工

城市轨道交通工程施工测量的任务和内容
- 城市轨道交通工程施工测量的特点
  - 测量精度要求高
  - 测量作业环境差
  - 重视施工监测
- 城市轨道交通工程施工测量的任务和内容
  - 土建结构施工测量
  - 轨道工程测量
  - 机电设备安装测量
- 城市轨道交通工程施工测量的发展
  - 新型工程测量全站仪
  - 三维激光扫描仪
  - 无人机摄影测量
  - BIM+GIS应用等

1.1　城市轨道交通工程建设发展概况

1.1.1　城市轨道交通的定义及分类

城市轨道交通是城市公共交通的骨干，具有节能、省地、运量大、全天候、无污染（或少污染）、安全等特点，属于绿色环保交通体系，比较适用于大中城市。根据中华人民共和国住房和城乡建设部于 2007 年发布的《城市公共交通分类标准》CJJ/T 114—2007 中的定义，城市轨道交通为采用轨道结构进行承重和导向的车辆运输系统，依据城市交通总体规划的要求，设置全封闭或部分封闭的专用轨道线路，以列车或单车形式，运送相当规模客流量的公共交通方式。

《城市公共交通分类标准》CJJ/T 114—2007 中明确了城市轨道交通包括：地铁系统、轻轨系统、单轨系统、有轨电车、磁浮系统、市域快速轨道系统、自动导向轨道系统。此外，随着交通系统的发展已出现其他一些新交通系统。

（1）地铁系统

地铁是一种大运量的轨道运输系统，采用钢轮钢轨体系，标准轨距为 1435mm，主要在大城市地下空间修筑的隧道中运行，当条件允许时，也可以穿出地面，在地上或是高架桥上运行。按照选用车型的不同，可分为常规地铁和小断面地铁；根据线路客运规模的不同，又可分为高运量地铁和大运量地铁。地铁车辆的基本车型有 A 型车、B 型车和 L_B 型车（直线电机）三种，A 型车基本宽度为 3000mm，B 型车和 L_B 型车的宽度均为 2800mm。每种车型都有带司机室和不带司机室、动车和拖车的区分。地铁系统的列车编组通常由 4～8 辆组成，车辆长度为 70～190m，要求线路有较长的站台相匹配，最高行车速度不应小于 80km/h。地铁系统的主要标准及特征见表 1-1。

地铁系统主要标准及特征　　　　　　　　　　表 1-1

项目		标准及特征		
车辆	车型	A 型	B 型	L_B 型
	车辆基本宽度	3000mm	2800mm	2800mm
	车辆基本长度	22.0m	19.0m	16.8m
	车辆最大轴重	≤16t	≤14t	≤13t
	车辆编组	4～8 辆		
	车辆长度	100～190m	80～160m	70～140m
线路	类型、形式	地下、高架及地面，全封闭型		
	线路半径	≥200m	≥250m	≥100m
	线路坡度	≤35‰	≤35‰	≤60‰
客运能力		4.5 万～7.0 万人次/h	2.5 万～5.0 万人次/h	2.5 万～4.0 万人次/h

项目	标准及特征		
供电电压及方式	DC1500V 接触网供电	DC1500V/750V 接触网或三轨	DC1500V/750V 接触网或三轨
平均运行速度	≥35km/h		

（2）轻轨系统

轻轨是一种中运量的快速轨道交通运输系统。英国、美国、俄罗斯把它称为"轻轨运输"或"轻轨系统"，德国把它称为"城市铁道"，日本称其为"轻轨电车"。它可以在地下运行，也可以建成高架轨道形式在地面运行。它由现代有轨电车发展而来，既可在技术上自成体系，也可采用地铁技术制式。但从宏观上说，轻轨交通最主要的特征是其运量规模比地铁小，单向高峰小时断面流量在 10000～30000 人次。因此，有人把凡是高峰小时断面流量在这个范围的其他形式轨道交通，如单轨交通、新交通系统、直线电机驱动的城轨车辆交通等都称之为轻轨交通。

（3）单轨系统

单轨是一种车辆与特制轨道梁组合成一体运行的中运量轨道交通系统。轨道梁不仅是车辆的承重结构，也是车辆运行的导向轨道。单轨系统的类型主要有两种，一种是车辆跨骑在单片梁上运行，称之为跨座式单轨系统；另一种是悬挂在单根梁上运行，称之为悬挂式单轨系统。

（4）有轨电车

1888 年 5 月，在美国弗吉尼亚州里士满，世界上第一条有轨电车线路投入运行。中国第一辆有轨电车于 1909 年 3 月从上海英租界静安寺外滩开出。旧式有轨电车速度慢、运量小、舒适性差、技术落后，许多国家都对其进行了改造或拆除。我国的北京市、天津市、上海市、大连市、长春市、哈尔滨市、鞍山市、香港特别行政区、沈阳市等城市和地区，都曾经运行过有轨电车，现在还有很多城市的有轨电车仍在运行。

（5）磁浮系统

磁浮是一种运用"同名磁极相斥、异名磁极相吸"的原理、依靠电磁力使车厢悬浮并行走的轨道运输方式。磁浮交通有常导和超导两种类型，常导式磁浮线路能使车辆浮起 10～15mm 的高度，运行速度较慢，用感应线性电机来驱动；超导式磁浮线路能使车辆浮起 100mm 以上的高度，速度较快，用同步线性电机来驱动，技术难度较大。日本使用超导体产生的磁力使列车悬浮，列车速度可达 590km/h 以上，德国使用常导相吸原理使列车悬浮，列车速度提高到 430km/h 以上；2021 年 7 月，我国自主研发速度超 600km/h 的高速磁悬浮列车在青岛正式亮相。

（6）市域快速轨道系统

市域快速轨道交通系统是一种大运量的轨道运输系统，客运量可达 20 万～45 万人次/日（一般不采用高峰小时客流量的概念）。市域快速轨道交通系统适用于城市区域内重大经济区之间中长距离的客运交通。市域快速轨道列车主要在地面或高架桥上运行，必要时也可在隧道中运行。当采用钢轮钢轨体系时，标准轨距为 1435mm。由于线路较长，站间距相应较大，必要时可不设中间车站，因而可选用最高运行速度在 120km/h 以上的快速专用车辆，也可选用中低速磁悬浮列车。市域铁路还可分为以下三种。

1）城市铁路

凡是为城市交通服务的所有形式的轨道交通都可看作城市铁路。这里特指作为干线铁路中的铁路枢纽，利用现有的运输资源，能在市区内开行的公交化（站距短、停站多、密度大）的旅客列车线路。

2）城郊铁路

利用干线铁路或修建专用线路，开行于城市中心区到卫星城、卫星城到卫星城间（站距较大、停车次数较少、行车密度不太大）的旅客列车，称作城郊铁路。它主要用于通勤、通学、旅游、赶集等加强城郊联系的社会、经济活动。

3）机场铁路联络线

最早出现的机场联络铁路是 1958 年开始营业的从英国伦敦盖特威克机场到市区维多利亚站之间的铁路。英国伦敦帕丁顿至希思罗机场也修建了快速铁路。从机场到市区的里程一般不超过 30km。它的修建不仅方便了旅客及接送人员，也方便了民航职工。中国北京东直门至首都机场之间建设的快速轨道交通工程采用直线电机车辆制式，起点为东直门，终点分别至首都机场 2 号和 3 号航站楼，全长 27.3km，全线共设 4 座车站和 1 座车辆基地，车辆最高运行速度为 100km/h，从东直门至机场 3 号航站楼只需 16 分钟。

1.1.2　国外城市轨道交通的发展概况

1863 年，世界上第一条用蒸汽机车牵引的地下铁道线路在英国伦敦建成通车（图 1-1），其干线长度约 6.5km，至今已有 160 多年的历史。

图 1-1　世界首条地铁线路

世界第一条地铁的诞生，为人口稠密的大都市如何发展公共交通提供了宝贵的经验，特别是到 1879 年电力驱动机车的研制成功，使地下客运环境和服务条件得到了空前的改善，地铁作为公共交通显示出强大的生命力。从此以后，一些著名的大都市相继建造地下铁道。1863～1899 年，英国的伦敦和格拉斯哥、美国的纽约和波士顿、匈牙利的布达佩斯、奥地利的维也纳以及法国的巴黎共 5 个国家的 7 座城市率先建成了地下铁道。在 20

世纪的最初 24 年里（1900～1924 年），欧洲和美洲又有 9 座大城市相继修建了地下铁道，如德国的柏林、汉堡，美国的费城以及西班牙的马德里等。1925～1949 年，其间经历了第二次世界大战，各国都着眼于自身的安危，地铁建设处于低潮，但仍有日本的东京、大阪，苏联的莫斯科等少数城市在此期间修建了地铁。

在 20 世纪 50 年代至 20 世纪 90 年代之间，世界范围内的城市地下铁道有了迅速发展。其主要原因是在战后以和平发展为主流的年代里，亚洲、拉丁美洲、东欧的城市化进程加快，拥有数百万人口的城市数量不断增加。据统计，截至 2019 年底，全球共有 75 个国家和地区的 520 座城市开通城市轨道交通，运营里程达 28198.09km。从各大洲城市轨道交通运营里程的占比来看，截至 2019 年底，欧洲城市轨道交通的运营里程达到 14710.962km，占世界城市轨道交通运营里程的 52.2%，居于首位；其次是亚洲的城市轨道交通的运营里程为 10698.43km，占世界城市轨道交通运营里程的 37.9%。

1.1.3　我国城市轨道交通的发展概况

（1）我国城市轨道交通的发展历程

我国的城市轨道交通发展主要经历了以下四个阶段：

1）起步阶段（20 世纪 60 年代～20 世纪 70 年代）

以 1965 年开工建设、1969 年通车运营的北京地铁 1 号线一期（23.6km）和 20 世纪 70 年代建成的 7.4km 的天津地铁为代表。

2）初始阶段（20 世纪 80 年代～20 世纪 90 年代末）

以上海地铁 1 号线、广州地铁 1 号线、北京地铁复八线为代表。十年间建设规模的 54km。

3）快速阶段（20 世纪 90 年代末～至今）

起步于 1999 年国产化政策的颁布与实施，加速于 2003 年《关于加强城市快速轨道交通建设管理的通知》的颁布与实施，2018 年《国务院办公厅关于进一步加强城市轨道交通规划建设管理的意见》的颁布基本上形成了比较稳定的高位发展阶段。20 年间建设规模约 5000km。

4）融合发展阶段（"十四五""十五五"期间奠定高质量发展的基础）

从拼建设发展速度、比建设规模大小，到聚焦高质量发展，线网规划视野逐渐从城市轨道拓展到与包括铁路在内的其他轨道交通互联互通，从单一城市拓展到都市圈、城市群。

（2）我国城市轨道交通的发展现状

据中国城市轨道交通协会最新数据统计，截至 2022 年底，我国内地已有 55 个城市（不含港澳台）开通城市轨道交通（地铁、轻轨、单轨、市域快轨、现代有轨电车、磁浮交通等）运营线路 308 条，运营线路总长度 10287.45km。我国城市轨道交通 2012～2022 年新增运营里程及总运营里程统计如图 1-2 所示。

截至 2022 年底，城市轨道交通线网建设规划在实施的城市共计 50 个，在实施的建设规划线路总长 6675.57km（不含统计期末已开通运营线路）；可统计的在实施建设规划项目可研批复总投资额合计为 41688.79 亿元。

图 1-2　城市轨道交通 2012～2022 年新增运营里程及总运营里程统计图

2022 年，中国内地城市轨道交通运营线路规模迈进 10000km 大关，运营城市达到 55 个。已投运城市轨道交通线路系统制式达到 9 种，其中，地铁 8008.17km，占比 77.84%；轻轨 219.75km，占比 2.14%；跨座式单轨 144.65km，占比 1.41%；市域快轨 1223.46km，占比 11.89%；现代有轨电车 564.77km，占比 5.49%；磁浮交通 57.86km，占比 0.56%；自导向轨道系统 10.19km，占比 0.10%；电子导向胶轮系统 34.70km，占比 0.34%；导轨式胶轮系统 23.90km，占比 0.23%。2022 年城市轨道交通运营线路制式结构如图 1-3 所示。

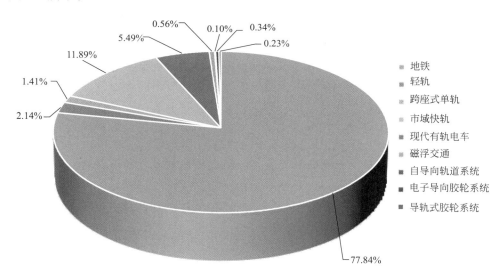

图 1-3　2022 年城市轨道交通运营线路制式结构

2022 年，城市轨道交通客运量占公共交通客运总量分担比率 45.82%，比上年提升 2.45%，其中上海、深圳、广州、杭州、成都、南京、南宁、南昌、北京、武汉这 10 市城市轨道交通客运量占公共交通客运总量分担比率超过 50%。上海分担率最高达到 70%，南昌、武汉新晋跨入 50% 行列。2022 年全国城市日均客运总量达到 5505.72 万人次，其中日均客运总量排名领先的分别是上海 736.35 万人次，广州 647.74 万人次，北京 620.08

万人次，深圳 518.74 万人次，成都 430.62 万人次；杭州、重庆、武汉、南京、西安 5 市日均客运总量超过 200 万人次，长沙日均客运总量超过 150 万人次。

（3）我国城市轨道交通的发展展望

随着近年来我国城市化进程不断加快、城市规模不断扩大、城市人口迅速增长，城市交通的供需矛盾也日益激烈。通过发展大容量的轨道交通来缓解公共交通拥堵情况，已经成为解决城市交通供需矛盾的有效措施。此外，发展城市轨道交通工程还能带来以下几点收益：1）带动产业链发展；2）带动沿线商贸繁荣；3）促进居民出行和消费增长；4）带动 GDP 增长；5）为财政收入开创新的增长点，为自身的发展提供更多的资金保障。

城市轨道交通行业要准确把握世界新一轮科技发展和产业变革趋势，以信息化、智能化和智慧化促进行业高质量发展。智慧城轨建设作为交通强国建设的重要支撑，同时也是智慧城市建设的先导工程。

一是要深刻认识智慧城轨的丰富内涵。智慧城轨是应用云计算、大数据、物联网、人工智能、5G、卫星通信、区块链等新兴信息技术，全面感知、深度互联和智能融合设施、设备、环境等实体信息，经自主进化，创新服务、运营、建设管理模式，构建安全、便捷、高效、绿色、经济的新一代中国式智慧型城市轨道交通。

二是要坚持"两手抓"的战略指向。智慧城轨建设要一手抓智能化，强力推进云计算、大数据、物联网、人工智能、5G、卫星通信、区块链等新兴信息技术和城轨交通业务深度融合，推动城轨交通数字技术应用，推进城轨信息化，发展智能系统，建设智慧城轨；还要一手抓自主化，创新创优，增强自主技术创新能力，持续不断研发新技术、新产品，增强自主品牌创优能力，不断研发新产品、新品牌。通过持续不断的智能化和自主化建设，完成城轨交通由高速发展向高质量发展转变，助推交通强国的建设。

三是要大力推进关键核心业务体系的智慧化建设。主要包括：创建智慧乘客服务体系，构建网络化智能运输组织体系和技术平台，研发智能绿色能源综合技术应用，研发适用于互联互通全自动运行系统，研究标准化城轨车辆及适应不同运量的多种轨道交通制式车辆，搭建基础设施状态智能化及运维管理平台，建立智能运维安全保障体系，打造智慧网络管理体系，建设自主可控、功能强大、技术领先的城轨云与大数据平台，建立中国智慧城轨技术标准体系十大重点建设任务。

四是构建一体工作机制。推进城轨信息化、发展智能系统、建设智慧城轨是一项庞大而艰巨的系统工程，需要全行业共同发力。要以"交通强国、城轨担当"的使命感、责任感和紧迫感，创新"政、产、学、研、用、协"一体工作机制，凝心聚力，各负其责，共同推进。

1.2 城市轨道交通工程施工简介

城市轨道交通是规模庞大的交通公共建筑，按照其功能、使用要求和设置位置可划分为车站、区间和车辆段三个部分。

1.2.1　城市轨道交通土建工程的分类

地铁车站按空间位置可分为：地下车站、高架车站、地面站；按施工工法可分为：明挖车站、盖挖车站、暗挖车站、明暗结合车站等。

地铁区间按施工工法可分为：盾构隧道、矿山法隧道、明挖暗埋隧道、U 形槽、高架区间、过渡段等。

车辆段土建工程主要包括：桩基工程、土石方工程、房建工程、道路工程、绿化工程等。

1.2.2　城市轨道交通施工主要方法

（1）明挖法施工

明挖法施工时先从地表面向下开挖基坑至设计标高，然后在基坑内的预定位置由下而上建造主体结构及其防水措施，最后回填土并恢复路面。

明挖法基坑可以不设围护进行放坡开挖，也可以设置围护结构进行支护开挖。若基坑所处地面空旷，周围无建筑物或建筑物间距很大，地面有足够的空地能满足施工需要又不影响周围环境时，则采用放坡基坑施工，这种基坑施工简单、速度快、噪声小、无须做围护结构。如果因场地限制，基坑边坡坡度稍陡于规范规定时，可采用适当的加固措施，如土钉加混凝土喷抹面对边坡加以支护，也可设置重力式挡墙后垂直开挖。如果基坑较深，地质条件差，地下水位高，特别是又处于繁华市区，地面结构密集，交通繁忙，无足够空地满足施工需要，没有条件采用敞口基坑时，则应采用有围护结构的基坑。

（2）盖挖法施工

城市轨道交通线路在城市主干道下面通过，当允许短期封闭地面交通时，可采用盖挖法施工，即在短期封闭地面交通期间，进行地下连续墙或钻孔灌注桩作业，开挖和修筑结构顶板，随即回填，恢复地面交通，然后转入地下作业，开挖基坑，修筑车站楼板和侧墙，利用预留的出入口和通风道出土、进料。

（3）暗挖法施工

喷锚暗挖法（又称为矿山法）：对地层的适应性较广，适用于结构埋设较浅、地面建筑物密集、交通运输繁忙、地下管线密布以及地面沉降要求严格的城镇地区地下构筑物施工。

新奥法：以维护和利用围岩的自承能力为基点，使围岩成为支护体系的组成部分，支护在与围岩共同变形中承受的是形变应力。因此，初期支护要有一定的柔度，以利用和充分发挥围岩的自承能力。

浅埋暗挖法：在城镇软弱围岩地层中，在浅埋条件下修建地下工程，以改造地质条件为前提，以控制地表沉降为重点，以格栅（或其他钢结构）和锚喷作为初期支护手段，遵循"新奥法"的大部分原理，按照"十八字"原则（管超前、严注浆、短开挖、强支护、快封闭、勤量测）进行隧道的设计和施工，称之为浅埋暗挖技术。作用在浅埋隧道上的地层压力是覆盖层的全部或部分土自重，其地层压力和支护刚柔度关系不大，从减少地面沉降的城市要求角度出发，还要求初期支护有一定的刚度。设计时并没有充分考虑利用围岩的自承能力，这是浅埋暗挖法与新奥法的主要区别。浅埋暗挖技术从减少城市地面沉降考虑，还必须辅之以其他配套技术，比如地层加固和降水等。浅埋暗挖法十分讲究施工方法的选择（尤其是地铁车站多跨结构和大跨结构），选择合理的结构形式和正确的施工方法能起到事半功倍的作用。

（4）盾构法施工

当城市轨道交通线路需要穿越围岩结构松散、饱水、呈流塑或软塑状态或工程地质较差的地段时，可采用盾构机掘进施工。其具体施工步骤是：

1）在盾构法隧道的始发端和接收端各建一个工作（竖）井；

2）盾构机在始发端工作井内安装就位；

3）依靠盾构千斤顶的推力（作用在已经拼装好的衬砌环和工作井后壁上）将盾构机从始发工作井的墙壁预留洞门推出；

4）盾构机在地层中沿着设计轴线推进，在推进的同时不断出土和安装衬砌管片；

5）及时向衬砌背后的空隙注浆，防止地层移动并固定衬砌环位置；

6）盾构机进入接收工作井并被拆除，如有施工需要，也可穿越工作井再向前推进盾构机。

（5）高架桥施工

高架桥大多采用预应力或部分预应力钢筋混凝土结构，其构造简单、结构标准、安全经济、耐久适用，力求满足城镇景观要求，又与周围环境相协调。高架桥施工工法主要有支架现浇法、悬臂现浇法（挂篮法）以及预制架梁法等。从城市景观和道路交通功能考虑，宜选用较大的桥梁跨径，从而给人以通透的舒适感；按桥梁经济跨径的要求，当桥跨结构的造价和下部结构（墩台、基础）造价接近相等时最为经济；从加快施工进度来看，宜大量采用预制预应力混凝土梁。

1.3　城市轨道交通工程施工测量的任务和内容

城市轨道交通工程测量是工程测量的一个分支，是研究城市轨道交通工程从勘察设计阶段、施工阶段、再到运营阶段的基础测绘、施工测量、变形监测等数据的采集、测设、处理、分析、预报以及测绘工作管理的理论和技术，是一门应用性学科。它主要以建筑工程、工程环境、施工机械设备和施工测量管理为研究服务对象，主要满足建设工程空间定位和测设、工程及周边环境安全监测以及工程管理和监理等对测绘工作的要求。

1.3.1　城市轨道交通工程施工测量的特点

城市轨道交通是城市公共交通的一种形式，是包括地下、地面和高架三种结构方式的整体道床轨道工程体系。由于其在建筑物密集、地下管网繁多的城市环境中建设，且多为隧道、桥梁或深基坑工程，在施工过程中工程能否准确按设计要求就位、能否保障施工中的结构自身安全以及周边环境安全等，对社会影响很大，也引起了社会公众和政府相关职能部门的高度关注。

城市轨道交通工程施工测量具有以下特点：

（1）测量精度要求高

城市轨道交通为线形工程，为确保线路圆顺，施工中各标段接口处的贯通误差要求严，相邻点相对精度要求高。例如：城市轨道交通工程测量规范要求，卫星定位控制网相邻点的相对点位中误差小于±10mm，精密导线相邻点的相对点位中误差小于±8mm，铺轨精度小于2mm；为保证工程和施工环境安全而进行的安全监测变形点的高程中误差精度小于±1mm，变形中误差精度小于±6mm等。此外，地铁的建筑限界安全裕量小，因此要用高精度测量仪器及严谨的测量方法，减小结构的施工误差，避免结构侵入限界。

（2）测量作业环境差

城市轨道交通工程施工多位于城市繁华地段、施工场地狭小、各种机械设备交叉施工频繁、测量作业干扰大、作业时间受限制、地下和夜间测量工作量大、隧道内作业环境条件差等因素增加了施工测量的难度和困难。

（3）重视施工监测

城市轨道交通工程主要为城市环境中的长距离地下隧道、桥梁工程以及地下或深基坑工程。周边管线、构（建）筑物、居民区、河流水系、城市重要立交桥、铁路及既有地铁线路等重大风险源较多，对轨道交通结构自身变形、周边环境安全以及社会公共秩序会产生很大影响，严重时还会造成人民生命财产的巨大损失。因此，在施工过程中，要严格按照设计要求的频率对工程结构及周边环境进行施工监测。既要掌握结构的受力状态与基坑、隧道周边环境的变形状态，又要通过对监测数据的整理分析，了解构（建）筑物的变形程度和变化趋势，进行风险评估，及时反馈信息，指导施工，使施工处于受控状态。

1.3.2　城市轨道交通工程施工测量的任务和内容

在城市轨道交通工程的施工阶段，主要有土建结构施工测量、轨道工程测量、机电设备安装测量三部分内容。

土建结构施工阶段，施工测量的任务和内容主要有：交接桩复测、编制施工测量方案、控制网加密测量、车站原地面方格网测量（土石方测量）、交通疏解及占道打围测量放线、地下管线迁改施工测量、道路中线放样测量、竖井联系测量、地下控制测量、土建结构定位放线及标高抄测、基坑及隧道变形监测、贯通控制测量、竣工断面测量等。

轨道工程施工阶段，施工测量的任务和内容主要有：交接桩复测、铺轨基标测量或CPⅢ（基桩控制网）任意设站控制网测量、加密基标测量、轨道精调测量、轨道竣工测量、线路标志测设等。

机电设备安装阶段，施工测量的任务和内容主要有：交接桩复测、建筑轴线测设、设备安装定位测量及标高抄测等。

1.3.3　城市轨道交通工程施工测量的发展

近年来，随着测绘、光电、计算机信息等科学技术的迅猛发展，城市轨道交通工程施工测量技术也在不断地发展、创新和进步。其中，卫星导航定位控制测量和数字测量技术已经普遍应用；高精度全自动陀螺全站仪在地下埋深大的竖井联系测量中效果显著，在一些超长隧道掘进中贯通精度优良；以徕卡 TM30/50、TS60 系列为代表的智能化全站仪在精密导线测量及联系测量的应用中，自动化程度高、测量程序先进，不仅提高了测量的精度和可靠性，而且大大减轻了测量人员的劳动强度；徕卡新一代 TZ08/12 "互联网＋"全站仪依靠全球首创的自动量高技术为传统测量方式带来极大的改变，既提高了设站的效率和精度，又简化了传统测绘的作业流程，同时依托互联网的优势，实现了数据无线交换、网络一键分享；激光三维扫描仪也逐渐应用在地铁隧道断面测量中，点云数据量大，结构断面位置、纹理等信息丰富，还可以进行三维建模，直观性更强；无人机摄影测量也应用在城市轨道交通工程的线状地形图测绘及三维建模中，配合 GIS（地理信息系统）技术，可以更深入地对城市轨道交通工程建设进行决策、设计和施工。

图 1-4　徕卡 TZ08/12 全站仪

以下分别对徕卡 TZ08/12 全站仪、三维激光扫描仪、无人机倾斜摄影测量等新设备和新技术作简单介绍。

（1）徕卡 TZ08/12 全站仪

与传统全站仪相比，徕卡 TZ08/12 全站仪具有两大亮点：自动量高技术、互联网数据通信。其外观如图 1-4 所示。

传统的全站仪在设站过程中需要测量人员拿钢卷尺从地面控制点顶部量取仪器高。TZ08/12 全站仪作为业内首款自动量高全站仪，颠覆传统的量高方式，只需轻松一键即可自动获取当前仪器高度值。如图 1-5 所示，自动量高与传统的人工卷尺量高相比，自动量取并记录仪器高程，提高了测量效率和精度，同时还降低了测量人员的工作强度。

传统的全站仪只能通过数据线与电脑相连，然后实现控制点及放样数据的上传和观测数据的下载。而 TZ08/12 全站仪具有互联网通信功能，当在工地测量发现缺少设计数据时，内业人员可以直接通过互联网将设计数据发送至全站仪中。测量结束后，测量人员在现场将测量数据通过邮件发送给内业人员处理，节省了往返办公室的时间。

（2）三维激光扫描仪

三维激光扫描仪是由一个激光发生器装置发射激光到高速旋转的镜面上，经镜面反射使激光反射到周围环境的物体上，然后再通过物体的反射，激光接收器接收反射回来的激光，根据设备中的距离传感器和编码器角度的计算，从而获得物体的空间三维点云数据。

如图 1-6 所示，三维激光扫描仪分为静态固定设站扫描仪和移动激光扫描仪两大类。前者在三维扫描测量时，固定在单个测站上，测量完毕后搬到下一个测站继续测量。后者是将激光扫描仪置于移动平台上进行作业。移动式激光扫描测量系统包括：移动平台、

(a) TZ08/12全站仪自动量高

(b) 人工卷尺量高

图 1-5　自动量高与人工卷尺量高

POS 系统（位置姿态测量系统）或导航传感器、测量系统三个基本部分，移动平台一般是汽车或轨检小车等用于承载移动测量系统的装置。用移动式激光扫描仪采集数据时，具有速度快、精度高、密度大的特点。

(a) 静态固定设站扫描仪

(b) 移动激光扫描仪

图 1-6　三维激光扫描仪的分类

　　如图 1-7 所示，静态固定设站扫描仪和移动激光扫描仪在地铁隧道工程中主要应用在土建竣工断面测量及运营期间的隧道结构沉降、收敛变形测量、病害监测等。

(a) 盾构隧道三维点云高清影像图

(b) 管片三维点云高清影像图

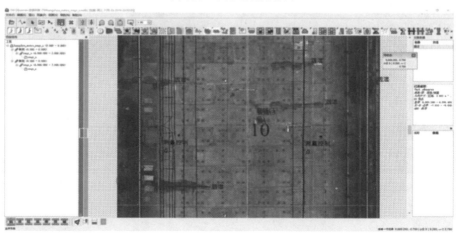

(c) 隧道病害自动标注及管理

图 1-7　三维激光扫描的应用成果（一）

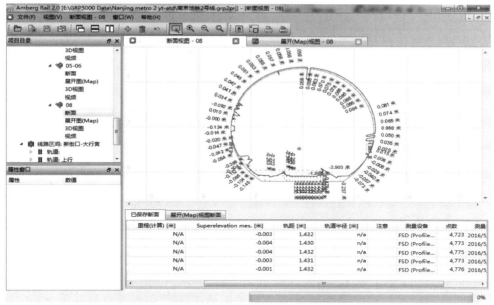

(d) 隧道全断面扫描成果图

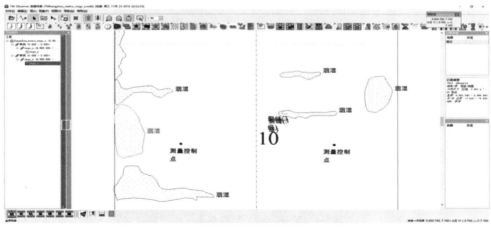

(e) 隧道病害标注及管理

图 1-7　三维激光扫描的应用成果（二）

上述两种作业方法与传统的全站仪断面扫描法的优缺点比较见表 1-2。

地铁隧道工程作业方法比较　　　　　　　　　　　　　　　表 1-2

评价指标	全站仪断面扫描法	静态固定设站扫描仪	移动激光扫描仪
成本	一般	较高	较高
工作效率	一般	较高	高
测量精度	较高	高	高
自动化程度	低	较高	高
操作难度	低	较高	简单

续表

评价指标	全站仪断面扫描法	静态固定设站扫描仪	移动激光扫描仪
数据信息量	低	高	高
成熟度	成熟、运用广泛	发展中	发展中
适用范围	竣工测量 收敛变形	竣工测量 变形测量 病害检测	变形测量 病害检测 限界测量

（3）无人机摄影测量

近年来，无人机摄影测量技术逐步突破了传统航测精度的限制，结合像控技术，已经能够满足1：500、1：1000、1：2000等大比例尺地形图的精度要求。过去进行测绘作业，需要大量进行地面人工打点才能获取高精度数据，不但费时费力，其合理性还高度依赖于作业员的经验，甚至当地信号、交通、地理地形等条件。在工期和成本紧张的情况下，测绘工作人员往往只能尽量减少控制点的使用量，这就对最终成果的精度造成潜在的威胁。当前无人机航测技术大大减少了外业工作量，提高了测绘效率和质量。

目前国内测绘无人机产品种类繁多，常用的无人机产品有大疆精灵 4 RTK、M600 PRO、M210 系列无人机；迪奥普 SV360 系列无人机；飞马 D200、V1000 系列无人机；科比特无人机等。广州中海达卫星导航技术股份有限公司、南方测绘科技股份有限公司及上海华测导航技术股份有限公司等测绘仪器厂商也陆续推出自己的航测无人机产品。部分旋翼、固定翼无人机如图 1-8 所示。

(a) 旋翼无人机   (b) 固定翼无人机

图 1-8　部分旋翼、固定翼无人机产品

无人机航测技术与传统测绘测量技术的区别在于测量方式的不同。无人机航测无须人力现场实地测量，而是使用数据采集软件在无人机倾斜摄影数据三维建模成果上直接进行测量。通过航测得到的三维模型可根据需求建成同实地等比例大小、目标坐标系下的实景三维模型（图 1-9）。通过计算机即可在测量区域内进行项目需求的数据测量，如房地一体、地形地貌、道路交通、城乡规划、地理信息（GIS）、土方计算等。

目前在城市轨道交通领域，无人机摄影测量获取的地形地貌三维实景图主要应用在"GIS+BIM"方面。在设计线路的过程中容易与地下管线管道、建筑物桩基础、既有交通设施等各种结构物发生位置冲突或者与地面建筑等发生景观冲突。若线路设计不合理，将带来大量迁改、改造、改移和环境影响等问题，造成巨大的浪费。传统的二维线路设计表达信息有限，难以直观地观察、判断城市轨道交通线路是否与地形地物发生空间冲突，而无人机倾斜摄影技术可以同时从垂直、倾斜多个角度采集影像，以此建立能真实反映地物

图 1-9　无人机摄影测量获得的三维实景图

的实景三维模型，作为三维可视化场景的基础。此外，无人机摄影测量获取的地形地貌三维实景图还可用于工程场地平整、土方计算。设计人员通过 GIS、BIM 软件可以综合分析决断，选择更佳的地铁线路方案。

我国城市轨道交通工程测量技术发展空间还很广阔，今后将会有更先进、更智能的测绘仪器和设备出现，来提高施工测量的作业效率、丰富测量产品种类、确保工程测量成果的可靠性、更好地服务于工程生产建设。

思考题与习题

1. 目前城市轨道交通主要有哪些类型？
2. 发展城市轨道交通有哪些好处？
3. 城市轨道交通土建工程的分类有哪些？
4. 城市轨道交通土建工程的主要施工方法有哪些？
5. 城市轨道交通工程施工测量的特点有哪些？
6. 土建结构施工阶段，施工测量的任务和内容主要有哪些？

第 2 章

施工测量的基本知识

知识目标

测量员需要掌握一些必要的测量基础知识，通过本章节教学，使学生掌握与工程测量相关的度量单位及换算关系、地面点位的确定和表达方式、地球的形状、测量内外业工作的基准面和基准线、测量常用的坐标系、高程基准等知识。

能力目标

（1）具备测量员、测量工程师等关键测量技术岗位人员对施工测量基本知识认知的能力。

（2）具备解决常见的测量单位换算、坐标系换算的能力。

（3）具备运用基本测量知识解决工程实际问题的能力。

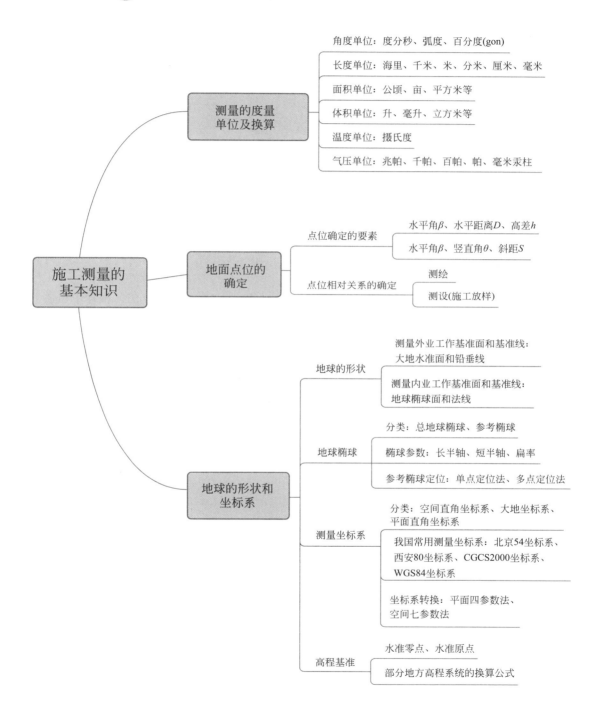

施工测量的基本知识

- 测量的度量单位及换算
  - 角度单位：度分秒、弧度、百分度(gon)
  - 长度单位：海里、千米、米、分米、厘米、毫米
  - 面积单位：公顷、亩、平方米等
  - 体积单位：升、毫升、立方米等
  - 温度单位：摄氏度
  - 气压单位：兆帕、千帕、百帕、帕、毫米汞柱

- 地面点位的确定
  - 点位确定的要素
    - 水平角β、水平距离D、高差h
    - 水平角β、竖直角θ、斜距S
  - 点位相对关系的确定
    - 测绘
    - 测设(施工放样)

- 地球的形状和坐标系
  - 地球的形状
    - 测量外业工作基准面和基准线：大地水准面和铅垂线
    - 测量内业工作基准面和基准线：地球椭球面和法线
  - 地球椭球
    - 分类：总地球椭球、参考椭球
    - 椭球参数：长半轴、短半轴、扁率
    - 参考椭球定位：单点定位法、多点定位法
  - 测量坐标系
    - 分类：空间直角坐标系、大地坐标系、平面直角坐标系
    - 我国常用测量坐标系：北京54坐标系、西安80坐标系、CGCS2000坐标系、WGS84坐标系
    - 坐标系转换：平面四参数法、空间七参数法
  - 高程基准
    - 水准零点、水准原点
    - 部分地方高程系统的换算公式

2.1 概述

在从事施工测量前，需要掌握一些必要的测量基础知识，包括测量的度量单位及换算关系、地面点位的确定和表达方式、地球的形状和坐标系等。本章主要从工程测量专业的角度对以上知识进行简要介绍。

2.2 测量的度量单位及换算

根据《中华人民共和国计量法》及《国际单位制及其应用》GB 3100—1993 的规定，国际单位制是我国法定计量单位的基础，一切属于国际单位制的单位都是我国的法定计量单位。

国际单位制是国际计量大会采纳和推荐的一种一贯单位制，缩写为 SI。国际单位制共有 7 个基本单位，见表 2-1。

SI 基本单位 表 2-1

量的名称	单位名称	单位符号
长度	米	m
质量	千克(公斤)	kg
时间	秒	s
电流	安[培]	A
热力学温度	开[尔文]	K
物质的量	摩[尔]	mol
发光强度	坎[德拉]	cd

注：1. 圆括号中的名称，是它前面名称的同义词；
　　2. 无括号的量的名称与单位名称均为全称。方括号中的字在不致引起混淆、误解的情况下，可以省略。去掉方括号中的字即为其名称的简称。

由以上 7 个基本单位通过乘、除、微分或积分等数学运算推导出来的单位称为导出单位。包括 SI 辅助单位在内的具有专门名称的 SI 导出单位有 21 个，其中与工程测量、变形监测相关的有：[平面]角的单位——弧度（rad），频率的单位——赫[兹]（Hz），力的单位——牛[顿]（N），压强的单位——帕[斯卡]（Pa），温度的单位——摄氏度（℃）等。

考虑到实际使用上的广泛性和重要性，可与国际单位制并用的我国法定计量单位有 15 个，其中与工程测量、变形监测相关的有：时间的单位——分（min）、[小]时（h）、天（日）（d），[平面]角的单位——度（°）、分[角]（′）、[角]秒（″），体积的单位——升（L），长度的单位——海里（n mile），面积的单位——公顷（hm²）。

2.2.1　角度单位换算

测量工作中常用的角度度量制有两种：弧度制、角度制，角度制又可分为 60 进制和 100 进制。其中弧度和 60 进制的度、分、秒为我国法定平面角计量单位。

弧度全称是 radians，可简写为 rad。角度全称是 degress，可简写为 deg，60 进制角度（度 degree、分 minute、秒 second）可简写为 DMS，100 进制角度全称是 gradians，可简写为 grad。rad、deg、DMS、grad 四种角度单位常见于数字计算器上。100 进制角度也称百分度，百分度现通称"冈"，记作 gon，因此 grad 等同于 gon，是同一个角度制下的不同英文单词缩写。gon 单位常见于徕卡全站仪和德国 VMT 盾构机 SLS 测量导向系统软件中。其换算关系如下：

（1）度分秒换算

$1° = 60'$；$1' = 60''$；$1° = 3600''$

（2）六十进制角度（DMS）与十进制角度（deg）换算

$1°22'33'' = 1° + (22/60)° + (33/3600)° \approx 1.3758333°$

（3）角度和弧度换算

$$1° = \frac{\pi}{180}\text{rad} \approx 0.01745\text{rad}$$

$$1\text{rad} = \left(\frac{180}{\pi}\right)° \approx 57.29578° \approx 3437.7468' \approx 206264.806'' \approx 206265''$$

测量计算中，通常令 $\rho = 206265''$，既可以很方便地进行弧度值和秒值的换算，又可以简化计算公式的书写。

（4）60 进制角度和 100 进制角度（grad、gon）换算：

$$360° = 400\text{gon}；1° \approx 1.11111\text{gon}；1\text{gon} = 0.9°$$

为了便于理解，这里以直角和圆为例进行说明：直角可以平均划分为 90 份，每一份记作 1°，也可以平均划分为 100 份，每一份记作 1gon。一个圆可用角度制计量为 360°，同时也可以用百分度制计量为 400gon。

2.2.2　长度单位换算

我国测量工作中常用钢尺、全站仪、激光测距仪等仪器测量长度，其法定计量单位为海里（n mile），而我们通常使用得更多的是米制单位。其换算关系如下：

1 海里（n mile）= 1.852 千米（km）；1 千米（km）= 1000 米（m）；

1 米（m）= 10 分米（dm）；1 分米（dm）= 10 厘米（cm）；

1 厘米（cm）= 10 毫米（mm）

2.2.3　面积单位换算

我国测量工作中法定的面积计量单位为公制单位：公顷（hm²），其他常用的面积单位有平方米（m²）、亩（市制单位）。其换算关系如下：

1 平方米（m²）＝100 平方分米（dm²）；1 平方分米（dm²）＝100 平方厘米（cm²）；

1 平方厘米（cm²）＝100 平方毫米（mm²）；

1 平方千米（km²）＝100 公顷（hm²）；1 公顷（hm²）＝10000 平方米（m²）；

1 公顷（hm²）＝15 亩；1 公顷（hm²）＝100 公亩；1 公亩＝0.15 亩；

1 亩≈666.666667 平方米（m²）。

2.2.4　体积单位换算

我国测量工作中法定的体积计量单位为升（L），其他常用的体积单位有毫升（mL）、立方米（m³）等。其换算关系如下：

1 升（L）＝1000 毫升（mL）＝1 立方分米（dm³）；

1 立方米（m³）＝1000 升（L）＝1000 立方分米（dm³）

2.2.5　温度单位换算

我国控制导线测量工作中常用气压温度计测量温度，其法定计量单位为摄氏度（℃）。

2.2.6　气压单位换算

我国控制导线测量工作中常用气压计测量气压，其法定计量单位为帕［斯卡］（Pa），有时也用标准大气压（atm）、毫米汞柱（mmHg）等。其换算关系如下：

1 兆帕（MPa）＝1000 千帕（kPa）；1 千帕（kPa）＝10 百帕（hPa）；

1 百帕（hPa）＝100 帕（Pa）；1 帕（Pa）＝0.0075006 毫米汞柱（mmHg）；

1 标准大气压（atm）＝101325 帕（Pa）＝760 毫米汞柱（mmHg）

2.3　地面点位的确定

测量工作的实质就是确定地面点的位置，即点的平面坐标（x，y）和高程 H。确定地面点位的基本要素主要有两种：（1）水平角 β、水平距离 D、高差 h；（2）水平角 β、竖直角 θ、斜距 S。前者主要采用经纬仪、钢尺和水准仪分别测量获取，后者主要采用全站仪同步测量获取，如图 2-1 所示。

对于点位之间相对位置关系的确定，主要分以下两种情况：

（1）已知点位在地面上的位置，而不知道其他点与该点之间的相对位置关系，我们通过测量点位之间的基本要素来计算出这些点位的坐标（x，y，H）再绘制出图形，这个过程称为测绘。

（2）已知点位的坐标（x，y，H）或它们在工程图纸上的相对位置关系，而不知道

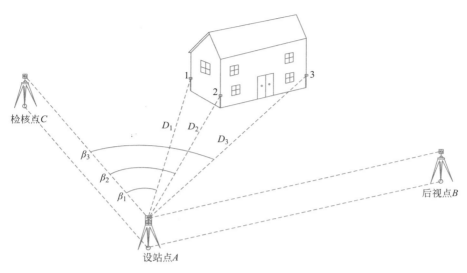

图 2-1　确定点位的基本要素

这些点在地面上的具体位置，我们通过点位间的基本要素将它们在地面的实际位置测量出来，这个过程称为测设，也叫施工放样。

2.4　地球的形状和坐标系

2.4.1　地球的形状

测量工作主要是在地球表面进行的，地球的自然表面是崎岖不平的，实际上它是一个两极稍扁、赤道略鼓的不规则球体。地球的地形地貌特别复杂，由于山地、高原、丘陵、平原、盆地的存在，使得地球表面存在无数的凸起和凹陷，很不规则，但这些高低起伏相对于庞大的地球球体而言仍可以忽略不计。考虑到地球表面由海洋和陆地组成，前者约占地球总表面积的 71%，后者约占 29%，因此，测量学中把地球形状看作是由静止的海水面向陆地延伸并围绕整个地球所形成的某种形状，从而确定了测量的基准依据，用于确定地球上的点位。

（1）测量外业工作基准面和基准线

液体处于静止状态时，其表面必处处与重力方向垂直，否则液体就会流动，这个由重力位相等的点所构成的面叫做水准面。通过不同高度的点均有一个水准面，所以水准面有无数个。但是大地水准面只有一个，它的定义如下：假设当海水处于完全静止的平衡状态时，从海平面延伸到所有大陆下部，而与地球重力方向处处正交的一个光滑封闭的曲面，我们称之为大地水准面，大地水准面如图 2-2 所示。它将地球的几何特性和物理特性很好地结合在一起，因此我们把大地水准面作为测量工作的基准面。

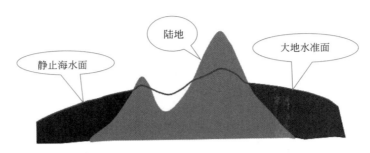

图 2-2　大地水准面

大地水准面和铅垂线是测量外业工作所依据的基准面和基准线。

水平面与水准面不同，它是与水准面相切的平面，仅在公切点处与铅垂线正交的平面。

在实际测量工作中，在有一定的测量精度要求和测区面积不大的情况下，往往以水平面直接代替水准面，就是把较小一部分地球表面上的点投影到水平面上来决定其位置。但是用水平面代替水准面是有一定限度的，具体如下：

1）水准面的曲率对水平距离的影响：在半径小于 10km 的圆内进行长度测量工作时，可以不必考虑地球曲率。也就是说，可以把水准面当作水平面看待，即实际沿圆弧丈量所得的距离可作为水平距离，其误差可忽略不计。

2）水准面的曲率对水平角度的影响：理论计算分析表明，对于面积在 $100km^2$ 以内的多边形，地球曲率对水平角的影响只有在最精密的测量中才需要考虑，一般不必考虑。

3）地球曲率对高差的影响：地球曲率的影响对高差而言，即使在很短的距离内也必须加以考虑。

（2）测量内业计算基准面和基准线

由于地球吸引力的大小与地球内部的质量分布有关，而地球内部的质量分布又不均匀，这引起地面上各点的铅垂线方向产生不规则的变化。因而大地水准面实际上是一个有微小起伏的不规则曲面，无法用数学公式来精确地描述，在这个曲面上计算处理测量数据也很不方便。

经过长期测量实践研究表明，大地水准面虽然十分复杂，但从整体来看，起伏是微小的，且形状接近一个两极略扁的椭圆绕短轴旋转所形成的规则椭球体，我们将这个椭球体称为地球椭球体，如图 2-3 所示。它在形体上与大地水准面非常相近，其表面是一个规则的数学曲面，可用公式（2-1）表达，所以在测量内业计算和制图中用它替代地球的自然表面。

$$\frac{x^2}{a^2} + \frac{y^2}{a^2} + \frac{z^2}{b^2} = 1 \tag{2-1}$$

式中：a——椭球的长半轴；

b——椭球的短半轴。

当测区范围不大时，可以把地球当作圆球看待，其平均半径 $R = (a+a+b)/3 \approx 6371km$。

地球椭球面和法线是测量内业计算所依据的基准面和基准线。测量内业、外业所依据的基准面及基准线的关系如图 2-4 所示。

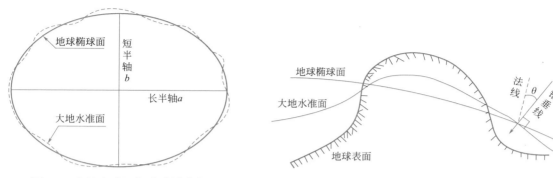

图 2-3　大地水准面与地球椭球体　　　　图 2-4　内外业基准面和基准线的关系

地球椭球主要分为总地球椭球和参考椭球。前者与全球范围内的大地水准面最佳拟合，后者与某个区域的大地水准面最佳拟合。因此，参考椭球可以有很多个，而总地球椭球只有一个。

在几何大地测量中，地球椭球的大小和形状通常用长半轴 a 和扁率 f 来表述，其中，f 的计算公式见式（2-2）：

$$f = \frac{a-b}{a} \tag{2-2}$$

式中：a——椭球的长半轴；

　　　b——椭球的短半轴。

不同的年代、不同的国家采用的地球椭球的参数也不同，表 2-2 中列举了一些有代表性的地球椭球几何参数。

地球椭球几何参数　　　　　　　　　　表 2-2

序号	椭球名称	年代	长半轴 a(m)	扁率 f	备注
1	德兰布尔	1800	6375653	1∶334.0	法国
2	白塞尔	1841	6377397.155	1∶299.1528128	德国
3	克拉克	1880	6378249	1∶293.459	英国
4	海福特	1909	6378388	1∶297.0	美国
5	克拉索夫斯基	1940	6378245	1∶298.3	苏联
6	1975 国际椭球	1975	6378140	1∶298.257	IUGG 第 16 届大会推荐值
7	1980 国际椭球	1979	6378137	1∶298.257	IUGG 第 17 届大会推荐值
8	WGS-84 椭球	1984	6378137	1∶298.257223563	美国国防部制图局
9	CGCS2000 椭球	2008	6378137	1∶298.257222101	中国国家测绘地理信息局

注：IUGG——国际大地测量与地球物理联合会（International Union of Geodesy and Geophysics）。

（3）参考椭球定位

确定参考椭球面与大地水准面的相关位置，使参考椭球面在一个国家或地区范围内与大地水准面最佳拟合，称为参考椭球定位。参考椭球的定位主要采用两种方法：单点定位法和多点定位法。前者实施简单、应用范围广泛，后者需要在掌握一定的天文大地测量数据和重力测量数据的基础上实施，难度及复杂程度较大，因此本教材简单介绍单点定位法的原理。

如图 2-5 所示，大地水准面与参考椭球面的相对关系，可在适当地点选择一点 P。设想把椭球体和大地体相切，切点 P' 位于 P 点的铅垂线上，这时，椭球面上 P' 的法线与该点对大地水准面的铅垂线相重合，并使椭球的短轴与地球自转轴平行。这项确定椭球体与大地体之间相互关系并将其固定下来的工作，称为参考椭球体的定位，该定位方法称为单点定位法，P 点则称为大地原点。

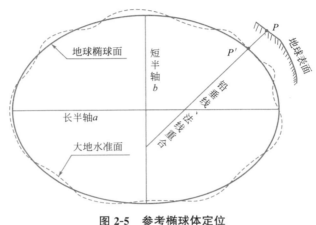

图 2-5　参考椭球体定位

2.4.2　测量常用的坐标系

坐标系是描述空间位置的数学参照系，地面点的空间位置需要用三个坐标量来表示。测量工作中常用的坐标系主要有空间直角坐标系、大地坐标系、高斯投影平面坐标系、工程独立坐标系等。按照坐标系的原点不同可进一步分为参心坐标系、地心坐标系、站心坐标系等几种形式。

（1）空间直角坐标系

以地心或参考椭球中心为直角坐标系的原点，x 轴指向起始子午面与赤道面的交点，赤道面上与 x 轴正交的方向为 y 轴，过原点 O 垂直于赤道面并且指向地球北极的方向为 z 轴，这样建立定义的右手直角坐标系就是地球的空间直角坐标系，如图 2-6 所示。地面点 P 的空间直角坐标以（x_p，y_p，z_p）表示。

（2）大地坐标系

大地坐标系又称地理坐标系，它是以地球椭球面为基准面的球面坐标系，也是全世界公用的坐标系。在大地坐标系中，以大地纬度 B、大地经度 L 以及大地高 H 来表示地面点 P 的空间位置。

如图 2-7 所示，地球椭球体的中心 O 为坐标原点，NS 为地轴，WDE 为赤道面，NWS 为本初子午面。过地面点 P 作椭球面法线，分别与过 P 点的子午线交于点 F、与地

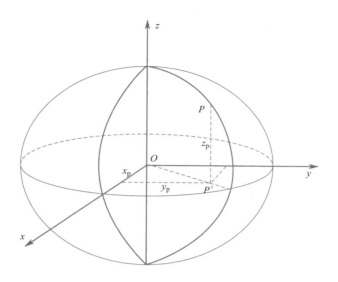

图 2-6　空间直角坐标系

轴 NS 交于点 M。PM 与赤道面的夹角 B 称为 P 点的大地纬度，过点 F 的子午面 NDS 与本初子午面 NWS 之间的夹角 L 称为 P 点的大地经度，P 点沿椭球面法线到椭球面的距离 PF 称为大地高，用 H 表示。

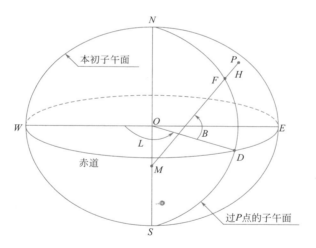

图 2-7　大地坐标系

在大地坐标系中，大地纬度 B 从赤道面起算，从赤道面向北为正，北纬纬度值为 $0\sim90°$；从赤道面向南为负，南纬纬度值为 $0\sim-90°$。大地经度 L 从本初子午面起算，向东为正，东经经度值为 $0\sim180°$；向西为负，西经经度值为 $0\sim-180°$。大地高 H 从地球椭球面起算，向外为正，向内为负。

根据坐标系原点位置的不同，大地坐标系可分为参心大地坐标系和地心大地坐标系。前者的坐标系原点位于参考椭球的几何中心处，后者的坐标系原点与地球的质心重合。

参心大地坐标系是为了研究地球局部表面的形状，以地面测量数据归算到椭球面的各项改正数最小为原则，选择和局部区域大地水准面最佳拟合的椭球体作为参考椭球而建立的坐标系。我国以前采用的 1954 北京坐标系和 1980 西安坐标系均属于参心大地坐标系。

地心大地坐标系的建立需要满足以下四个条件：①坐标系原点在整个地球（包括海洋和大气）的质心处。②尺度是广义相对论意义下某一局部地球框架内的尺度。③定向为国际时间局测定的某一历元的协议地极和本初子午线，称为地球定向参数。④定向随时间的演变满足地壳无整体运动的约束条件。

我国现今采用的 CGCS2000 大地坐标系属于地心大地坐标系。

在同一参考椭球下，大地坐标（B，L，H）与空间直角坐标（x，y，z）之间可以进行严密的坐标换算。

1）大地坐标（B，L，H）换算成空间直角坐标（x，y，z）的计算公式见式（2-3）：

$$\left. \begin{aligned} x &= (N+H)\cos B\cos L \\ y &= (N+H)\cos B\sin L \\ z &= \left[N(1-e^2)+H\right]\sin B \end{aligned} \right\} \tag{2-3}$$

式中：N——椭球的卯酉圈曲率半径；

e——椭球的第一偏心率。

若以 a、b 分别表示椭球的长半轴和短半轴，则 N、e 的计算公式见式（2-4）、式（2-5）：

$$N = \frac{a}{\sqrt{(1-e^2\sin^2 B)}} \tag{2-4}$$

$$e = \frac{\sqrt{a^2-b^2}}{a} \tag{2-5}$$

2）空间直角坐标（x，y，z）换算成大地坐标（B，L，H）的计算公式见式（2-6）：

$$\left. \begin{aligned} B &= \arctan\frac{z+Ne^2\sin B}{\sqrt{x^2+y^2}} \\ L &= \arctan\left(\frac{y}{x}\right) \\ H &= \frac{\sqrt{x^2+y^2}}{\cos B} - N \end{aligned} \right\} \tag{2-6}$$

公式（2-6）中，大地经度 L 很容易由计算获得，大地纬度 B 计算时应采用迭代计算法，即先给 B 赋予初值 B_0，其计算公式见式（2-7），然后将 B_0 值代入式（2-6）中进行循环迭代计算，直至最后两次 B 值之差小于允许的限差为止。

$$B_0 = \frac{z}{\sqrt{x^2+y^2}} \tag{2-7}$$

（3）平面直角坐标系

测量工作是在椭球面上进行的。在椭球面上，点的位置以经纬度表示，而要测算地面点的经纬度，其工作是很繁杂的。为了简化计算，在一定范围内可把球面当平面看待，那么，在平面上处理测量数据，地面点的位置就可用平面直角坐标（x，y）表示。实际工作中，利用点的平面直角坐标（x，y）求算长度、夹角、面积等很方便，因此，测量上，尤其是测绘地形图时，通用的还是平面直角坐标。常用的平面直角坐标系有：独立平面直角坐标系、高斯平面直角坐标系、建筑施工方格网坐标系。

1）独立平面直角坐标系

如 2.4.1 节所述，当测区范围较小时（半径小于 10km），可以将地球表面当作平面看待，即用水平面代替水准面。

如图 2-8 所示，测量工作中采用的独立平面直角坐标系与数学中的笛卡儿平面直角坐标系有三点不同之处：

① 测量直角坐标系是以纵轴为 x 轴，表示南北方向，向北为正；以横轴为 y 轴，表示东西方向，向东为正。数学直角坐标系横轴为 x 轴，纵轴为 y 轴。

② 测量直角坐标系是以 x 轴正向为起始边，顺时针方向转动方位角 α 及Ⅰ、Ⅱ、Ⅲ、Ⅳ象限。数学直角坐标系是以 x 轴正向为起始边，逆时针方向转动倾斜角 β 及Ⅰ、Ⅱ、Ⅲ、Ⅳ象限。

③ 为了避免测区内任意点的坐标出现负值，测量直角坐标系原点 O 的坐标（y_O, x_O）多假设为两个大的正整数。例如成都地铁施工时的测量直角坐标系原点的坐标取 y_O＝200km，x_O＝200km；数学直角坐标系原点的坐标取 x_O＝0m，y_O＝0m。

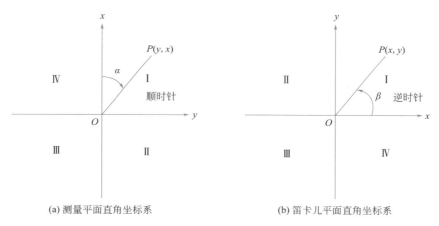

(a) 测量平面直角坐标系　　　　　　　　(b) 笛卡儿平面直角坐标系

图 2-8　测量平面直角坐标系与数学笛卡儿平面直角坐标系

这是由于测量工作中以极坐标的方式表示点位的时候，角度值是以正北方向为基准顺时针旋转起算的，而数学坐标系中规定角度值以横轴为基准逆时针旋转起算。将 x、y 轴互换以后，平面三角函数公式仍然可以直接应用在测量计算工作中。

2）高斯平面直角坐标系

如果测区范围较大，则不能再将地面当作平面，必须将球面上的图形采用适当的方法投影到平面上，测量工作中通常采用高斯-克吕格投影方法。

高斯-克吕格投影简称高斯投影，又名等角横切椭圆柱投影。该方法原理由德国数学家、物理学家、天文学家高斯于 19 世纪 20 年代拟定，后经德国大地测量学家克吕格于 1912 年对投影公式加以补充。该投影按照投影带中央子午线投影为直线且长度不变和赤道投影为直线的条件，确定函数的形式，从而得到高斯-克吕格投影公式。投影后，除中央子午线和赤道为直线外，其他子午线均为对称于中央子午线的曲线。

如图 2-9 所示，设想用一个椭圆柱套在地球椭球外面，并与某条子午线（称为中央子午线）相切，椭圆柱轴通过椭球体中心，并与椭球的竖轴相垂直。按上述投影条件，将中央子午线两侧一定经差范围内的椭球面等角投影到椭圆柱面上。将该椭圆柱面剪开展平，即为高斯投影平面。取中央子午线与赤道交点的投影为原点 O，中央子午线的投影为纵坐标 x 轴，赤道的投影为横坐标 y 轴，构成高斯-克吕格平面直角坐标系，简称高斯平面直角坐标系。

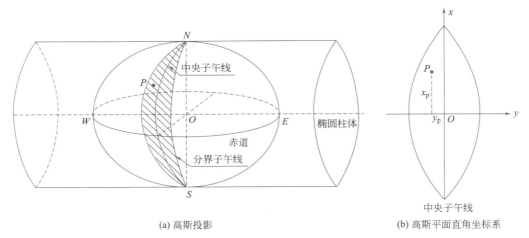

(a) 高斯投影   (b) 高斯平面直角坐标系

图 2-9　高斯投影及高斯平面直角坐标系

高斯投影具有以下四个特点：

① 中央子午线投影后为直线且长度不变。

② 距中央子午线越远的子午线，投影后弯曲程度越大，长度变形也越大。

③ 除中央子午线外的其他子午线投影后均向中央子午线弯曲，并向两极收敛，对称于中央子午线和赤道。

④ 赤道投影后为直线，其他纬线投影后为对称的曲线，并与子午线的投影曲线相互垂直且凹向两极。

我国基本比例尺地形图（1∶100 万、1∶50 万、1∶25 万、1∶10 万、1∶5 万、1∶2.5 万、1∶1 万、1∶5000）除 1∶100 万以外，均采用高斯-克吕格投影。

为了控制投影后的长度变形不大于测图误差，又要使带数不致过多以减少换带计算工作，据此原则将地球椭球面沿子午线划分成经差相等的瓜瓣形地带，以便分带投影。通常按经差 6°或 3°分为 6°带或 3°带。

如图 2-10 所示，6°带自 0°子午线起，每隔经差 6°自西向东分带，全球共分为 60 个投影带，带号依次编为 6°带第 1、⋯⋯、60 带。东经 0～6°为第 1 带，其中央经线的经度为东经 3°；东经 6°～12°为第 2 带，其中央经线的经度为东经 9°，以此类推。

3°带是在 6°带的基础上分出来的，它的中央子午线与 6°带的中央子午线或分带子午线重合。即自 1.5°子午线起每隔经差 3°自西向东分带，全球共分为 120 个投影带，带号依次编为 3°带第 1、⋯⋯、120 带。东经 1.5°～4.5°为第 1 带，其中央经线的经度为东经 3°；东经 4.5°～7.5°为第 2 带，其中央经线的经度为东经 6°，以此类推。

高斯-克吕格投影分带规定：该投影是国家基本比例尺地形图的数学基础，为控制投影变形，采用分带投影的方法，在比例尺 1∶2.5 万～1∶50 万图上采用 6°带，比例尺大

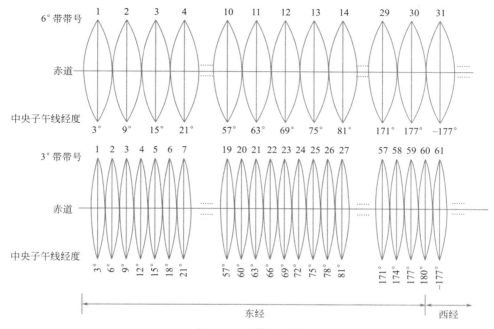

图 2-10　6°带与 3°带

于等于 1∶1 万的图采用 3°带。

我国地理位置南北跨越纬度近 50°，南北跨度约为 5500km；东西跨越经度多于 60°，东西跨度约 5200km。地理位置跨 11 个 6°带（第 13～23 带），或 22 个 3°带（第 24～45 带）。

若知道某地的子午线 L，则 6°带和 3°带的投影带号 n 可用公式（2-8）计算：

$$\left.\begin{array}{ll} 6° 带 & n = \dfrac{L}{6°}（逢余进一） \\[3mm] 3° 带 & n = \dfrac{L}{3°}（四舍五入） \end{array}\right\} \tag{2-8}$$

若投影带号 n 已知，则 6°带和 3°带的中央子午线 L_0 可用公式（2-9）计算：

$$\left.\begin{array}{ll} 6° 带 & L_0 = 6° \cdot n - 3° \\[2mm] 3° 带 & L_0 = 3° \cdot n \end{array}\right\} \tag{2-9}$$

【例题 2-1】 已知成都市中心的经度约为东经 104.06°，试分别求其在 6°带的带号、中央子午线，以及 3°带的带号、中央子午线。

【解】 6°带的带号：$n = \dfrac{104.06°}{6°}（逢余进一）= 17.34（逢余进一）= 18$

6°带中央子午线：$L_0 = 6° \cdot n - 3° = 6° \times 18 - 3° = 105°$

3°带的带号：$n = \dfrac{104.06°}{3°}（四舍五入）= 34.69（四舍五入）= 35$

3°带中央子午线：$L_0 = 3° \cdot n = 3° \times 35 = 105°$

为了便于地形图的测量作业，在高斯-克吕格投影带内布置了平面直角坐标系。具体方法是：规定中央经线为 x 轴，赤道为 y 轴，中央经线与赤道交点为坐标原点；x 值在北半球为正，南半球为负；y 值在中央经线以东为正，中央经线以西为负。我国位于北半球，x 坐标均为正值，y 坐标值有正有负。为避免 y 坐标出现负值的情况，规定各投影带的坐标纵轴 x 轴西移 500km。平移后，所有 x 坐标值不变，所有 y 坐标值均加上 500km，如图 2-11 所示。此外，由于高斯-克吕格投影每一个投影带的坐标都是本带坐标原点的相对值，所以各带的坐标完全相同。为了表明某一坐标系属于哪一带，通常在 y 坐标前加上带号，这样的坐标系称作国家统一坐标系。例如，P 点位于 $3°$ 带的第 35 带内，P 点的高斯平面直角坐标为：$x_P = 332120.65$m，$y_P = -44321.78$m，则 P 点加上 500km 后的 y 坐标为：

$$y'_P = y_P + 500000\text{m} = -44321.78\text{m} + 500000\text{m} = 455678.22\text{m}$$

y 坐标加上带号 35 后，P 点的国家统一坐标为（332120.65，35455678.22）。

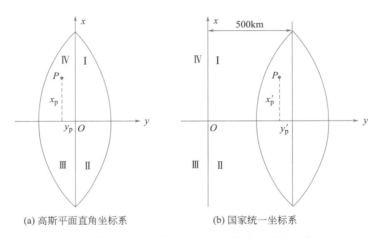

(a) 高斯平面直角坐标系   (b) 国家统一坐标系

图 2-11　高斯平面直角坐标系与国家统一坐标系的关系

【**例题 2-2**】已知成都市某控制点的国家统一坐标为：$x = 3367400.037$m，$y = 18412022.772$m，试求其高斯平面直角坐标。

【**解**】通过该控制点的 y 坐标值可知，该点位于 $6°$ 带的第 18 带内，对应的高斯平面直角坐标系下的横坐标 $y = 412022.772$m $- 500000$m $= -87977.228$m，则该点的高斯平面直角坐标为：$6°$ 带的第 18 带坐标（3367400.037，-87977.228）。

同一参考椭球下，高斯平面直角坐标（x，y）与大地坐标（B，L）之间可以进行坐标换算。其中，由高斯平面直角坐标（x，y）换算成大地坐标（B，L）的过程，称为高斯投影反算；由大地坐标（B，L）换算成高斯平面直角坐标（x，y）的过程，称为高斯投影正算。

3）建筑施工方格网坐标系

不论建筑工程还是市政工程的总图设计，都是在现状地形图上进行规划和布置的。地形图在测绘时通常采用国家统一坐标系或地方城市坐标系，这类坐标的数字位数都很大，在实际使用中，往往可以进行简化，视情况取到千位数或万位数。比如 A 点

（394903.865，532355.760）和 B 点（394781.249，532317.398）两个坐标在计算时可以省去相同的大整数部分，简化为 $x_A = 903.865$，$y_A = 355.760$，$x_B = 781.249$，$y_B = 317.398$。这样可以减少按键输入、方便查阅，而且简化后的坐标方位角和距离仍旧保持不变，给我们的测量工作带来极大的便利。

　　在建筑工程设计工作中，有些形状规则的建（构）筑物通常根据场地及周边环境等特点而规划布置，并不是严格按照正南正北、正东正西的方向布置。为了方便设计工作的开展，需要根据主要建（构）筑物的纵横轴线分布重新建立一套建筑施工方格网坐标系（图 2-12）。

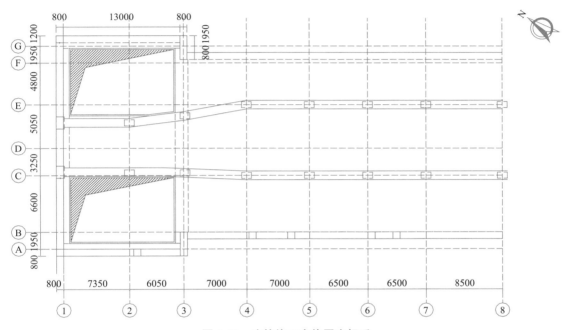

图 2-12　建筑施工方格网坐标系

　　在道路、桥梁、隧道等线状工程中，为了计算及施工放样的方便，通常会建立施工坐标系。纵轴（A 轴）指向线路的前进方向，并使纵坐标等于线路的里程值；而横轴（B 轴）则指向与线路垂直的右边方向，这样横坐标就等于到线路中线的距离。当横坐标为正值时，表示在线路的右侧，当横坐标为负值时，表示在线路的左侧。这样就使得纵、横坐标数值有了具体的意义（图 2-13）。

　　国家测量坐标（x，y）与建筑施工坐标（A，B）之间可以进行坐标换算。如图 2-14 所示，xOy 为国家测量坐标系，AO'B 为建筑施工坐标系。建筑施工坐标系的原点 O' 的国家测量坐标为（$x_{O'}$，$y_{O'}$），P 点的国家测量坐标为（x_P，y_P），P 点的建筑施工坐标为（A_P，B_P），建筑施工坐标系的 A 轴与国家测量坐标系的 x 轴的夹角为 α。

　　① 国家测量坐标（x_P，y_P）换算成建筑施工坐标（A_P，B_P）的计算公式见式（2-10）：

$$\left.\begin{array}{l} A_P = (x_P - x_{O'})\cos\alpha + (y_P - y_{O'})\sin\alpha \\ B_P = -(x_P - x_{O'})\sin\alpha + (y_P - y_{O'})\cos\alpha \end{array}\right\} \tag{2-10}$$

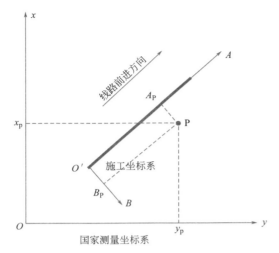

图 2-13 国家测量坐标系与施工坐标系

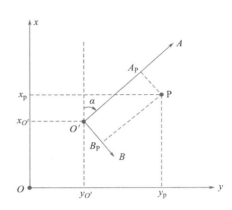

图 2-14 国家测量坐标系与施工坐标系的转换

② 建筑施工坐标（A_P，B_P）换算成国家测量坐标（x_P，y_P）的计算公式见式（2-11）：

$$
\left.
\begin{aligned}
x_P &= x_{O'} + A_P \cdot \cos\alpha - B_P \cdot \sin\alpha \\
y_P &= y_{O'} + A_P \cdot \cos\alpha + B_P \cdot \sin\alpha
\end{aligned}
\right\}
\tag{2-11}
$$

国家测量坐标和建筑施工坐标互相换算更为常用的方法是四参数法。四参数法的原理为：在已知这两个坐标系 xOy 及 $AO'B$ 下至少 2 个公共点的两套平面直角坐标的情况下，建立坐标转换方程组，利用最小二乘原理求解出 4 个参数（2 个平移参数 Δx、Δy，1 个旋转参数 θ 和 1 个尺度参数 m），从而得到适用的坐标换算方程。四参数法计算公式见式（2-12）：

$$
\begin{bmatrix} A \\ B \end{bmatrix} = (1+m) \begin{bmatrix} \cos\theta & \sin\theta \\ -\sin\theta & \cos\theta \end{bmatrix} \begin{bmatrix} x \\ y \end{bmatrix} + \begin{bmatrix} \Delta x \\ \Delta y \end{bmatrix}
\tag{2-12}
$$

4）我国常用的测量坐标系

我国采用的国家坐标系统都是按照高斯-克吕格投影原理建立的高斯平面直角坐标系。先后建立并使用了 1954 年北京坐标系（简称北京 54 坐标系）、1980 西安坐标系（简称西安 80 坐标系）、2000 国家大地坐标系（简称 CGCS2000 坐标系）。此外，我国也经常使用美国 GPS 卫星导航系统中采用的 1984 世界大地坐标系（简称 WGS-84 坐标系）。

我国常用的大地测量坐标系统参数见表 2-3。

我国常用的大地测量坐标系统概况　　　　　　　　　　　　　　　　表 2-3

坐标系名称	北京 54 坐标系	西安 80 坐标系	CGCS2000 坐标系	WGS-84 坐标系
坐标系类型	参心坐标系	参心坐标系	地心坐标系	地心坐标系
地球椭球名称	克拉索夫斯基椭球	IUGG1975 椭球	CGCS2000 椭球	WGS-84 椭球
椭球类别	参考椭球	参考椭球	总地球椭球	总地球椭球
长半轴 a(m)	6378245	6378140	6378137	6378137

续表

扁率 f	1：298.3	1：298.257	1：298.257222101	1：298.257223563
原点	苏联的普尔科沃（大地原点）	陕西省泾阳县永乐镇（大地原点）	地球的质量中心（坐标系原点）	地球的质量中心（坐标系原点）
z 轴	指向不明	平行于地球质心指向地极原点方向	由原点指向历元2000.0的地球参考极的方向	指向BIH（国际时间服务机构）1984.0 定义的协议地球极（CTP）方向
x 轴	指向不明	在赤道面指向格林尼治天文台零经度方向	由原点指向格林尼治参考子午线与地球赤道面（历元 2000.0）的交点	指向BIH1984.0 的零子午面和 CTP 赤道的交点
y 轴	指向不明	与 z 轴、x 轴构成右手正交坐标系	与 z 轴、x 轴构成右手正交坐标系	与 z 轴、x 轴构成右手正交坐标系

注：地球椭球的基本物理参数主要有：重力场二阶带谐系数、地心引力常数、地球自转角速度。

① 1954 北京坐标系

该坐标系简称北京 54 坐标系。中华人民共和国成立后，为了尽快开展我国的测绘事业和城市建设，将东北地区的国家级一等三角锁与苏联 1942 年坐标系进行联测及区域平差，选定苏联的普尔科沃为大地坐标原点，采用克拉索夫斯基椭球作为参考椭球，进行参考椭球定位，从而建立了北京 54 坐标系。

该坐标系自建立以来，从中国广大地区的大地测量结果来看，克拉索夫斯基椭球的几何参数不够精确；坐标轴指向不明；参考椭球面与中国境内的大地水准面拟合精度较差，呈自西向东倾斜，且普遍低于大地水准面，东部沿海地区最大差值达 60 余米。

② 1980 西安坐标系

该坐标系简称西安 80 坐标系。20 世纪 60 年代后，国际上利用卫星大地测量技术获得了当时与全球大地水准面最佳拟合的椭球参数。为了适应国家国防经济建设发展的需要，我国在 1972～1982 年间进行全国范围的天文大地网整体平差时，采用 1975 年国际椭球作为参考椭球面，并与全国范围大地水准面的最佳拟合进行参考椭球定位，大地原点选定在陕西省泾阳县永乐镇，这样建立起来的大地坐标系称为 1980 西安坐标系。

③ 2000 国家大地坐标系

该坐标系简称 CGCS2000 坐标系。由于 1954 北京坐标系和 1980 西安坐标系都是利用经典大地测量技术的局部大地坐标系，这些参心坐标系所采用的大地原点、坐标轴的方向均与采用现代科技手段测定的结果存在较大的差异；其原点与地球质量中心也有较大偏差；坐标系下的大地控制点的相对精度仅有 10^{-6}，造成先进的对地观测技术所获取的测绘成果在使用时精度损失较大，无法全面满足现势性较高的城市建设、行业部门对高精度测绘地理信息服务的要求。因此，我国利用先进的空间测量技术建立了 2000 国家大地坐标系。

2000 国家大地坐标系是通过中国 GPS 连续运行基准站、空间大地控制网以及天文大地网与空间地网联合平差建立的地心大地坐标系统。该坐标系以 ITRF 97 参考框架为基准，参考框架历元为 2000.0，是全球地心坐标系在我国的具体体现，其原点为包括海洋和大气的整个地球的质量中心。z 轴由原点指向历元 2000.0 的地球参考极的方向；x 轴由原点指向格林尼治参考子午线与地球赤道面（历元 2000.0）的交点；y 轴与 z 轴、x 轴构成右手正交坐标系。

2018 年 7 月 1 日起，国家全面使用 2000 国家大地坐标系，北京 54 坐标系和西安 80 坐标系正式退出历史舞台。

④ 1984 世界大地坐标系

该坐标系简称 WGS 84 坐标系，是美国为 GPS 全球定位系统使用而建立的坐标系统，属于地心直角坐标系。如图 2-15 所示，该坐标系原点是地球的质心，z 轴指向 BIH 1984.0 定义的地球极（CTP）方向，即国际协议原点（CIO）；x 轴指向 BIH 1984.0 定义的零子午面和 CTP 赤道的交点；y 轴和 z 轴、x 轴构成右手坐标系。WGS 84 椭球采用国际大地测量与地球物理联合会第 17 届大会推荐的椭球参数。

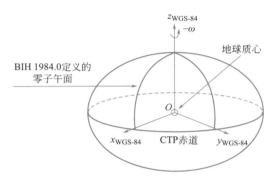

图 2-15 WGS-84 坐标系

5）坐标系转换

1954 北京坐标系、1980 西安坐标系、2000 国家大地坐标系和 1984 世界大地坐标系是基于不同的椭球模型建立的，它们之间只能进行非严密的坐标转换。关于坐标转换，首先要搞清楚转换的严密性问题，即在同一个椭球里的坐标转换都是严密的，而在不同的椭球之间的转换是不严密的。例如，由 1954 年北京坐标系的大地坐标转换到 1954 年北京坐标系的高斯平面直角坐标是在同一参考椭球体范畴内的坐标转换，其转换过程是严密的；由 1954 年北京坐标系的大地坐标转换到 WGS-84 坐标系的大地坐标，就属于不同椭球体间的转换，其转换过程是不严密的。

不同椭球体间的坐标转换在局部地区采用的常用办法是相似变换法，即利用部分分布相对合理的高等级公共点求出相应的转换参数。一般而言，比较严密的坐标转换是用七参数的相似变换法，即 x 平移、y 平移、z 平移、x 旋转、y 旋转、z 旋转、尺度变化 m。要求得七参数，就需要在一个地区需要 3 个以上的已知点，如果区域范围不大，最远点间的距离不大于 30km（经验值）时，可以用三参数，即 x 平移、y 平移、z 平移，而将 x 旋转、y 旋转、z 旋转、尺度变化 m 视为零，所以三参数只是七参数的一种特例。如果不考虑高程的影响，对于不同椭球体下的高斯平面直角坐标可采用四参数的相似变换法，即 x 平移、y 平移、尺度变化 m、旋转角度 α。在同一椭球里，四参数转换一般能满足精度要求；不同的椭球间，则需要先转为空间直角坐标再投影为平面坐标后，进行四参数转换计算。

　　七参数法是一种基于空间直角坐标系的转换模型，是基于椭球间的三维转换，适用性广泛，精度最高。七参数转换主要有两种模型：布尔沙模型（图 2-16a）、莫洛金斯基模型（图 2-16b）。$O_A - x_A y_A z_A$ 和 $O_B - x_B y_B z_B$ 分别是两种不同椭球基准下的空间直角坐标系，$P - x_A y_A z_A$ 是临时过渡性的空间直角坐标系。为了实现 $O_A - x_A y_A z_A$ 下的坐标到 $O_B - x_B y_B z_B$ 下的坐标转换，布尔沙模型和莫洛金斯基模型均采用了 7 个参数，分别是 3 个平移参数 T_x、T_y、T_z，3 个旋转参数 ω_x、ω_y、ω_z 和 1 个尺度参数 m，但这两个模型的 7 个参数具体含义有所不同。布尔沙模型的计算公式见式（2-13），莫洛金斯基模型的计算公式见式（2-14）。

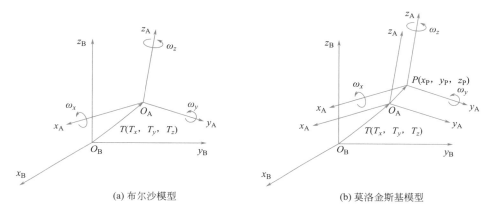

(a) 布尔沙模型　　　　　　　　　　(b) 莫洛金斯基模型

图 2-16　七参数转换模型

　　当 ω_x、ω_y、ω_z 都是小角度时，$\sin\omega = 0$，$\cos\omega = 1$，此时布尔沙模型的计算公式见式（2-13）：

$$
\begin{bmatrix} x_B \\ y_B \\ z_B \end{bmatrix} = \begin{bmatrix} T_x \\ T_y \\ T_z \end{bmatrix} + (1+m) \begin{bmatrix} 1 & \omega_z & -\omega_y \\ -\omega_z & 1 & \omega_x \\ \omega_y & -\omega_x & 1 \end{bmatrix} \begin{bmatrix} x_A \\ y_A \\ z_A \end{bmatrix} \tag{2-13}
$$

莫洛金斯基模型的计算公式见式（2-14）：

$$
\begin{bmatrix} x_B \\ y_B \\ z_B \end{bmatrix} = \begin{bmatrix} x_P \\ y_P \\ z_P \end{bmatrix} + (1+m) \begin{bmatrix} 1 & \omega_z & -\omega_y \\ -\omega_z & 1 & \omega_x \\ \omega_y & -\omega_x & 1 \end{bmatrix} \begin{bmatrix} x_A - x_P \\ y_A - y_P \\ z_A - z_P \end{bmatrix} + \begin{bmatrix} T_x \\ T_y \\ T_z \end{bmatrix} \tag{2-14}
$$

　　这两种模型都是常用模型且非常相似。布尔沙模型在进行全球或者较大范围内的坐标转换中较为常用，但其旋转参数与平移参数具有较高的相关性，而莫洛金斯基模型则可以克服这一问题。莫洛金斯基模型旋转中心的选定原则是：当网的规模不大时，可以选取网中任意一个点；当网的规模较大时，则可选取网的重心。

　　在不同的椭球基准下进行七参数转换时有 7 个未知参数，简单求解时，只需要 3 个公共点的坐标就可以了，如果要得到严密解，就需要更多的公共点进行最小二乘平差解算。而对于大地坐标，可以转换成空间直角坐标再解算，也可以直接利用布尔沙模型进行解算。

值得注意的是，七参数转换后的坐标残差与选用的数学模型和求解转换参数的公共点坐标精度有关，也和点位组成的形状及数量有关。因此，当测区范围较大时，坐标转换必须分区域进行，且区域之间的公共点需有重叠部分，通过这种方式来提高坐标转换的精度。

2-1
工程测量与奥维地图

不同基准下的坐标系转换流程如图 2-17 所示。能进行坐标转换的软件有很多，常用的有武汉大学研发的地面测量工程控制测量数据处理通用软件包（CODAPS）、广州南方测绘仪器有限公司研发的 gpstool 等。有兴趣的读者可以自行研究学习，本教材不再赘述。

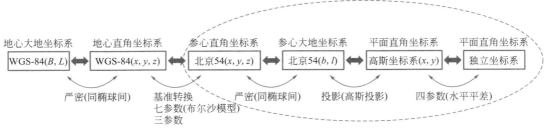

图 2-17　不同基准下的坐标转换流程

2.4.3　高程基准

为了布测国家统一的高程控制网，需要建立一个统一的高程基准面，所有水准测量的高程都以这个面为零起算。由于大地水准面形成的体形与整个地球最为接近，因此选择大地水准面作为高程基准面。我们把某点沿铅垂线方向到大地水准面的距离称为该点的绝对高程或海拔，简称高程，用 H 表示。

由于大地水准面是假想的处于静止的平均海水面，而海水受到月球引力引起的潮汐、风浪等影响会时刻发生变化。通过在海边设立验潮站，进行长期的潮汐水位观测，对验潮资料进行研究分析，从而求得海水面的平均位置，以此作为高程的零点，也称为水准零点，通过该点的大地水准面称为高程基准面（图 2-18）。

通过上述定义可知，水准零点是位于平均海水面且高程为零的点。但在实际测量应用中，随着潮汐的变化海平面并不是不变的，又因为基准点设在海中，随着波浪涌动也无法准确测量。因此我国将水准零点引测至青岛观象山山顶的水准原点上，再将水准原点的基准高程值传递到全国各地。

水准原点是对水准零点的一种标识，是一个国家测算地面点高程的起算依据，通常埋设在地质稳定、易于联测和传递的地方，并以平均海水面为基准来确定。由于受海面地形的影响，在不同地点设立的验潮站长期观测所得的潮汐水位存在差异，所求得的平均海水面均不相同，因此就有不同的高程基准。比如中华人民共和国成立前建立的大连、大沽、废黄河、吴淞、罗星塔、珠江等高程基准，但始终没有建立起全国统一的高程基准。中华人民共和国成立后，中国人民解放军总参测绘局于 1954 年在山东省青岛市观象山建立了中华人民共和国水准原点。以青岛验潮站 1950～1956 年共 7 年的黄海验潮资料计算得出

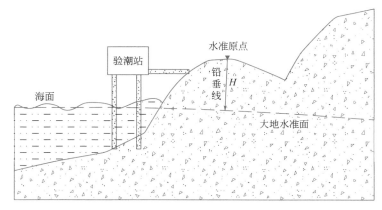

图 2-18　大地水准面、验潮站与水准原点

的黄海平均海水面为零点，并通过水准测量的方法将黄海平均海水面高程零点引测至水准原点上，得到的水准原点高出黄海平均海水面 72.289m，全国各地的高程以它为基准进行联测。这样建立的国家高程基准称为 1956 年黄海高程系，简称 56 黄海高程，该高程系统在全国使用至 1987 年。

由于用于计算 1956 年黄海平均海水面的资料是 1950～1956 年的验潮结果，观测时间较短，结果不尽理想。为此，我国采用青岛验潮站 1952～1979 年共 28 年的黄海验潮资料，用中数法计算该水域的黄海平均海水面，于 20 世纪 80 年代建立了新的国家高程基准，即 1985 国家高程基准，简称 85 国家高程，其水准原点高出黄海平均海水面 72.260m。由此可见，在水准原点处，85 国家高程基准对应的大地水准面比 56 黄海高程基准对应的大地水准面低 0.029m，这两个高程基准通过这个关系可以进行相互转换。我国自 1988 年 1 月 1 日起开始采用 1985 国家高程基准作为高程起算的统一基准。

1975 年，中国测绘工作者以 1956 年黄海高程系为基准，精确测出了珠穆朗玛峰（以下简称珠峰）的冰面高程为 8848.13m。2005 年，中国测绘工作者以 1985 国家高程基准起算，再次对珠峰高程进行了精确测量，测得珠峰的岩面高程为 8844.43m（测量精度±0.21m）。作为世界最高峰和最年轻山峰之一，珠峰造山运动仍在持续。由于印度板块"钻"到欧亚板块底下，喜马拉雅山脉不断隆升。处于碰撞前沿的珠峰整体向长春或北京方向每年移动约 3cm，垂直方向上珠峰地区每年隆升约 4mm。2020 年，中国测绘工作者采用多种国产先进测量仪器设备和手段对珠峰高程再次进行测量，最终确定了基于全球高程基准的珠峰的最新雪面高程为 8848.86m。

全国各地建立的区域性高程基准需要与国家高程基准建立联测和换算关系，以下是部分地方高程系统之间的换算公式：

（1）"56 黄海高程基准" ＝ "85 国家高程基准" ＋0.029m

（2）"北京地方高程基准" ＝ "85 国家高程基准" ＋0.426m

（3）"吴淞高程基准" ＝ "85 国家高程基准" ＋1.717m

（4）"珠江高程基准" ＝ "85 国家高程基准" －0.557m

（5）"大沽零点高程基准" ＝ "85 国家高程基准" ＋1.163m

（6）"渤海高程基准" ＝ "85 国家高程基准" －3.048m

（7）"成都市高程系统基准" ＝ "85 国家高程基准" ＋6.527m

这些各不相同的高程系统有着复杂的换算关系，在使用过程中应注意将高程系统进行统一和换算，避免出错。

思考题与习题

1. 确定地面点位的基本要素主要有哪几种？

2. 测量内、外业使用的基准面、基准线分别是哪些？

3. 测量坐标系与数学坐标系有何不同？

4. 我国最常用的测量坐标系是哪四种？分别对应哪四种地球椭球模型？

5. 我国先后建立的国家高程系统是哪两种？它们之间如何进行换算？

6. 已知成都地铁施工采用的是成都市高程系统，某水准点 BM11101 在成都市高程系统中的高程值为 484.698m，试计算该水准点在 85 国家高程基准中的高程值。

7. 什么是水准零点？什么是水准原点？85 国家高程基准的水准原点的高程是多少？

第 3 章

Chapter 03

地面平面控制测量

知识目标

　　地面平面控制测量是指在工程建设区域内，以必要的精度测定一系列 GPS 控制点、导线控制点的平面坐标，建立起工程测量平面控制网，作为地形测绘和工程测量的依据之一。通过本章节教学，使学生掌握地面平面控制网的布设、埋点，外业观测方法和注意事项，内业数据处理流程等知识；了解测量规范中相关技术指标和精度要求。

能力目标

　　（1）具备地面平面控制网测量技术方案设计、测量成果总结报告的编制能力。

　　（2）具备地面平面控制网布点、观测、平差计算的能力。

　　（3）掌握 GPS 静态数据处理、导线平差等数据计算处理的能力。

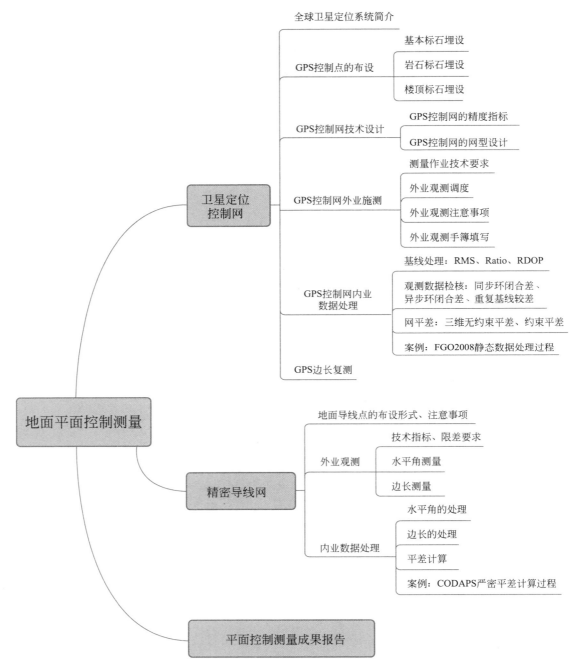

全球卫星定位系统简介

GPS控制点的布设
- 基本标石埋设
- 岩石标石埋设
- 楼顶标石埋设

GPS控制网技术设计
- GPS控制网的精度指标
- GPS控制网的网型设计

GPS控制网外业施测
- 测量作业技术要求
- 外业观测调度
- 外业观测注意事项
- 外业观测手簿填写

GPS控制网内业数据处理
- 基线处理：RMS、Ratio、RDOP
- 观测数据检核：同步环闭合差、异步环闭合差、重复基线较差
- 网平差：三维无约束平差、约束平差
- 案例：FGO2008静态数据处理过程

GPS边长复测

卫星定位控制网

地面平面控制测量

精密导线网

地面导线点的布设形式、注意事项

外业观测
- 技术指标、限差要求
- 水平角测量
- 边长测量

内业数据处理
- 水平角的处理
- 边长的处理
- 平差计算
- 案例：CODAPS严密平差计算过程

平面控制测量成果报告

3.1　概述

地面测量控制网分为平面控制网和高程控制网两部分，前者是测定控制点的平面直角坐标，后者是测定控制点的高程。平面控制网与高程控制网一般分别单独布设，也可以布设成三维控制网。

地面平面控制测量是指在工程建设区域内，以必要的精度测定一系列 GPS 控制点及导线控制点的平面坐标 (x, y)，建立工程测量平面控制网作为地形测绘和工程测量的依据之一。地面平面控制网包括卫星定位控制网和精密导线网，具有精度高、边长较短、使用频繁等特点。

本章主要介绍城市轨道交通工程地面平面控制网的布设、埋点、外业观测及内业数据处理等知识。

3.2　卫星定位控制网

3.2.1　全球卫星定位系统简介

能在地球表面或近地空间的任何地点为用户提供全天候的三维坐标、速度以及时间信息的空基无线电导航定位系统称为全球导航卫星系统，英文名称为 Global Navigation Satellite System，简称 GNSS。目前 GNSS 泛指所有的卫星导航系统，包括全球四大卫星导航系统：美国的全球定位系统（GPS）、俄罗斯的格洛纳斯全球卫星导航系统（GLONASS）、欧洲的伽利略定位系统（GALILEO）、中国的北斗卫星导航系统（BDS），以及相关区域的增强系统。

目前在国内工程测量领域应用得最多的全球卫星导航系统主要是 GPS 全球定位系统。用户接收机主要接收 GPS 信号，部分 GPS 接收机还能同时接收 GLONASS、GALILEO以及 BDS 等多种卫星信号，如徕卡 GS15 接收机、中海达 V30 Plus 接收机等。

下面以 GPS 全球定位系统为例，简单介绍卫星导航定位测量的相关知识。

（1）GPS 全球定位系统的组成

如图 3-1 所示，GPS 主要由空间部分（GPS 卫星星座）、地面监控部分和用户部分（GPS 接收机）三部分组成。

1）空间部分

GPS 空间部分是指由 GPS 卫星所组成的 GPS 卫星星座，由 21 颗工作卫星和 3 颗备用卫星组成。如图 3-2 所示，工作卫星均匀分布在 6 个相对于赤道面倾角为 55°的近似圆形的轨道面上，轨道面间的夹角为 60°，每条轨道均匀分布 4 颗卫星，轨道距地面的平均高度为 20200km，运行周期约为 11 小时 58 分钟。GPS 卫星星座的这种设计布局是为了保证地球任意地区、任何时刻在 15km 以上高度的天空能同时接收到 4 颗以上的卫星信号，以满足精密导航定位的需要。

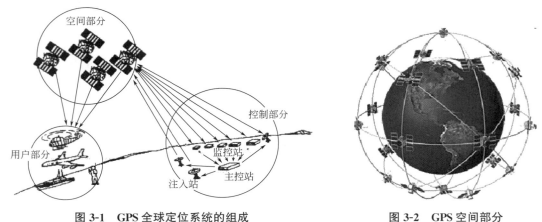

图 3-1 GPS 全球定位系统的组成　　　　　图 3-2 GPS 空间部分

2）地面监控部分

地面监控部分由 1 个主控站、5 个监测站和 3 个注入站组成（图 3-3）。

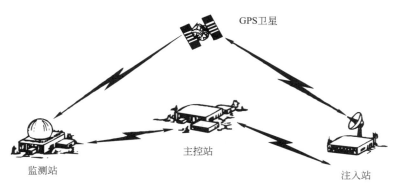

图 3-3 GPS 地面监控部分

主控站是地面监控系统的行政管理中心和技术中心，其主要作用有：管理、协调地面监控系统各部分的工作；收集各监测站的数据，编制导航电文，送往注入站；调度卫星（调整失轨卫星、启用备用卫星）。

5 个监测站都是无人值守数据采集中心，监控整个地面监控系统是否工作正常，其主要作用有：对 GPS 卫星进行跟踪观测；记录气象数据；将上述观测数据传送到主控站。

3 个注入站是负责地面监控系统与卫星进行通信的设施，其主要作用是向卫星输入导航电文和其他指令。

3）用户部分

用户部分主要由 GPS 接收机硬件和相应的数据处理软件等组成。如图 3-4 所示，GPS 接收机硬件主要包括接收机天线、主机和电源、PDA（Personal Digital Assistant，又称为掌上电脑）手簿等。随着电子技术的发展，目前最新的 GPS 接收机已经将接收天线、主

机和电源高度集成化和智能化了。用户部分
的主要功能是观测和记录由若干卫星发送的
数据，并运用数学方法求得用户地理位置的
三维空间位置以及时间和速度。

图 3-4　GPS 用户部分

根据其用途，GPS 接收机可以分为导航
型、测地型和授时型三类。工程测量领域使
用的多为测地型 GPS 接收机。根据接收的卫
星信号频率，GPS 接收机又可分为单频接收
机（仅接收 L_1 载波）和双频接收机（接收
L_1 和 L_2 载波）。在精密定位测量中，单频接收机一般用于 10km 以内的短基线的精密定
位，而双频接收机则用于短基线和长基线的精密定位。

（2）GPS 定位技术的特点

GPS 系统之所以能被广泛地应用在工程测量领域中，是因为该系统具有以下优势：

1）各测站间无须通视，仅在需要施测加密导线点的局部保证 GPS 控制点的通视即
可，方便全站仪施测。

2）定位精度高，在小于 50km 的基线上，其边长相对精度可以达到 $1 \times 10^{-7} \sim$
1×10^{-5}。

3）观测时间短，一条基线精密相对定位要用时 1～3h，短基线的快速定位只需几分钟。

4）可提供大地坐标（B，L，H）或空间三维直角坐标（x，y，H）。

5）不受天气影响，可全天候自动化作业。

6）仪器操作简便，外业工作强度小。

（3）GPS 卫星信号

如图 3-5 所示，GPS 卫星信号分为载波信号、测距码（即 C/A 码和 P 码）、数据码
（导航电文或 D 码）三种，均是在同一个原子钟基本频率 $f_0 = 10.23MHz$ 下调制产生的。

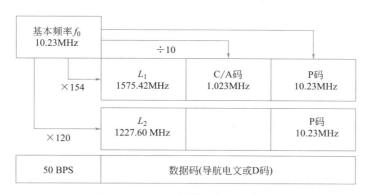

图 3-5　GPS 卫星信号频率示意图

载波信号：GPS 卫星信号加载在 L 波段上的双频信号，其频率和波长如下：

L_1 载波：频率 $f_1 = 154 \times f_0 = 1575.42MHz$，波长 $\lambda_1 = 19.03cm$。

L_2 载波：频率 $f_2 = 120 \times f_0 = 1227.60MHz$，波长 $\lambda_2 = 24.42cm$。

GPS 现代化升级后在 L_2 载波上增加了 C/A 码，又增加了第三民用信号 L_5 载波，解

决了 L_1 载波的 C/A 码波长短、信号强度弱、测距精度低、空间衰减快、抗干扰能力差等问题，有利于提高民用实时定位精度和导航安全性，其频率和波长如下：

L_5 载波：频率 $f_5 = 115 \times f_0 = 1176.45\text{MHz}$，波长 $\lambda_5 = 25.48\text{cm}$

测距码：用于测定从卫星至接收机之间距离的二进制码，分为 C/A 码和 P 码两种。C/A 码的英文是 Coarse/Acquisition Code，简称粗码，只调制在 L_1 载波上，是开放给民用的；P 码的英文是 Precision Code，简称精码，被分别调制在 L_1 和 L_2 载波上，原本是为军用设计的。

数据码：又称导航电文或 D 码，是由 GPS 卫星向用户播发的一组反映卫星空间位置、工作状态、卫星钟修正参数和电离层改正参数等重要数据的二进制码，被分别调制在 L_1 和 L_2 载波上。

（4）GPS 定位的基本方式

GPS 定位包括伪距定位、载波相位定位和实时差分定位。

1）伪距测量及伪距定位

伪距测量就是测定卫星到接收机的距离，即由卫星发射的测距码信号到达 GPS 接收机的传播时间乘以光速所得的距离。

伪距单点定位就是某一时段利用 GPS 接收机在单个测点上测定其与 4 颗以上 GPS 卫星的伪距 ρ_1、ρ_2、ρ_3、ρ_4……及从卫星导航电文中获得的卫星瞬时坐标 (x_1, y_1, z_1)、(x_2, y_2, z_2)、(x_3, y_3, z_3)、(x_4, y_4, z_4)……，采用空间距离交会法求出天线在 WGS-84 坐标系中的三维坐标 (x, y, z)（图 3-6）。

伪距多点定位是在同一时段将多台 GPS 接收机安置在不同的测点上测定其与 4 颗以上 GPS 卫星的伪距。此时大气的电离层和对流层折射误差、星历误差等影响基本相同，在计算各测点之间的坐标差 $(\Delta x, \Delta y, \Delta z)$ 时，可以通过单差、双差、三差等方式予以消除，从而提高测点间的相对定位精度（图 3-7）。

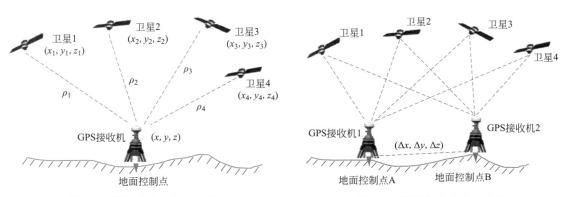

图 3-6　伪距单点定位示意图　　　　图 3-7　伪距多点定位示意图

2）载波相位测量及载波相位定位

载波相位测量是测定 GPS 卫星载波信号到接收机天线之间的相位延迟。GPS 卫星载波上调制了测距码和导航电文，接收机接收到卫星信号后，先将载波上的测距码和卫星电文去掉，重新获得载波，称为重建载波。GPS 接收机将卫星重建载波与接收机内由振荡器产生的本振信号通过相位计比相，即可得到相位差。

由于 GPS 伪距定位法使用的测距码长度（29.3m 和 293m）较长，而载波波长（$\lambda_1=$ 19.03cm，$\lambda_2=$24.42cm）较短，因此将载波作为测距信号来测定 GPS 载波信号在传播路程上的相位变化量，可以更精确地测量出卫星到用户端的距离。城市轨道交通工程卫星控制网的精度要求高，因此采用的是静态载波相位法施测。

3）实时差分定位

GPS 实时差分定位的原理是在已有的精确地心坐标点上安放 GPS 接收机（称为基准站），利用已知的地心坐标和星历计算 GPS 观测值的校正值，并通过无线电通信设备（称为数据链）将校正值发送给运动中的 GPS 接收机（称为流动站）。流动站利用校正值对自己的 GPS 观测值进行修正，以消除上述误差，从而提高实时定位精度。GPS 动态差分方法有多种，主要有位置差分、伪距差分、载波相位实时差分和广域差分等。

3.2.2　GPS 控制点的布设

地面平面控制网一般分为三个等级。一等网为全市轨道交通控制网，应采用卫星定位测量方法，一次全面布设；二等网为线路控制网，应采用卫星定位测量方法布设，沿线路走向，每 4km 左右布设 2～3 个 GPS 控制点，并至少选取 3 个全市一等 GPS 控制点作为 GPS 控制网的约束点。三等网为线路加密控制网，应采用精密导线方法，分期布设。

GPS 控制点应选在施工变形影响区域以外，利于长久保存、施测方便、便于扩展和联测的地方，并尽量避开高压铁塔、电信基站、大面积湖泊等受多路径效应、强电磁场干扰严重的地方。控制点与无线电发射装置和高压输电线的间距应分别大于 200m 和 50m。控制点周围应视野开阔，视场范围内障碍物的高度角不宜大于 15°。

为了长期保存和使用、便于三等精密导线与 GPS 控制点联测，GPS 控制点均应埋设具有中心标志的永久性标石。GPS 控制点标石主要分为三种：基本标石、岩石标石和楼顶标石（图 3-8～图 3-10）。若 GPS 控制点位埋设于地面，可根据工程建设区域的地质条件选择合适的基本标石或岩石标石；若埋设在建筑物楼顶，则可现场封模浇筑，标石下层钢钉插入楼顶混凝土顶板中，确保标石的稳定可靠。GPS 控制点埋设完成后，应进行外部整饰、喷涂 GPS 点编号，并按规定绘制点之记。

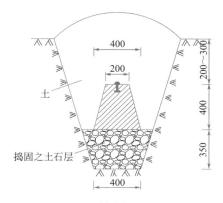

图 3-8　基本标石埋设

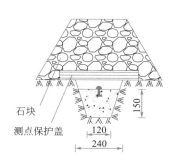

图 3-9　岩石标石埋设

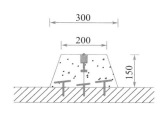

图 3-10　楼顶标石埋设

3.2.3 GPS 控制网技术设计

GPS 控制网技术设计是外业施测的前置条件，测量工程师主要依据《全球定位系统（GPS）测量规范》GB/T 18314—2009、《卫星定位城市测量技术标准》CJJ/T 73—2019 和《城市轨道交通工程测量规范》GB/T 50308—2017 来进行设计。主要内容包括 GPS 控制网精度指标的确定、网型的设计等。

（1）GPS 控制网的精度指标

卫星定位一、二等控制网采用 GPS 静态测量的方法施测，其主要测量技术要求见表 3-1。

卫星定位控制网测量技术要求　　　表 3-1

控制网等级	平均边长（km）	固定误差 a（mm）	比例误差系数 b（mm/km）	相邻点的相对点位中误差（mm）	最弱边的相对中误差
一等	10	≤5	≤2	±20	1/200000
二等	2	≤5	≤5	±10	1/100000

注：平均边长统计不包括已知点与未知点的连接边。

卫星控制网的精度指标通常是用网中相邻点间的基线长度中误差 σ 来表示，计算公式见式（3-1）：

$$\sigma = \pm\sqrt{a^2 + (bd)^2} \tag{3-1}$$

式中：a——固定误差（mm）；

　　　b——比例误差系数（mm/km）；

　　　d——相邻点间的距离（km）。

（2）GPS 控制网的网型设计

GPS 控制网的网型设计的目的是在满足控制网精度的前提下，尽可能减少人力、仪器、物资和时间的消耗。因此网型设计应遵循以下原则：

1）GPS 控制网应布设成由独立观测边构成的闭合图形，如三角形、多边形等，以增加检核条件，提高网的可靠性。

2）网中相邻点间的基线向量的精度应分布均匀。

3）GPS 控制网中应适当地联测一定数量的高等级 GPS 控制点和水准点。

4）GPS 控制网应考虑可扩展性及联测加密性，应在 GPS 点附近通视状况良好的地方布设方位点，以便提供导线联测方向；方位角与 GPS 点之间的距离不应小于 300m。

此外，还应对相邻时段的 GPS 控制网的扩展网型进行设计。多台 GPS 接收机同步完成当前时段的观测后，部分 GPS 接收机需进行迁站，其余 GPS 接收机保持在原测站不动，充当相邻时段的公共点或公共边，提高 GPS 扩展网型的几何强度。多台接收机相邻时段的 GPS 控制网的扩展方式有点连式、边连式、网连式等，如图 3-11 所示。

点连式：相邻的同步图形间只通过一个公共点相连。优点：作业效率高、图形扩展迅速。缺点：图形强度低，如果连接点发生问题，将影响后面的同步图形。

（a）点连式　　　　　　　　　　（b）边连式　　　　　　　（c）网连式

图 3-11　GPS 控制网的扩展方式

边连式：相邻的同步图形间有一条边（即两个公共点）相连。优点：作业效率较高、图形强度较强。

网连式：相邻的同步图形间有 3 个（含 3 个）以上的公共点相连。优点：图形强度最强。缺点：作业效率低。

3.2.4　GPS 控制网外业施测

在 GPS 控制网外业施测前，应掌握测量作业的技术要求。平面一、二等网 GPS 外业观测的技术要求见表 3-2。

GPS 控制网外业施测技术要求　　　　　　　　　表 3-2

序号	项目	一等	二等
1	接收机类型	双频	双频或单频
2	观测量	载波相位	载波相位
3	接收机标称精度	$5\text{mm}+2\times10^{-6}\times D$	$5\text{mm}+5\times10^{-6}\times D$
4	卫星高度角（°）	$\geqslant15$	$\geqslant15$
5	同步观测接收机台数（台）	$\geqslant3$	$\geqslant3$
6	有效观测卫星数（颗）	$\geqslant4$	$\geqslant4$
7	每站独立设站数（次）	$\geqslant2$	$\geqslant2$
8	观测时段长度（min）	$\geqslant120$	$\geqslant60$
9	数据采样间隔（s）	$10\sim30$	$10\sim30$
10	点位几何图形强度因子（PDOP）	$\leqslant6$	$\leqslant6$

注：D 为相邻控制点间的距离（km）。

GPS 外业施测涉及外业观测调度、外业作业流程等。

（1）外业观测调度

作业调度者根据测区地形和交通状况、采用的卫星定位作业方法、设计的基线的最短观测时间等因素综合考虑，编制观测计划表，并按该表对作业组下达相应阶段的作业调度命令。同时依照实际作业的进展情况，及时作出必要的调整。

GPS 控制网观测前要考虑投入的 GPS 接收机数量，要根据重复设站次数和时段长度计算出需要观测的最少时段数，从而制定外业观测调度计划。最少时段数和外业观测所需天数的计算公式见式（3-2）和式（3-3）：

$$S_{min} = \text{int}\left(\frac{R \cdot n}{m}\right) \qquad (3-2)$$

式中：S_{min}——最少时段数；

$\qquad R$——最少平均重复设站次数；

$\qquad n$——网的点数；

$\qquad m$——参与观测的接收机数量。

$$\text{外业天数} = \text{最少观测期数/单天观测期数} + \text{机动天数} \qquad (3-3)$$

在制定外业观测调度计划时，应遵循分区观测、逐步推进扩展的原则。选取卫星数较多、PDOP 值较小的时间段进行外业观测，以便获得高质量的观测数据。

外业观测调度计划应安排作业时段，分配观测任务，指定各作业小组的观测时间、测站，确定迁站方式，进行交通工具的调配。GPS 外业观测调度表见表 3-3。

GPS 外业观测调度表 表 3-3

时段号	观测时间段	接收机编号	接收机编号	接收机编号	接收机编号
		测站号/点	测站号/点	测站号/点	测站号/点
		观测者	观测者	观测者	观测者
1					
2					
3					
4					

注：时段号的行数、接收机编号的列数可根据实际情况增减，每一时段的测站号/点应与接收机编号一一对应。

外业观测调度计划有以下几点好处：

1）通过观测时间的选择，保证观测质量；

2）通过同步图形的配置（扩展方式），保证 GPS 控制网的图形强度；

3）通过迁站方式的确定，保证作业的效率；

4）通过适当的应急处理方式，保证作业的顺利进行。

（2）外业作业流程

当本时段的 GPS 同步观测结束后，应将 GPS 接收机关机并迁到下一测站，开始下一时段的 GPS 同步观测。外业迁站的三种方式主要有：平移式、翻转式、伸缩式（图 3-12）。图 3-12 中 $A \sim H$ 分别是 GPS 控制点的编号，1～4 分别是 GPS 接收机的编号。下面以观测 3 个时段、期间迁站 2 次来分别介绍平移式、翻转式、伸缩式迁站的过程。

平移式迁站：第一时段观测时，1～4 号 GPS 接收机分别架设在 $A \sim D$ 控制点上。第一时段观测结束后开始第一次迁站：1、4 号 GPS 接收机迁到 B、C 控制点上，2、3 号 GPS 接收机迁到 E、F 控制点上，然后开始第二时段观测。第二时段观测结束后开始第二次迁站：1、4 号 GPS 接收机迁到 E、F 控制点上，2、3 号 GPS 接收机迁到 G、H 控制点上，然后开始第三时段观测。

翻转式迁站：第一时段观测时，1～4 号 GPS 接收机分别架设在 $A \sim D$ 控制点上。第一时段观测结束后开始第一次迁站：1、4 号 GPS 接收机迁到 E、F 控制点上，2、3 号 GPS 接收机固定不变，然后开始第二时段观测。第二时段观测结束后开始第二次迁站：1、

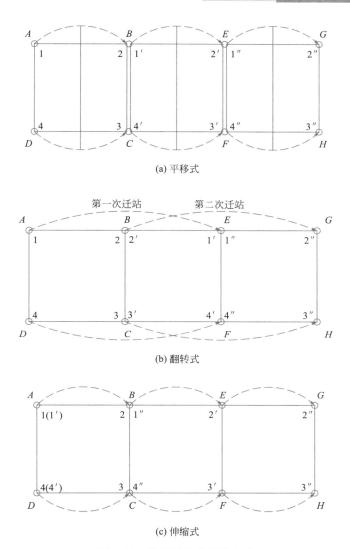

(a) 平移式

(b) 翻转式

(c) 伸缩式

图 3-12　外业迁站的三种方式

4 号 GPS 接收机固定不变，2、3 号 GPS 接收机迁到 G、H 控制点上，然后开始第三时段观测。

伸缩式迁站：第一时段观测时，1～4 号 GPS 接收机分别架设在 A～D 控制点上。第一时段观测结束后开始第一次迁站：1、4 号 GPS 接收机固定不变，2、3 号 GPS 接收机迁到 E、F 控制点上，然后开始第二时段观测。第二时段观测结束后开始第二次迁站：1、4 号 GPS 接收机迁到 B、C 控制点上，2、3 号 GPS 接收机迁到 G、H 控制点上，然后开始第三时段观测。

在外业迁站调度中，合理选择迁站的推进方式需考虑的因素主要有以下几点：重复设站的要求、基线的布设、迁站效率、交通工具的配备、作业组对点位的熟悉情况等。

为保证 GPS 静态测量观测数据的质量，应选用相同型号的天线，作业前应对 GPS 接收机和天线等设备进行常规检查，电池容量、光学对中器对中精度和接收机内存容量应满足卫星定位控制测量的作业要求。

GPS 静态外业观测除应满足表 3-2 中的技术要求外，还应符合以下规定：

① 观测前，需要将同步观测的接收机参数设置成一致：数据采样率设为 10s，卫星高度角设为 15°。

② 设站时，天线对中整平后的对中误差应小于 2mm。

③ 每时段测前（必须在开机前）、测后（必须在关机后）量取天线高各一次。两次量取天线高应在相同的位置，每次天线高应从天线的三个不同方向（间隔 120°）量取，或用接收机天线专用量高器量取，每次在三个方向上量取的天线高误差不应大于 3mm，否则应重新对中、整平；任一方向上在观测前、后两次量取的天线高误差应小于 3mm，否则判定在观测过程中天线发生变动，该时段数据作废；每时段的天线高应取观测前、后两次平均值作为最后的结果。

④ 作业时，应严格按照作业计划规定的时间开机。观测开始后，应现场记录测站的相关信息，不可事后补记。手簿中应记录测站名称（点号）、观测时段号、观测日期、观测者、观测起止时间、接收机编号、天线类别及天线高、量取方式等。GPS 外业观测手簿可按表 3-4 的格式内容填写。

⑤ 每时段观测开始及结束前各记录一次观测卫星号、天气状况、实时定位经纬度和大地高、PDOP 值等。

⑥ GPS 静态观测过程中，作业人员使用手机、对讲机时应远离测站，避免电磁波对 GPS 信号的干扰。

⑦ 强雷雨、风暴等极端天气应停止外业观测；观测期间天气出现变化，应及时在 GPS 外业观测记录手簿中注明。

⑧ 卫星定位控制网复测时每一同步环至少观测 2 个时段；每个时段观测结束后，都必须重新安置仪器，将基座转动 120°或升降三脚架，然后重新对中整平，进行下一时段的观测。

⑨ 每天观测作业结束后，应立即将存储介质上的数据拷贝到电脑中，并将外业观测记录结果当天录入电脑中。每天对当天的观测数据进行粗处理和基线解算，并及时对闭合环、同步基线向量等进行计算检核，根据情况采取淘汰或必要的重测、补测措施。

GPS 外业观测手簿

表 3-4

工程名称：　　　　　　　　　　日期：　　　　　　　　　测量时段：

点号			天气状况	
仪器高		开始时间	仪器高（平均）：	量取位置：
仪器高		结束时间		
仪器编号 （后四位）			记录员	
测站略图及 障碍物情况			备注	

3.2.5　GPS 控制网内业数据处理

（1）GPS 控制网内业数据处理过程

当所有 GPS 外业观测作业都结束时，即可进行内业数据处理。《城市轨道交通工程测量规范》GB/T 50308—2017 中要求：GPS 一等网基线向量宜采用精密星历，使用精密基线解算软件，采用多基线解算模式进行解算；GPS 二等网基线向量可采用 GPS 接收机厂家提供的商用软件和广播星历进行计算处理。GPS 静态观测数据处理流程如图 3-13 所示。

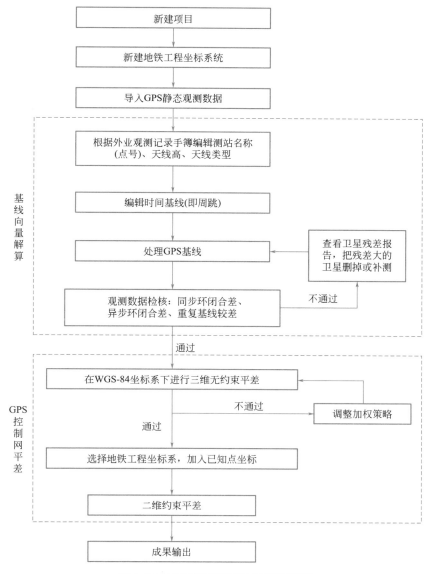

图 3-13　GPS 静态观测数据处理流程

1）基线向量解算

将 GPS 观测数据转换成 RINEX（Receiver Independent Exchange Format，与接收机无关的数据交换格式）格式后，导入解算软件中。应对照 GPS 外业观测手簿逐项检查点号、天线类型、天线高、天线高的测量方式等信息，确保录入软件中原始数据的准确性。

基线解算时，同一时段观测值的数据剔除率宜小于 10%。对于长度小于 15km 的基线应采用双差固定解，长度大于等于 15km 的基线可在双差固定解和双差浮点解中选择最优结果。

基线解算应关注三个指标：RMS、Ratio、RDOP。

RMS：均方根误差。如果 RMS 值偏大，可认为基线观测质量较差。

RDOP：基线解算时，待定参数的协因数阵的积的平方根。若 RDOP 值较大，说明观测条件较差。

Ratio：方差比，即整周模糊度分解后，次最小 RMS 与最小 RMS 的比值。当基线解算完毕后，查看 Ratio 是否都大于 3，若 Ratio 小于 3，则说明该基线的固定双差解不合格，应调整基线解算时的卫星高度角、采样率或删除该基线，直到所有基线都处理合格。

值得说明的是，这三个指标只具有某种相对意义，即它们的数值大小不能绝对地反映基线质量的好坏。

基线解算完后应进行观测数据检核，主要检核同步环闭合差、异步环闭合差、重复基线较差。

① 同步环闭合差

同步环闭合差能检验同一个时段内的基线观测质量好坏。理论上，采用严密算法所得到的同步环，无论观测值中是否含有误差，由于构成同步环的基线向量之间是线性相关的，所以其环闭合差必为零。实践中，如果算法不严密（目前大多数的商用软件均有此种情况），其环闭合差通常不为零，但通常很小。

假设 W_x、W_y、W_z 分别为同步环各坐标分量的闭合差，则同步环各坐标分量及全长闭合差应满足式（3-4）～式（3-7）的要求：

$$W_x \leqslant \frac{\sqrt{N}}{5}\sigma \tag{3-4}$$

$$W_y \leqslant \frac{\sqrt{N}}{5}\sigma \tag{3-5}$$

$$W_z \leqslant \frac{\sqrt{N}}{5}\sigma \tag{3-6}$$

$$W = \sqrt{W_x^2 + W_y^2 + W_z^2} \leqslant \frac{\sqrt{3N}}{5}\sigma \tag{3-7}$$

式中：N——同步环中基线边的个数；

$\quad\quad W$——同步环环闭合差（mm）；

$\quad\quad \sigma$——基线长度中误差（mm）。

② 异步环闭合差

异步环是由相互函数独立（线性无关）的基线向量所构成的闭合环。异步环闭合差反映的是整个 GPS 网的所有时段的观测数据以及基线解算质量的好坏。与同步环闭合差不同，即使采用严密算法，并且计算过程中未发生错误，独立观测环的闭合差通常也不为零，也不一定是个微小量。因此，异步环闭合差的大小，可作为评定基线解算结果质量的有力指标。

异步环或附合线路各坐标分量闭合差 W_x、W_y、W_z 及全长闭合差 W 应满足式（3-8）～式（3-11）的要求：

$$W_x \leqslant 2\sqrt{n}\sigma \tag{3-8}$$

$$W_y \leqslant 2\sqrt{n}\sigma \tag{3-9}$$

$$W_z \leqslant 2\sqrt{n}\sigma \tag{3-10}$$

$$W \leqslant 2\sqrt{3n}\sigma \tag{3-11}$$

式中：W——独立环环闭合差（mm）；

　　　　n——独立环中基线边的个数；

　　　　σ——基线长度中误差（mm）。

③ 复测基线较差

多个时段观测的公共点或边形成的重复基线可以反映出基线解的内部精度。复测基线向量长度较差应满足式（3-12）的要求：

$$d_\mathrm{S} \leqslant 2\sqrt{n}\sigma \tag{3-12}$$

式中：d_S——基线长度较差（mm）；

　　　　n——同一边复测的次数；

　　　　σ——基线长度中误差（mm）。

2）GPS 控制网平差

GPS 控制网平差是在基线质量检验合格的前提下进行的，先在 WGS-84 坐标系下进行三维无约束平差，各项指标合格后再进行三维或二维约束平差。

① 三维无约束平差

三维无约束平差不引入外部起算数据，其目的主要有两个：一是进行粗差探测，以便发现粗差基线并消除其影响；二是基线定权，对整体网的内部精度进行检验和评估。

基线解算各项质量指标均满足要求后，以全网有效观测时间较长、观测条件较好、接近全网中部的控制点的 WGS-84 坐标作为起算数据，进行全网的无约束平差。无约束平差中，基线向量坐标分量改正数的绝对值 $V_{\Delta x}$、$V_{\Delta y}$、$V_{\Delta z}$ 应符合式（3-13）～式（3-15）的要求：

$$V_{\Delta x} \leqslant 3\sigma \tag{3-13}$$

$$V_{\Delta y} \leqslant 3\sigma \tag{3-14}$$

$$V_{\Delta z} \leqslant 3\sigma \tag{3-15}$$

式中：σ——基线长度中误差（mm）。

否则，认为该基线或者其附近的基线存在粗差，应予剔除。

平差合格后，提供 WGS-84 坐标系下的无约束平差的空间直角坐标、基线向量及其改正数和精度信息。

② 约束平差

三维无约束平差合格后，选取稳定可靠的已知 GPS 控制点作为约束点进行三维或二维约束平差，其目的是获取 GPS 网在国家或地方坐标系中控制点的坐标数据。平差中，还可对已知点坐标、已知点距离和已知方位进行强制约束或加权约束。

基线向量的改正数与同名基线无约束平差相应改正数的较差 $dV_{\Delta x}$、$dV_{\Delta y}$、$dV_{\Delta z}$ 应符合式（3-16）～式（3-18）的要求：

$$dV_{\Delta x} \leqslant 2\sigma \tag{3-16}$$
$$dV_{\Delta y} \leqslant 2\sigma \tag{3-17}$$
$$dV_{\Delta z} \leqslant 2\sigma \tag{3-18}$$

平差不合格时，应调整加权策略重新平差，直至合格。平差合格后，提供地铁工程坐标系下的控制点二维坐标、拟合高程、基线向量及其改正数、方位角、转换参数及其精度信息。

（2）GPS 控制网数据处理实例

下面以苏州一光 FGO2008 软件为例，介绍成都市城市轨道交通 6 号线三期工程某标段的二等 GPS 网静态数据处理的操作步骤。

1）新建项目

打开 FGO2008 软件，选择"项目"→"新建"。如图 3-14 所示，设置好项目名称、存放路径，点击"确定"后，继续项目属性设置，将项目细节、控制网等级、坐标系统、七参数转换等参数设置好。

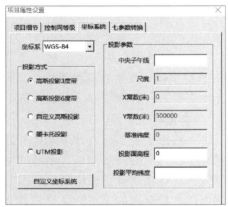

(a) 新建项目　　　　　　　　　　　(b) 坐标系统设置

图 3-14　新建项目

2）导入观测数据

选择"项目"→"导入"。如图 3-15 所示，选择标准 RINEX 观测数据类型，将观测数据导入软件中。

3）静态基线处理设置

选择"静态基线"→"静态处理设置"。如图 3-16 所示，设置数据采样间隔为 10s、卫星截止角为 20°，电离层、对流层等参数可选择软件默认设置。

4）基线解算处理

如图 3-17～图 3-19 所示，选择"静态基线"→"处理全部基线"。等所有基线处理完

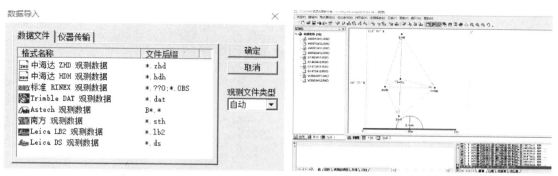

(a) 选择RINEX格式数据类型　　　　　　　　　(b) 导入观测文件后的网型图

图 3-15　导入 RINEX 文件

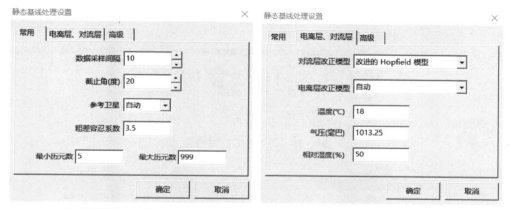

(a) 采样间隔、卫星截止角设置　　　　　　　(b) 电离层、对流层参数设置

图 3-16　静态基线处理设置

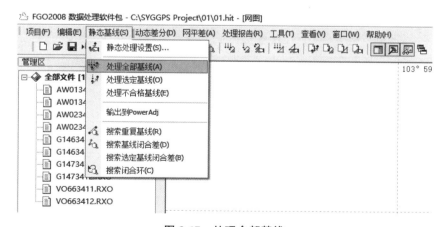

图 3-17　处理全部基线

后，查看基线处理报告，针对不合格的基线，可采取以下措施：重新设置数据采样间隔、卫星截止角（通常这两项参数都应调大），编辑时间基线（禁用质量差的观测数据），然后解算不合格基线，直至合格为止。

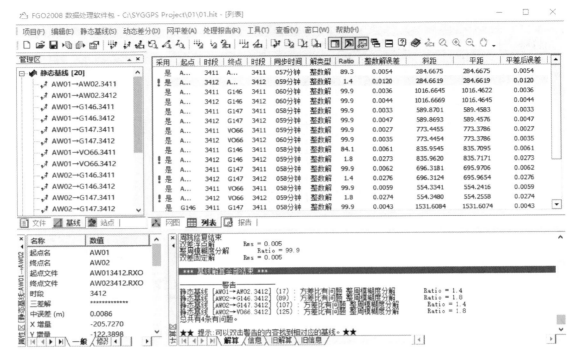

图 3-18　基线解算后的结果

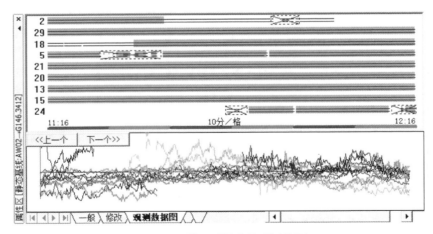

图 3-19　禁用质量差的观测数据

5）搜索重复基线、同步环闭合差、异步环闭合差

如图 3-20 所示，所有基线初步解算合格后，应对观测数据质量进行检核，包括：重复基线、同步环闭合差、异步环闭合差。如果有重复基线较差超限的，则应对重复基线进行分析，调整观测质量较差的那条基线的数据采样率和卫星截止角并重新解算该基线，直至重复基线较差合格为止。同步环闭合差、异步环闭合差超限的，则应分别对同步环基线、相邻的异步环的公共基线进行分析，找出解算精度较差的基线，并调整基线解算参数，重新解算，直至同步环闭合差、异步环闭合差符合要求为止。

(a) 静态基线搜索菜单

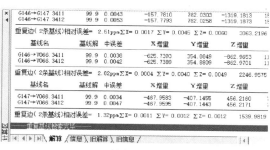

(b) 搜索重复基线

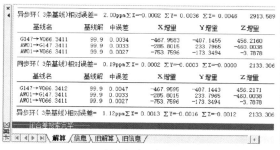

(c) 搜索同步环闭合差

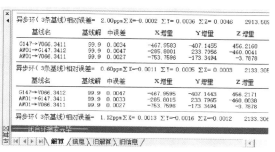

(d) 搜索异步环闭合差

图 3-20　依次搜索重复基线、同步环闭合差、异步环闭合差

6) 平差参数设置

重复基线、同步环闭合差、异步环闭合差合格后，在网平差前还应进行平差设置。菜单中选择"网平差"→"平差设置"。如图 3-21 所示，如果只解算平面坐标，则勾选"二维平差"；如果要解算三维坐标，则可勾选"三维平差"或者同时勾选"二维平差"和"高程拟合"。本案例中同时勾选"二维平差"和"高程拟合"选项。

如图 3-22 所示，在软件的管理区中切换到"站点"，选中已知点，在属性区中选择"修改"标签，将"是否固定"改成

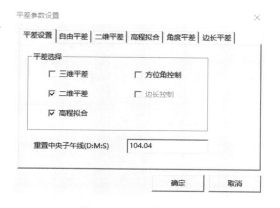

图 3-21　平差参数设置

"是"，"固定方式"选择"XYH"，依次输入该点的纬度/X、经度/Y、高程/H 坐标。网平差中通常要输入 2～3 个已知点坐标参与约束平差解算。

7) 网平差

菜单中选择"网平差"→"进行网平差"。如图 3-23 所示，在管理区窗口查看平差报告，先检查平差参数中的 χ 检验是否通过；如果没通过，则记住参考因子，在"网平差"→"平差设置"→"自由平差"中将"协方差比例系数"调整为参考因子的数值（图 3-24），重新进行网平差，查看 χ 检验是否通过（图 3-25）。

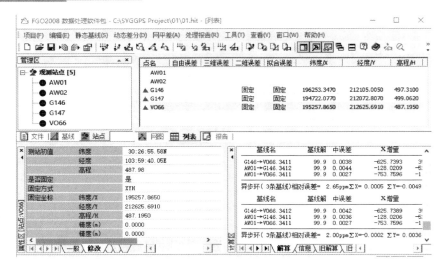

图 3-22　输入已知点坐标

图 3-23　查看 χ 检验是否通过

图 3-24　修改协方差比例系数

§ 2　WGS-84三维无约束平差

§ 2.1　平差参数

参考因子：1.00
χ平方检验(α=95%)：通过
自由度：48

图 3-25　重新网平差后查看 χ 检验是否通过

网平差通过后，我们可以在网平差报告中查看基线最弱边相对中误差、最弱点平面中误差是否符合相关规范要求，也可以在管理区"站点"的列表窗口中查看控制点坐标信息。"自由误差"为自由网平差结果误差，"二维误差"为二维约束平差结果误差，"拟合误差"为高程拟合结果误差（图 3-26）。

8）生成成果报告

平差结束后，可以通过"处理报告"→"生成网平差报告"生成 HTML 网页格式的报告（图 3-27），可右键选择"打印"。此外，软件还提供其他形式的成果报告。成果报告中，应重点检查 GPS 控制网中的最弱点平面中误差、基线最弱边相对中误差是否合格。

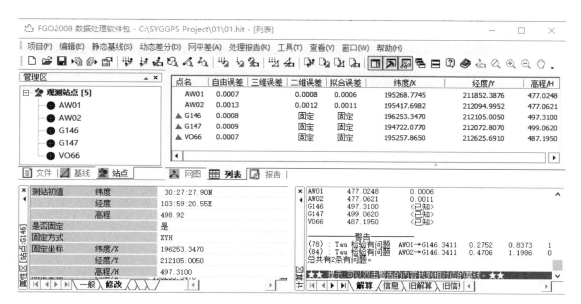

图 3-26　查看站点平差坐标及误差

图 3-27　生成成果报告

3.2.6　GPS 边长复测

当 GPS 控制网内业数据处理完毕后，还要用全站仪对 GPS 的基线边长进行复测检核，即用全站仪电磁波测距来检核 GPS 坐标反算出来的理论边长。

全站仪对 GPS 的基线边长应进行对向观测，往返测距各 2 测回，每测回照准目标 1 次读数 4 次。实测的边长数据还应进行两化改正（注：本教材 3.3.3 节会详细介绍两化改正）。

3.3 精密导线网

3.3.1 精密导线控制点的布设

三等网为线路加密控制网，应采用精密导线网测量方法，沿城市轨道交通线路走向每350m左右布设一个导线控制点，并附合到一、二等 GPS 控制点上（图3-28）。

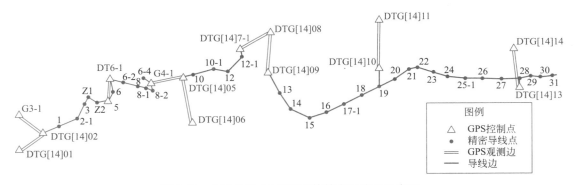

图 3-28 北京地铁 14 号线三等精密导线网示意图

作为城市轨道交通工程施工测量中使用最多的平面控制点，三等精密导线点必须布设在易于观测和保存、便于施工使用、通视条件良好的地方。

地面导线点的布设应注意以下几点：

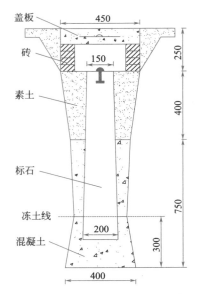

图 3-29 地面导线点标石埋设示意图

（1）二等线路加密控制网控制点间的附合导线的边数宜小于12条，相邻边的短边与长边比例不宜小于1:2，最短边不宜小于100m。

（2）当附合导线线路较长时，宜布设成结点导线网，结点间角度个数不应超过8个。

（3）地面导线点应选在施工变形影响区域以外，并应避开地下构筑物、地下管线。

（4）建筑物顶上的导线点应埋设在其主体结构上，并能俯视城市轨道交通线路、车站、车辆段的一侧。

（5）相邻导线点间以及导线点与其相连的 GPS 点之间的垂直角不应大于30°，视线离障碍物的距离不应小于1.5m。

（6）在不同的线路交叉处及同一线路分期建设的工程衔接处应布设导线点。

地面上精密导线点的标石埋设如图3-29所示，楼顶导线点可按照如图 3-10 所示的 GPS 楼顶标石形式进行埋设。

3.3.2　精密导线网外业观测

精密导线网外业观测所使用的仪器是全站仪和配套的棱镜组（图 3-30），主要观测水平角和距离。精密导线网测量技术要求见表 3-5。

(a) 全站仪　　　　　　　　　(b) 棱镜组

图 3-30　全站仪和棱镜组实物图

精密导线网测量技术要求 表 3-5

控制网等级	闭合环或附合导线平均长度 (km)	平均边长 (m)	每边测距中误差 (mm)	测角中误差 (″)	方位角闭合差 (″)	全长相对闭合差	相邻点的相对点位中误差 (mm)
三级	3	350	±3	±2.5	$\pm5\sqrt{n}$	1/35000	±8

注：n 为导线的角度个数，一般不超过 12。

（1）水平角测量

如图 3-31 所示，$A \sim F$ 代表 GPS 控制点，$1 \sim 3$ 代表精密导线点，$\beta_1 \sim \beta_5$ 是导线的左角。当测站位于精密导线点上（如导线点 1、2、3）且只有两个方向时，应采用测回法测量水平角；当测站位于附合导线两端的 GPS 点或导线结点上（如 GPS 控制点 B、D）且方向数大于 2 个时，宜采用方向观测法测水平角。

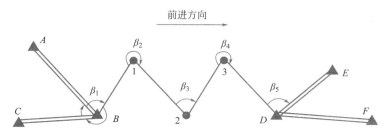

图 3-31　精密附合导线观测线路示意图

▲—GPS 控制点；●—导线点

测回法观测应符合以下要求：

1）Ⅰ级全站仪应观测左、右角各 2 测回，Ⅱ级全站仪应观测左、右角各 3 测回。左、右角平均值之和与 360° 的较差应小于 4″。

2）前后视边长相差较大、观测需调焦时，宜采用同一方向正倒镜同时观测法，此时一个测回中不同方向可不考虑 2C 较差的限差。

3）一测回内 2C 较差、同一方向值各测回较差应符合表 3-6 的规定。

方向观测法水平角观测技术要求　　　　　　　　　　　　　表 3-6

全站仪等级	半测回归零差（″）	一测回内 2C 较差（″）	同一方向值各测回较差（″）
Ⅰ级	6	9	6
Ⅱ级	8	13	9

注：全站仪的分级标准参考《城市轨道交通工程测量规范》GB/T 50308—2017 附录 A.4 中的要求。

方向观测法应符合以下要求：

1）在附合精密导线两端的 GPS 点上观测时，应联测其他可通视的 GPS 点，其夹角的平均观测值与其坐标反算夹角之差应小于 6″。

2）方向数小于 3 个时，每半测回的最后一次方向观测可不归零。

3）方向观测法中水平角观测技术要求应符合表 3-6 的规定。

图 3-32　便携式高原气压温度计

（2）边长测量

边长测量时，应同步观测测站的气象数据，并输入全站仪中进行气象参数改正，用于修正电磁波测距误差。气象观测采用高原气压温度计（图 3-32），温度读数精确至 0.2℃，气压读数精确至 0.5hPa。

导线边长应进行对向观测，往返测距各 2 测回，每测回照准目标 1 次读数 4 次，边长测量的限差技术要求见表 3-7。

精密导线网观测技术要求　　　　　　　　　　　　　表 3-7

全站仪等级	一测回中读数间较差（mm）	单程各测回间较差（mm）	往返测或不同时段结果较差（mm）	测距相对中误差
Ⅰ级全站仪	3	4	2(a+bD)	1/80000
Ⅱ级全站仪	4	6		

注：(a+bD) 为仪器标称精度，a 为固定误差，b 为比例误差，D 为距离测量值（以 km 计）。

3.3.3　精密导线网内业数据处理

3-2
导线平差

精密导线网外业观测完后，应对观测数据进行处理和严密平差计算。水平角的处理包括水平角平均值计算、方位角闭合差计算，边长的处理包括仪器加常数改正、乘常数改正、球气差改正。当水平角和边长处理合格后方可进行平差计算。

（1）水平角的处理

由于大部分平差软件均以左角为准计算方位角闭合差，因此水平角的右角观测值均应按照式（3-19）先换算成左角，然后所有测回的左角值取平均值作为最终的角度观测值。

$$\beta_左 = 360° - \beta_右 \tag{3-19}$$

式中：$\beta_左$——沿导线测量前进走向，左侧的水平角观测值；

　　　$\beta_右$——沿导线测量前进走向，右侧的水平角观测值。

附合导线或闭合导线的方位角闭合差是评判水平角外业观测质量的重要指标，方位角闭合差的限差 W_β 按式（3-20）计算：

$$W_\beta = \pm 2 m_\beta \sqrt{n} \tag{3-20}$$

式中：m_β——精密导线测角中误差（取 $\pm 2.5''$）；

　　　n——附合导线或闭合导线的角度个数。

精密导线网的测角中误差 M_0 按式（3-21）计算，我们也可以通过平差软件自动计算获得。

$$M_0 = \pm \sqrt{\frac{1}{N} \left[\frac{f_\beta \cdot f_\beta}{n} \right]} \tag{3-21}$$

式中：f_β——附合导线或闭合导线的方位角闭合差；

　　　n——附合导线或闭合导线的角度个数；

　　　N——附合导线或闭合导线的个数。

（2）边长的处理

距离观测值应进行仪器加常数和乘常数改正。仪器的加、乘常数可在全站仪的检定证书中查询，距离的加常数和乘常数改正按式（3-22）计算：

$$S = S_0 + S_0 \cdot k + C \tag{3-22}$$

式中：S——改正后的距离（m）；

　　　S_0——改正前的距离（m）；

　　　C——仪器加常数；

　　　k——仪器乘常数。

当将斜距 S、垂直角度 α 换算成水平距离 D 时，应按式（3-23）和式（3-24）计算球气差（地球曲率、大气折光误差）改正。

$$f = (1 - k) \rho S \cdot \cos\alpha / (2R) \tag{3-23}$$

$$D = S \cdot \cos(\alpha + f) \tag{3-24}$$

式中：f——地球曲率和大气折光对垂直角的修正量（$''$）；

　　　k——大气折光系数；

　　　ρ——弧度与角度的换算常数，$\rho = 206265$（$''$）；

　　　S——经气象及加、乘常数改正后的斜距（m）；

　　　α——垂直角观测值（° ′ $''$）；

　　　R——地球平均曲率半径（m）；

　　　D——水平距离（m）。

此外，精密导线测距还应根据城市轨道交通工程控制网的基准面（或投影面）进行相应的两化改正：高程归化、投影改化。

精密导线控制网的成果应先归算到大地水准面，再投影到高斯平面。城市轨道交通工程控制点的坐标都是建立在高斯平面直角坐标系里的坐标，用该坐标反算出来的边长也是高斯平面上的边长，而我们在导线测量中所测得的边长是实地边长。当附合导线与国家控制点连接时，也应先将这些边长改化到大地水准面和高斯平面上去，再用改化后的边长计算坐标闭合差。当闭合差在限差以内时，才可进行调整。特别是在高山地区或位于投影带边缘地区，更应如此。

如图 3-33 所示，高程归化是将地球表面的实际距离换算到规定的城市轨道交通工程线路测区平均高程面上的测距边长度，应按式（3-25）计算：

$$D = D_0'\left[1 + \frac{H_p - H_m}{R_a}\right] \tag{3-25}$$

式中：D——测距边长度（m）；

$\quad D_0'$——测距两端点平均高程面上的水平距离（m）；

$\quad R_a$——参考椭球体在测距边方向法截弧的曲率半径（m）；

$\quad H_p$——城市轨道交通工程控制网高程投影面高程（m）；

$\quad H_m$——测距边两端点的平均高程（m）。

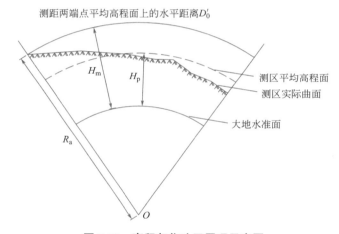

图 3-33　高程归化改正原理示意图

投影改化是将测距边长度换算到高斯投影平面上的长度，应按式（3-26）计算：

$$D_z = D\left[1 + \frac{Y_m^2}{2R_m^2} + \frac{\Delta Y^2}{24R_m^2}\right] \tag{3-26}$$

式中：D_z——测距边在高斯投影平面上的长度（m）；

$\quad D$——测距边长度（m）；

$\quad Y_m$——测距边两端点横坐标平均值（m）；

$\quad R_m$——测距边中点的平均曲率半径（m）；

$\quad \Delta Y$——测距边两端点近似横坐标的增量（m）。

（3）平差计算

精密导线的水平角观测值和距离观测值应采用严密方法平差，其目的是将观测值中的偶然误差通过高斯最小二乘法的原理消除，从而得到观测量的最可靠结果并评定测量成果的精度。平差计算软件必须经行业有关部门鉴定，平差后的成果包括单位全中误差、相临点的相对点位中误差、最弱边的边长中误差或最弱相邻点位中误差等。

下面以 CODAPS（又称"科傻平差"）软件为例，介绍某地铁工程的三等导线网数据严密平差计算。

如图 3-34 所示，某施工单位对第三方测量单位的三等精密导线进行交接桩复测。采用的全站仪型号为 TM30，标称精度为：测角 0.5″、测距 1＋1ppm，采用附合导线网型，外业施测线路为：G50→G34→D97→D50→D51→D52→D53→G36→G37。起算点坐标数据见表 3-8。

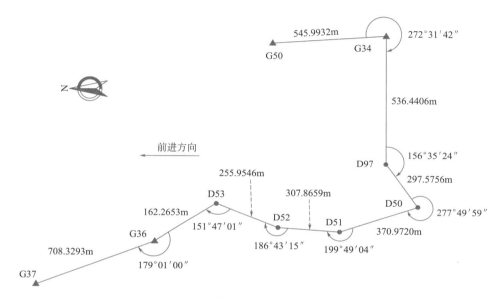

图 3-34 三等精密导线观测线路示意图

起算点坐标 　　　　　　　　　　　　　　　　　表 3-8

序号	点号	交桩 x 坐标(m)	交桩 y 坐标(m)	备注
1	G50	898.1434	26967.1067	二等 GPS 点
2	G34	354.1208	27013.4787	二等 GPS 点
3	G36	1269.4880	26089.4316	二等 GPS 点
4	G37	1932.6085	25840.4235	二等 GPS 点

CODAPS 导线平差计算步骤如下：

1）在记事本中编辑平面观测值文件，取名规则为"网名 .in2"，其格式为：

$$\text{I}\begin{cases}\text{方向中误差，测边固定误差，比例误差}\\\text{已知点点号1，}x\text{ 坐标，}y\text{ 坐标}\\\text{已知点点号2，}x\text{ 坐标，}y\text{ 坐标}\\\cdots，\cdots，\cdots\end{cases}$$

$$\text{II} \begin{cases} \text{测站点点号} \\ \text{照准点点号，观测值类型，观测值} [\text{，观测值精度}] \\ \cdots，\cdots，\cdots [\text{，}\cdots] \end{cases}$$

该文件分为两部分：第一部分为控制网的已知数据，包括先验的方向观测精度、先验测边精度和已知点坐标（见文件的 I 部分）；第二部分为控制网的测站观测数据包括方向、边长、方位角观测值（见文件的 II 部分）。方向用字母 L 表示，以度、分、秒为单位；边长用字母 S 表示，以米为单位；方位角用字母 A 表示，以度、分、秒为单位。本工程示例中的 in2 文件如图 3-35 所示。

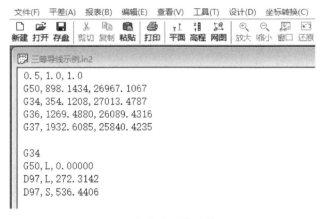

图 3-35 导线观测值文件 . in2

2）菜单栏"平差"→"设置与选项"中进行参数设置：①"平差"栏中勾选"生成概算文件"；②边长定权公式选第一个；③"坐标系统"中根据控制网信息选择对应的坐标系统，填写"中央子午线"和"投影面高程"（图 3-36）。

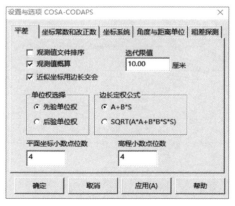

(a) 平差参数设置

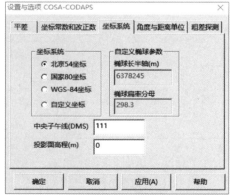

(b) 坐标系统参数设置

图 3-36 平差设置与选项

3）对观测值文件中的边长、方向观测值进行改化计算，菜单栏"平差"→"生成概算文件"，软件自动生成控制点平面坐标近似值（图 3-37）。

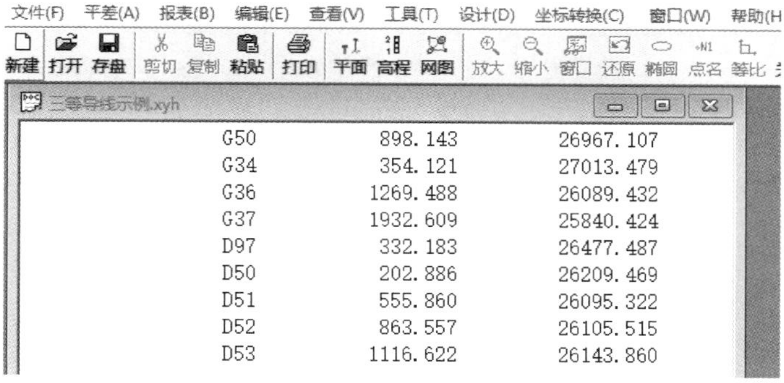

G50	898.143	26967.107
G34	354.121	27013.479
G36	1269.488	26089.432
G37	1932.609	25840.424
D97	332.183	26477.487
D50	202.886	26209.469
D51	555.860	26095.322
D52	863.557	26105.515
D53	1116.622	26143.860

图 3-37　概算生成的控制点平面坐标近似值

4）菜单栏“平差”→“平面网”，选择并打开要进行平差的平面观测值文件 .in2，软件将自动进行概算、组成并解算法方程、法方程求逆和精度评定及成果输出等工作，平差结果存于平面平差结果文件“网名 . ou2”中，并自动打开以供查看（图 3-38）。

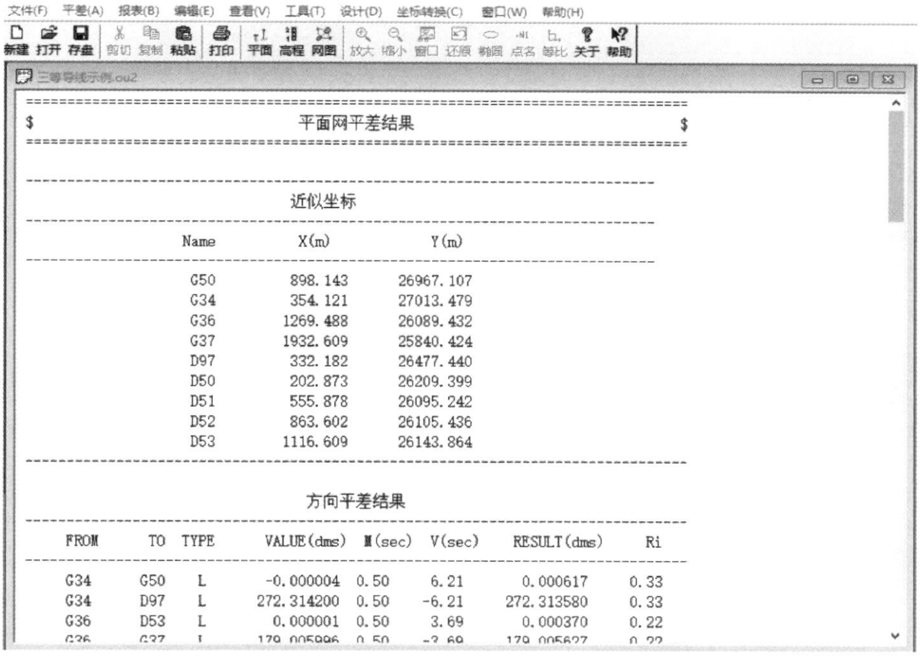

Name	X(m)	Y(m)
G50	898.143	26967.107
G34	354.121	27013.479
G36	1269.488	26089.432
G37	1932.609	25840.424
D97	332.182	26477.440
D50	202.873	26209.399
D51	555.878	26095.242
D52	863.602	26105.436
D53	1116.609	26143.864

FROM	TO	TYPE	VALUE(dms)	M(sec)	V(sec)	RESULT(dms)	Ri
G34	G50	L	-0.000004	0.50	6.21	0.000617	0.33
G34	D97	L	272.314200	0.50	-6.21	272.313580	0.33
G36	D53	L	0.000001	0.50	3.69	0.000370	0.22
G36	G37	L	179.005996	0.50	-3.69	179.005627	0.22

图 3-38　平面平差结果截图

在平面平差结果文件中，我们通过查看和分析平差坐标及其精度、最弱点及其精度、最弱边及其精度、单位权中误差和改正数带权平方和等（图 3-39～图 3-42），可以分析判断观测值和平差结果的质量。

5）菜单栏“工具”→“闭合差计算”→“平面网”，软件会自动生成角度闭合差、相对全长闭合差等计算结果。计算结果必须符合《城市轨道交通工程测量规范》GB/T 50308—2017 中的限差要求。

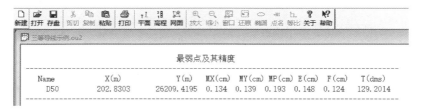

三等导线示例.ou2

平差坐标及其精度

Name	X(m)	Y(m)	MX(cm)	MY(cm)	MP(cm)	E(cm)	F(cm)	T(dms)
G50	898.1434	26967.1067						
G34	354.1208	27013.4787						
G36	1269.4880	26089.4316						
G37	1932.6085	25840.4235						
D97	332.1497	26477.4515	0.107	0.103	0.149	0.107	0.103	171.4139
D50	202.8303	26209.4195	0.134	0.139	0.193	0.148	0.124	129.2014
D51	555.8246	26095.2721	0.131	0.115	0.174	0.132	0.114	166.0018
D52	863.5389	26105.4831	0.108	0.088	0.140	0.109	0.088	176.3052
D53	1116.6162	26143.8555	0.076	0.046	0.089	0.079	0.042	162.5456

Mx均值: 0.11　　My均值: 0.10　　Mp均值: 0.15

图 3-39　平差坐标及其精度

新建 打开 存盘 剪切 复制 粘贴 打印 平面 高程 网图 放大 缩小 窗口 还原 椭圆 点名 等比 关于 帮助

三等导线示例.ou2

最弱点及其精度

Name	X(m)	Y(m)	MX(cm)	MY(cm)	MP(cm)	E(cm)	F(cm)	T(dms)
D50	202.8303	26209.4195	0.134	0.139	0.193	0.148	0.124	129.2014

图 3-40　最弱点及其精度

新建 打开 存盘 剪切 复制 粘贴 打印 平面 高程 网图 放大 缩小 窗口 还原 椭圆 点名 等比 关于 帮助

三等导线示例.ou2

最弱边及其精度

FROM	TO	A(dms)	MA(sec)	S(m)	MS(cm)	S/MS	E(cm)	F(cm)	T(dms)
G36	D53	160.241354	0.53	162.27061	0.079	207000	0.079	0.042	162.5456

图 3-41　最弱边及其精度

单位权中误差和改正数带权平方和

先验单位权中误差:0.50
后验单位权中误差:11.39
多余观测值总数:3
平均多余观测值数:0.150
PVV1 = 389.216　PVV2 = 389.267

图 3-42　单位权中误差和改正数带权平方和

3.4 平面控制测量成果报告

地面平面测量内业数据处理工作完成后，应编制和提交复测（或加密测量）成果报

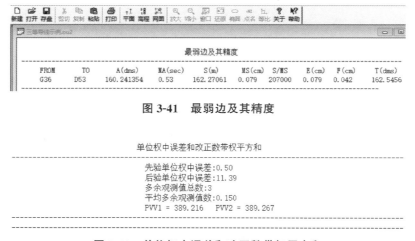

告，主要是对技术标准执行情况、测量技术方案、作业方法、完成质量、与交桩成果的校核等进行分析和总结。报告应包含以下资料：

① GPS 导线外业观测手簿、原始数据文件；

② GPS 导线控制点复测坐标成果统计表；

③ 新增加密点坐标成果表；

④ GPS 网平差报告、导线平差报告及精度评定；

⑤ 复测成果与交桩成果的比较（或本期与上期复测成果的比较）；

⑥ GPS 网型图、导线测量线路图；

⑦ GNSS 接收机、全站仪检定证书。

思考题与习题

1. GPS 全球定位系统主要由哪几部分组成？

2. GPS 全球定位系统在测量领域的优势有哪些？

3. GPS 控制网的网型设计应遵循哪些原则？

4. GPS 网的扩展方式有哪三种？各有哪些优缺点？

5. 评价 GPS 静态控制网观测质量好坏的指标有哪些？

6. 地面导线控制点的布设原则有哪些？

7. 导线水平角测量时，什么时候采用测回法？什么时候采用方向观测法？

8. 导线距离测量和计算时，应进行哪些改正？

9. 平面控制测量成果报告应包含哪些内容？

第 **4** 章

地面高程控制测量

知识目标

地面高程控制测量是城市轨道交通工程各线路标段和相邻结构高程贯通的重要保障，也是一项很重要的前期基础性工作。通过本章节教学，使学生掌握城市轨道交通工程地面高程控制网的布设、埋点、外业观测方法及内业数据处理等知识。

能力目标

（1）具备地面高程控制网布点、使用电子水准仪进行水准线路观测的能力。

（2）具备水准仪 i 角检校计算的能力。

（3）具备使用 CODAPS 进行水准数据平差计算、精度评定的能力，能看懂 CODAPS 软件平差报告。

（4）具备编制水准测量成果报告的能力。

思维导图

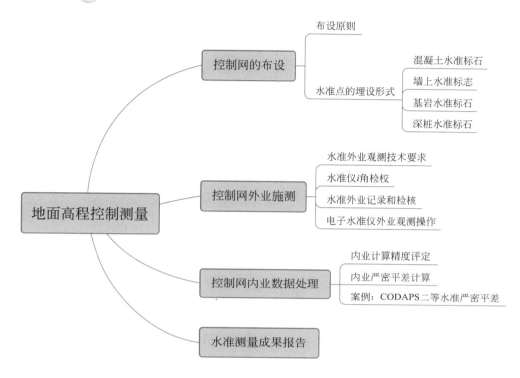

4.1　概述

在城市轨道交通工程建设施工中，地面高程控制测量与地面平面控制测量具有同等重要的作用和地位，是城市轨道交通工程各线路标段和相邻结构高程贯通的重要保障，也是一项很重要的前期基础性工作。本章主要介绍城市轨道交通工程地面高程控制网的布设、埋点、外业观测及内业数据处理等知识。

4.2　地面高程控制网的布设

4.2.1　地面高程控制网的布设原则

城市轨道交通工程地面高程控制网应采用城市高程系统。地面高程控制网布设范围应与地面平面控制网相适应。水准点应沿城市轨道交通规划或建设线路进行设计、布设，水准线路应构成附合线路、闭合线路或结点网。

地面高程控制网分为两个等级：一等网为全市轨道交通高程控制网，是针对全市范围内的所有轨道交通线路的整体性控制网；二等网为线路高程控制网，是针对具体的某条地铁线路布设的局部控制网。一等网应一次全面布设，二等网应根据建设需要分期布设。

一等水准网水准点平均间距应小于4km，二等水准网水准点平均间距应小于2km。水准点应选在受施工变形影响区域外稳固，便于寻找、保存和引测的地方。宜每隔4km左右埋设1个深桩或基岩水准点，深桩水准点埋设深度应根据岩土条件和施工降水深度确定。车站、竖井及车辆段布设的水准点不应少于2个。

4.2.2 地面水准点的埋设

水准点标石是长期保存测量成果的固定标志，它是提供高程数据的特殊点位，因此它的稳定性是很重要的。

在城市轨道交通工程中，常用的水准点标石有四种：混凝土水准点标石、墙上水准点标石、基岩水准点标石、深桩水准点标石。水准点标石埋设形式和规格如图4-1～图4-4所示。

混凝土标石应埋在冻土层以下30cm处；墙上水准点应选在稳固的永久性建筑上，且应嵌入墙内12cm处。当工程所在地的地层为软土时，应根据岩土条件设计并埋设适宜的水准标石。

当水准点标石埋设完成后，应进行外部整饰、喷涂水准点编号，并绘制水准点与周边固定建（构）筑物或其他固定地物的关系图，在图上注明水准点的编号和高程，称为点之记，便于日后寻找水准点的位置。施工单位应派专人定期巡视施工范围内的水准点标石，发现点位破坏时，应及时恢复和补测。

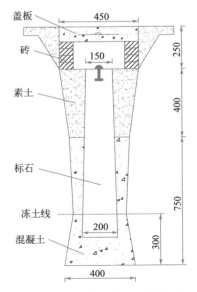

图4-1 混凝土水准点标石埋设图（mm）

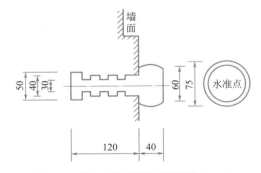

图4-2 墙上水准点标石埋设图（mm）

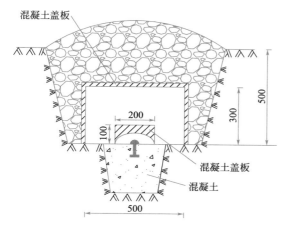

图 4-3　基岩水准点标石埋设图（mm）

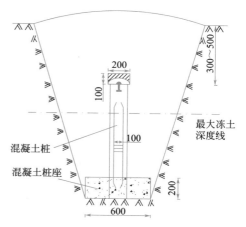

图 4-4　深桩水准点标石埋设图（mm）

4.3 地面高程控制网外业施测

4.3.1　水准外业观测技术要求

施工单位在项目开工前应对地面高程控制网进行复测，并根据施工需要进行高程加密测量。

施工单位主要使用的是城市轨道交通线路高程控制网，属于二等水准控制网，其主要技术要求见表 4-1。

二等水准测量技术要求　　　　　　　表 4-1

水准测量等级	每千米高差中数中误差（mm）		环线或附合水准线路最大长度（km）	水准仪等级	水准尺	观测次数		往返较差、附合或环线闭合差（mm）
	偶然中误差 $M_\triangle$	全中误差 M_W				与已知点联测	附合或环线	
二等	±2	±4	40	DS1	因瓦尺或条码尺	往返测各一次	往返测各一次	$±8\sqrt{L}$

注：1. L 为往返测段、附合或环线的线路长度（单位为 km）。
　　2. 采用电子水准仪测量的技术要求应与同等级的光学水准仪测量技术要求相同。

采用二等精密水准测量方法沿最佳的线路联测每个水准点，形成闭合或附合水准线路。二等精密水准测量方法应按照下列要求进行：

（1）在进行水准测量前，应对水准仪进行 i 角检测。i 角应小于 15″，如果 i 角超限，应及时检校，校正合格方可使用。

（2）二等水准测量采用单线往返测量。同一区段的往返测应使用同一类型的仪器和转点尺垫（质量不小于 5kg）沿同一线路进行，每一测段的测站数应严格设定为偶数站。

（3）使用光学水准仪观测时，往测时在奇数站上观测标尺顺序应为：后一前一前一后，偶数站上观测标尺顺序应为：前一后一后一前。返测时在奇数站上观测标尺顺序应为：前一后一后一前，偶数站上观测标尺顺序应为：后一前一前一后。

（4）使用电子水准仪观测时，往返测奇数站观测标尺顺序应为：后一前一前一后，往返测偶数站观测标尺顺序应为：前一后一后一前。

（5）使用电子水准仪观测时，仪器照准标尺后应至少重复测量 2 次。当地面振动较大时，应随时增加重复测量次数。同一标尺两次测量读数差不设限差，两次所测高差之差执行基、辅分划所测高差之差的限差。

（6）每一测段的往返观测时段宜分别在上午、下午进行，也可以在夜间观测。

（7）由往测转向返测时，前后视水准尺应互换位置，并应重新整置水准仪方可进行观测。

（8）在水准观测间歇时，最好在固定的水准点上结束观测，否则应在最后一站选择两个坚固稳定、光滑突出、便于放置标尺的固定点作为间歇点。间歇后应对间歇点进行检测，比较任意两尺承点间歇前后所测高差。若符合限差（表 4-3）要求，即可由此起测；若超过限差，可变动仪器高度再检测一次；如仍超限，则应从前一水准点起测。

（9）电子水准仪测量间歇可用建立新测段等方法检测，检测有困难时最好收测在固定点上。

二等精密水准测量观测的视线长度、视距差、视线高度应符合表 4-2 的规定。水准测量一测站观测限差应符合表 4-3 的规定。

二等精密水准测量观测的视线长度、视距差、视线高度的要求　　　　表 4-2

等级	视线长度		水准仪类型	前后视距差（m）	前后视累计差（m）	视线高度（m）
	仪器等级	视距（m）				
二等	DS1	≤60	光学水准仪	≤2.0	≤4.0	下丝读数≥0.3
			电子水准仪	≤2.0	≤6.0	≥0.55 且≤2.8

二等精密水准测量一测站观测限差　　　　表 4-3

等级	上下丝读数平均值与中丝读数之差（mm）	基、辅分划读数之差（mm）	基、辅分划所测高差之差（mm）	检测间歇点高差之差（mm）
二等	3.0	0.5	0.7	2.0

注：使用电子水准仪观测时，同一测站两次测量高差较差应满足基、辅分划所测高差较差的要求。

值得说明的是：①i 角检测和校正是为了消除水准仪视准轴与水准管轴不平行产生的误差。②每一测段设置为偶数站是为了消除一对水准尺零点误差。③采用后一前一前一后、前一后一后一前的观测顺序可减小水准尺及水准仪在软弱地层下沉的影响。④前后视距相等是为了减小 i 角误差、地球曲率和大气折光差。⑤水准测量规定了望远镜的放大率并限制了最大视距长度，是为了减小与十字丝横丝的粗细、望远镜的放大倍率、人眼的局限性、视距长度等相关的观测估读误差。⑥选择合适的观测天气、视线高出地面一定距离是为了消除大气折光的影响。

以上措施皆是为了保证水准外业的观测质量，提高观测精度，测量人员务必严格执行。

当水准线路跨越江、河、湖泊时，应进行跨河水准测量，并应符合下列规定：

（1）水准线路跨越视线长度小于 100m 时，宜采用一般水准测量方法进行观测。观测时在测站上应变换仪器高观测两次，两次高差之差应小于 1.5mm，取平均值作为观测成果。

（2）水准线路跨越视线长度大于 100m 时，应进行跨河水准测量。跨河水准测量可采用光学测微法、倾斜螺旋法、经纬仪倾角法、电磁波测距三角高程法和 GPS 测量法等，这些方法的适用范围见表 4-4，其技术要求应符合《国家一、二等水准测量规范》GB/T 12897—2006 的规定。

跨河水准测量方法适用的范围　　　　　　　　　　　　表 4-4

序号	观测方法	最长跨距 $L(\text{m})$
1	光学测微法	$100 < L \leqslant 500$
2	倾斜螺旋法	$500 < L \leqslant 1500$
3	经纬仪倾角法	$1500 < L \leqslant 3500$
4	电磁波测距三角高程法	$1500 < L \leqslant 3500$
5	GPS 测量法	$1500 < L \leqslant 3500$

当跨河距离超过表 4-4 的规定时，应根据测区条件进行跨河水准测量方案专项设计。

跨河水准测量场地应选用水准测线附近有利于布设工作场地和观测的较窄河段处。两岸从仪器到水边的一段距离应大致相等，地貌、土质、植被等也应相似。布设跨河水准测量场地，应使两岸仪器及标尺点构成如图 4-5 所示的平行四边形、等腰梯形或大地四边形。

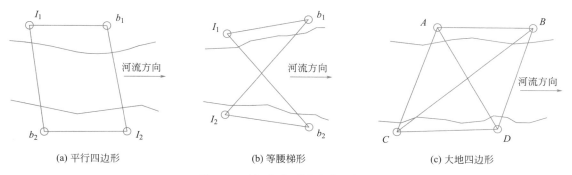

| (a) 平行四边形 | (b) 等腰梯形 | (c) 大地四边形 |

图 4-5　跨河水准测量线路示意图

图 4-5 中，I_1、I_2 及 b_1、b_2 分别为两岸安置仪器和标尺的位置。$I_1 b_2$ 与 $I_2 b_1$ 为跨河视线长度，两者应相等；$I_1 b_1$ 与 $I_2 b_2$（AB 与 CD）为两岸近尺视线长度，一般应在 10m 左右，也应相等。A、B、C、D 为仪器、标尺交替两用点。

4.3.2　水准仪 i 角检校

水准仪的 i 角误差属于仪器制造加工误差，它的大小直接关系到水准观测质量的好坏。如果使用光学水准仪，在作业开始第一周内应每天检测 i 角 1 次，i 角稳定后每 15 天检测 1 次。使用电子水准仪时，整个作业期间应每天开始作业前进行 i 角检测。i 角误差超过 $15''$ 时，应校正水准仪，直至 i 角合格为止。

（1）i 角检测

如图 4-6 所示，在地势平坦的场地上选择相距 100m 左右的 A、B 两点打入木桩或安置尺垫。将水准仪架设在线段 AB 的中点 Ⅰ 处，用变动仪器高法或双面尺法在 A、B 两点的标尺上各照准读数 2 测回，两次高差之差小于 ± 3mm 时，取其平均值 h_{AB} 作为最终结果。

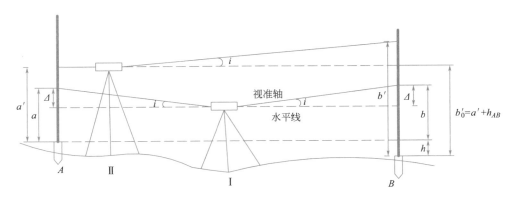

图 4-6　水准仪 i 角检测示意图

由于仪器位于线段 AB 的中点 Ⅰ 处，根据对称性可知，无论视准轴是否平行于水准管轴，在 Ⅰ 处测出的高差 h_1 都是正确的。

然后将仪器架设至距 A 点 2～3m 的 Ⅱ 处，分别照准 A、B 两点的标尺，读取中丝读数 a' 和 b'。由于仪器距 A 点很近，可以忽略 i 角误差对读数 a' 的影响，此时 i 角误差只影响了读数 b'。B 点尺上正确的理论读数 b_0' 见式（4-1）：

$$b_0' = a' + h_{AB} \tag{4-1}$$

如果实际测得的 b' 与理论计算得出的 b_0' 相等，则表明视准轴与水准管轴平行；否则，两轴不平行，其夹角计算公式见式（4-2）：

$$i = \frac{b' - b_0'}{D_{AB}} \cdot \rho \tag{4-2}$$

式中：$\rho = 206265''$；

D_{AB}——A、B 两点间的水平距离（m）。

值得说明的是，i 角是有正负的，向上倾斜的 i 角为正，反之为负。

（2）i 角校正

水准仪安置在 Ⅱ 处，调节微倾螺旋，使 B 尺上的中丝读数移到 b_0'，这时视准轴处于水平位置，但水准管气泡不居中。用校正针拨动水准管一端的上、下两个校正螺钉，先松一个，再紧另一个，调整水准管一端的高低，使气泡居中。此项校正要反复进行，直到 i 角符合要求为止。

4.3.3　水准外业记录和检核

在进行水准外业观测时，应将每个测段的信息认真填写在水准观测手簿的表头中，包括每测段的起点和终点、观测日期、观测起止时间、天气状况、成像状况、仪器类型和编号等。在每一测站的观测过程中，记录者应及时将观测者报出的观测数据记录在水准观测手簿中，并认真计算和检核，确认无误后方可通知观测人员迁站。反之则应重测该测站，直至观测数据符合要求为止。

每测站应记录的观测数据包括：测站编号、后视点号、前视点号、前后视距、基本分划和辅助分划等。

每测站应计算前后视距差和累计视距差、上下丝读数和中丝读数之差、基本分划和辅助分划之差、两次所测前后标尺高差之差、检测间歇点高差之差，并检核结果是否满足规范的限差要求。

每测完一个测段的往返后，应计算往返测高差不符值，并检核是否满足限差要求。如果超过限差，应认真分析观测时人员操作、仪器和尺垫是否发生过挪动以及外界环境对水准观测的影响，然后对可靠性较小的往测或返测进行全测段的重测。

4.3.4　电子水准仪外业观测操作

目前国内城市轨道交通工程建设中，测量人员更多地使用电子水准仪。相较于光学水准仪，电子水准仪的优势主要体现在以下几点：

（1）实现了光、机、电、测一体化和水准测量自动化，避免了由人工观测、读数、记录等造成的人为误差。

（2）测量精度高，采用多条码测量，可削弱标尺分划误差；自动多次测量取平均值，可减少外界环境变化对观测结果的影响，其每千米往返测量中误差为 0.3mm。

（3）速度快、效率高，实现了自动记录、检核、处理和存储数据，可实现外业观测和内业成果计算一体化。

（4）电子水准仪一般是设置有补偿器的自动安平水准仪，当采用普通水准尺时，又可当作普通自动安平水准仪使用。

（5）电子水准仪可视化操作界面具有重复测量、跟踪测量、高程放样、自动校验等功能，适用于多种测量环境。

下面以天宝导航有限公司生产的 DiNi03 电子水准仪（图 4-7 和图 4-8）为例，讲解二等水准外业观测的操作步骤。

图 4-7　DiNi03 电子水准仪

图 4-8　铟瓦条码尺

第一步：电子水准仪开机，"文件"→"项目管理"→"新建项目"（图 4-9）。项目名称：建议以施测当天的日期来取名，比如 20200415，方便日后查找。操作者：通常输入观测者的姓名，如 ZN，也可以空缺不填。

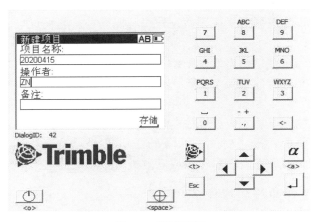

图 4-9　新建项目

第二步：配置测站限差参数（图 4-10）。按照表 4-2 和表 4-3 相关要求在配置菜单中设置好测区的大气折射系数、视距限差的高端和低端、视线高限差的高端和低端、前后视距差限差、前后视距差累计限差、两次读数高差之差限差、最小显示位数等各项限差参数。

(a) 大气折射系数设置　　　　　　　　(b) 视距和视线高设置

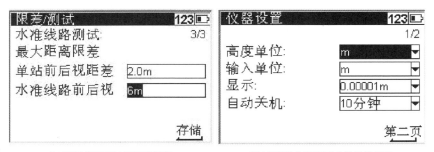

(c) 视距差和累计视距差设置　　　　　(d) 高度单位和显示小数位数设置

图 4-10　配置测站限差参数

第三步："测量"→"水准线路"（图 4-11）。

① 如图 4-11（a）所示，输入新线路的名称，如 1（或者从项目中选择一旧线路继续

测量）；

　　② 设置测量模式为 BFFB（测量模式有 BF、BFFB、BFBF、BBFF、FBBF）；

　　③ 勾选"奇偶站交替"，利用按键进行选择；

　　④ 如图 4-11（b）所示，输入要测量的点号，如 BM01；

　　⑤ 输入代码；

(a) 输入线路名称/测量模式　　　　　　　(b) 输入点号、代码和基准高

图 4-11　测量→水准线路

　　⑥ 输入基准高，如 102.500m。

　　第四步：以奇数站为例，一测站操作过程如下（图 4-12）：

　　① 将电子水准仪整平，望远镜照准后视标尺，此时标尺应按圆水准器整置于垂直位置，用垂直丝照准条码中央，精确调焦至条码影像清晰，按测量键进行测量；

　　② 如图 4-12（a）所示，显示后视读数 1.52247m 和后视距离 40.210m 后，旋转望远镜照准前视标尺条码中央，精确调焦至条码影像清晰，按测量键进行测量；

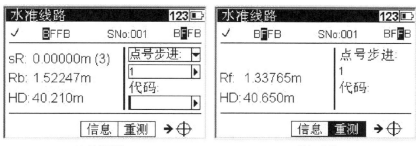

(a) 后视读数 B_1　　　　　　　　　　(b) 前视读数 F_1

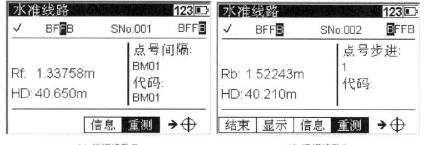

(c) 前视读数 F_2　　　　　　　　　　(d) 后视读数 B_2

图 4-12　一测站操作过程

③ 如图 4-12（b）所示，显示前视读数 1.33765m 和前视距离 40.650m 后，重新照准前视标尺，按测量键进行测量；

④ 如图 4-12（c）所示，再次显示前视读数 1.33758m 后，旋转望远镜照准后视标尺条码中央，精确调焦至条码影像清晰，按测量键进行测量；

⑤ 如图 4-12（d）所示，显示后视读数 1.52243m；

⑥ 点击"显示"和"信息"菜单，可查看测站成果。测站检核合格后迁站，若测站观测误差超限，则应立即重测本站。

第五步：迁站，进行下一测站的测量，注意偶数站测量的观测顺序与奇数站相反。

第六步：如图 4-13 所示，当完成一测段的水准测量后，点击"结束"菜单可以结束一条水准线路的测量。如果选择"闭合到基准"，输入终点的基准高后，可以查看该水准测段的统计信息。

(a) 输入终点的基准高　　　　　　(b) 查看水准测段信息

图 4-13　结束水准线路测量

当所有的外业水准测量任务完成后，应将电子水准仪通过数据线与电脑连接，再通过数据传输软件将数据拷贝到电脑中保存，并转换成电子手簿格式，以便内业平差计算。

4.4　地面高程控制网内业数据处理

4.4.1　水准测量内业计算精度评定

在水准测量中，由于外界观测条件、仪器加工精度、观测人员素质等因素导致测量误差的存在，使得沿水准线路测得的起终点的高差值与起终点的理论高差值不相符，其二者的差值称为高差闭合差，一般用 f_h 表示。高差闭合差的计算方式与水准线路形式有关，主要分以下三种：

（1）闭合水准线路

如图 4-14（a）所示，从已知水准点 BM1 上开始，串联若干个未知高程点 1、2、3……进行连续水准测量，最后返回到已知水准点 BM1 上，这样的水准测量线路称为闭合水准线路。从理论上讲，闭合水准线路各段实测高差的代数之和应该等于零，即 $\sum h_{理} = 0$。

若实测高差的总和不等于零，则称实测高差之和与理论高差之和的差值为高差闭合差 f_h，计算公式见式（4-3）：

$$f_h = \sum h_{测} - \sum h_{理} = \sum h_{测} \tag{4-3}$$

（2）附合水准线路

如图 4-14（b）所示，从已知水准点 BM1 上开始，串联若干个未知高程点 1、2、3……进行连续水准测量，最后结束到已知水准点 BM2 上，这样的水准测量线路称为附合水准线路。理论上，附合水准线路各段实测高差的代数之和应该等于 BM1、BM2 两点的已知高差值，即 $\sum h_{理} = H_{BM2} - H_{BM1}$。若是不相等，其差值称为高差闭合差 f_h，计算公式见式（4-4）：

$$f_h = \sum h_{测} - \sum h_{理} = \sum h_{测} - (H_{BM2} - H_{BM1}) \tag{4-4}$$

（3）支水准线路

如图 4-14（c）所示，从已知水准点 BM1 上开始，经过 N 个测站后联测到未知高程点 1 上，这样的水准测量线路称为支水准线路。支水准线路自身没有检核条件，因此要用往、返测量来增加观测量，对支水准线路成果进行检核。理论上看，往测高差和返测高差的大小应该相等、符号相反。若不相等，则其差值称为高差闭合差 f_h，计算公式见式（4-5）：

$$f_h = \sum h_{往} + \sum h_{返} = \left| \sum h_{往} \right| - \left| \sum h_{返} \right| \tag{4-5}$$

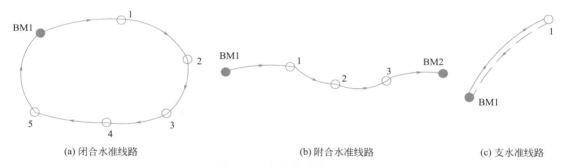

(a) 闭合水准线路　　　　　　　　(b) 附合水准线路　　　　　　　　(c) 支水准线路

图 4-14　水准线路的形式

● ——已知高程的点；○——未知高程的点；⟶——测量行进方向

在完成水准线路观测后计算高差闭合差，经检验合格后，应采用严密平差法对高差闭合差进行调整。计算各点的高程，并计算每千米高差中数偶然中误差、每千米高差中数的全中误差、最弱点高程中误差和相邻点的相对高差中误差等精度评定指标。

严密平差计算涉及的数学知识很深，目前市面上专业的水准测量平差软件有很多，本章节不展开论述，后续会用实例介绍水准测量严密平差软件的计算方法和过程。

各等级水准测量的精度是用每千米高差中数的偶然中误差 M_Δ 和每千米高差中数的全中误差 M_W 来表示的，它们的技术要求见表 4-1。

（1）高差中数的偶然中误差 M_Δ

国内现行测量规范要求每个水准测段都必须进行往测和返测，二者的高差不符值表示往返测量误差的抵消程度。因此用往返测量高差不符值来计算水准线路测段每千米高差中数的偶然中误差，来评定水准外业观测的质量精度。

水准测量每千米高差中数的偶然中误差计算公式见式（4-6）：

$$M_\Delta = \pm \sqrt{\frac{1}{4n}\left[\frac{\Delta\Delta}{L}\right]}$$ (4-6)

式中：M_Δ——每千米高差中数的偶然中误差（mm）；

  L——水准测量的测段长度（km）；

  Δ——水准线路测段往返高差不符值（mm）；

  n——往返测水准线路的测段数。

（2）高差中数全中误差 M_W

附合线路或闭合水准环线闭合差是由往返测平均高差形成的闭合差，具有真误差性质。它不仅反映了高差平均值的偶然中误差，也反映了系统误差，同时包含着这两类误差的综合影响。因此用附合线路或闭合水准环线闭合差来计算高差中数全中误差。

每完成一条附合线路或闭合水准环线的水准测量，在对观测高差进行相关改正后，计算出附合线路或环线的闭合差。当附合线路和水准环数 $N > 20$ 时，每千米高差中数的全中误差计算公式见式（4-7）：

$$M_W = \pm \sqrt{\frac{1}{N}\left[\frac{WW}{L}\right]}$$ (4-7)

式中：M_W——每千米高差中数的全中误差（mm）；

  W——附合线路或闭合水准环线闭合差（mm）；

  L——计算附合线路或闭合水准环线闭合差时的相应线路长度（km）；

  N——附合线路和水准环数。

4.4.2　水准测量内业严密平差计算

水准网的数据处理应进行严密平差，并应计算每千米高差中数的偶然中误差、每千米高差中数的全中误差、最弱点高程中误差和相邻点的相对高差中误差。计算取位时应注意高差中数取至 0.1mm，二等水准高程的最后结果取至 1.0mm。

下面以 CODAPS 软件为例，介绍某地铁工程的二等水准网数据严密平差计算。

4-1
水准平差

如图 4-15 所示，施工单位接到工程控制点交接桩资料后，组织人员采用天宝 DiNi03 电子水准仪对水准控制网中的 21 个二等水准点进行复测。经过现场踏勘和水准网拟稳性分析后，决定采用 BM1817、BM11131、BM11134 和 BM11137 四个点的高程作为起算数据（表 4-5）。水准测段往返观测统计信息见表 4-6。

CODAPS 软件水准平差计算步骤如下：

（1）在记事本中编辑高程观测值文件，取名规则为"网名.in1"，其格式为：

已知点点号 1，已知点高程值 H_1

已知点点号 2，已知点高程值 H_2

……

测段起点，终点，高差，距离，测段测站数

……

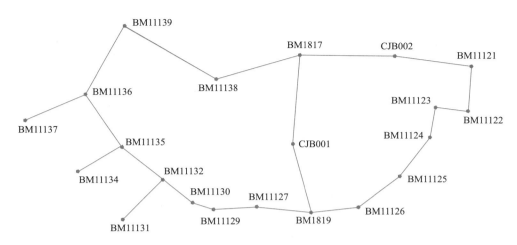

图 4-15 水准点及线路分布示意图

水准平差起算高程 表 4-5

序号	水准点号	交桩高程（m）
1	BM1817	121.081
2	BM11131	112.608
3	BM11134	109.229
4	BM11137	97.196

水准测段往返观测统计表 表 4-6

序号	起始点号	终止点号	测段高差（m）	线路长度（km）
1	BM11121	BM11122	−2.53125	0.94732
2	BM11122	BM11123	0.60734	0.57674
3	BM11123	BM11124	8.30247	0.46933
4	BM11124	BM11123	−8.30213	0.46633
5	BM11123	BM11122	−0.60720	0.58887
6	BM11122	BM11121	2.53284	0.89865
7	BM1817	CJB001	−5.65484	1.41000
8	CJB001	BM1819	−2.80152	1.08494
9	BM1819	BM11126	1.71254	1.15007
10	BM11126	BM11125	5.35105	0.91221
11	BM11125	BM11124	2.85652	0.70979
12	BM11124	BM11125	−2.85598	0.71681
13	BM11125	BM11126	−5.35105	0.86220
14	BM11126	BM1819	−1.71245	1.07126

续表

序号	起始点号	终止点号	测段高差(m)	线路长度(km)
15	BM1819	CJB001	2.80320	1.02564
16	CJB001	BM1817	5.65447	1.41619
17	BM1817	CJB002	2.99979	1.49681
18	CJB002	BM11121	−7.91602	1.17928
19	BM11121	CJB002	7.91601	1.09353
20	CJB002	BM1817	−2.99880	1.49554
21	BM11136	BM11135	19.43923	1.12757
22	BM11135	BM11132	6.36797	1.64314
23	BM11132	BM11130	0.91093	0.62648
24	BM11130	BM11132	−0.91086	0.63336
25	BM11132	BM11135	−6.36918	0.96650
26	BM11135	BM11136	−19.43865	1.14315
27	BM11127	BM1819	2.37969	0.74520
28	BM1819	BM11127	−2.37878	0.64005
29	BM11130	BM11129	0.11344	0.51878
30	BM11129	BM11127	−10.40960	0.98224
31	BM11127	BM11129	10.41086	0.95499
32	BM11129	BM11130	−0.11330	0.52377
33	BM1817	BM11138	4.58162	1.31261
34	BM11138	BM11139	−29.99185	1.65070
35	BM11139	BM11136	−1.85033	1.45516
36	BM11136	BM11139	1.84947	1.36176
37	BM11139	BM11138	29.99211	1.59306
38	BM11138	BM1817	−4.58177	1.24137
39	BM11135	BM11134	−4.02787	0.81473
40	BM11136	BM11137	3.37603	0.93020
41	BM11134	BM11135	4.02767	0.78191
42	BM11131	BM11132	7.02081	1.15274
43	BM11132	BM11131	−7.02021	1.19475
44	BM11137	BM11136	−3.37510	0.91737

本工程示例中的in1文件如图4-16所示。

（2）菜单栏"平差"→"高程网"，选择并打开要进行平差的高程观测值文件，软件将自动进行高程网平差、精度评定及成果输出等工作。平差结果存于高程平差结果文件

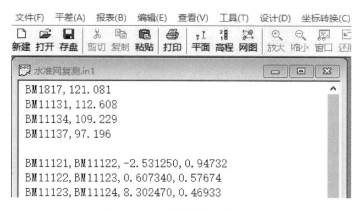

图 4-16 水准观测值文件 .in1

"水准网复测 .ou1"中，并自动打开以供查看（图 4-17）。我们通过查看和分析后验单位权中误差值以及高差观测值的改正数（图 4-18 和图 4-19），可以判断观测值和平差结果的质量。

高程网平差结果

近似高程

序号	点名	高程(m)
1	BM1817	121.0810
2	BM11131	112.6080
3	BM11134	109.2290
4	BM11137	97.1960
5	BM11121	116.1643
6	BM11122	113.6322

图 4-17 高程平差结果

单位权中误差和PVV

PVV=	5.640
自由度=	5
单位权=	1.062(mm)
总长度=	22.896(km)
总点数=	21
测段数=	22

图 4-18 后验单位权中误差结果

平差后高差值

序号	从	到	平差后高差值(m)	改正数(mm)	高差中误差(mm)	距离(km)
1	BM11122	BM11121	2.5320	-0.85	0.98	0.8986
2	BM11121	BM11122	-2.5320	-0.74	0.98	0.9473
3	BM11123	BM11122	-0.6073	-0.12	0.78	0.5889
4	BM11122	BM11123	0.6073	-0.02	0.78	0.5767
5	BM11124	BM11123	-8.3023	-0.21	0.71	0.4663
6	BM11123	BM11124	8.3023	-0.13	0.71	0.4693

图 4-19 平差后高差改正数、中误差

（3）菜单栏"工具"→"闭合差计算"→"高程网"，根据软件的高差闭合差计算结果（图 4-20），我们还应该计算规范要求的允许限差 $f_{限}$，计算公式见式（4-8）：

$$f_{限} = \pm 8\sqrt{L} \qquad (4\text{-}8)$$

式中：L——往返测段、附合线路或闭合水准环线的线路长度（km）。

水准网复测.gco

高差闭合差计算结果

线路号:1
线路点号: BM11134　BM11135　BM11136　BM11139　BM11138　BM1817
高差闭合差: -3.0031(mm) 总长度: 6.1212(km)

线路号:2
线路点号: BM11137　BM11136　BM11139　BM11138　BM1817
高差闭合差: -0.3908(mm) 总长度: 5.1136(km)

线路号:3
线路点号: BM11131　BM11132　BM11135　BM11136　BM11139　BM11138　BM1817
高差闭合差: 0.0125(mm) 总长度: 7.5006(km)

图 4-20　高差闭合差计算统计

（4）菜单栏“报表”→“平差结果”→“高程网”，软件会自动生成平差报告（图 4-21），平差报告可作为水准复测报告的一部分。

高程控制网平差成果表

网名:
等级:
测量单位:
测量时间:
测量人员:
仪器:
平差参考系:

平差类型:
总点数:21
高差观测值总数:22
多余观测数(自由度):5
先验每公里高程测量高差中误差:
后验每公里高程测量高差中误差:1.062000

高差观测值及其平差成果表

起　点	终　点	观测高差	改正数	平差值	精度	距离
N1	N2	Dh(米)	Vh(毫米)	DH^(米)	Mh(毫米)	S(公里)
BM11122	BM11121	2.5328	-0.85	2.5320	0.98	0.8986
BM11121	BM11122	-2.5313	-0.74	-2.5320	0.98	0.9473
BM11123	BM11122	-0.6072	-0.12	-0.6073	0.78	0.5889
BM11122	BM11123	0.6073	-0.02	0.6073	0.78	0.5767
BM11124	BM11123	-8.3021	-0.21	-8.3023	0.71	0.4663

图 4-21　高程控制网平差报告

最终的水准点平差成果见表 4-7。

平差后高程统计表　　　　表 4-7

序号	点名	高程平差值(m)	中误差(mm)
1	BM1817	121.081	0.00
2	BM11131	112.608	0.00
3	BM11134	109.229	0.00
4	BM11137	97.196	0.00
5	BM11121	116.165	1.45

续表

序号	点名	高程平差值（m）	中误差（mm）
6	BM11122	113.633	1.56
7	BM11123	114.240	1.58
8	BM11124	122.542	1.58
9	CJB001	115.426	1.07
10	BM1819	112.623	1.18
11	BM11126	114.335	1.45
12	BM11125	119.686	1.55
13	CJB002	124.080	1.19
14	BM11136	93.820	0.78
15	BM11135	113.258	0.73
16	BM11132	119.628	0.86
17	BM11130	120.539	1.08
18	BM11127	110.243	1.24
19	BM11129	120.653	1.18
20	BM11138	125.662	1.05
21	BM11139	95.670	1.17

4.5　水准测量成果报告

　　水准测量内业数据处理工作完成后，应编制和提交复测（或加密测量）成果报告，主要是对技术标准执行情况、测量技术方案、作业方法、完成质量、对交桩成果的校核等进行分析和总结。报告应包含以下资料：

　　① 水准外业观测原始数据文件；

　　② 水准外业观测电子手簿格式文件；

　　③ 水准复测成果统计表、新增加密点成果表；

　　④ 水准平差精度评定资料；

　　⑤ 复测成果与交桩成果的比较（或本期与上期复测成果的比较）；

　　⑥ 水准测量线路图；

　　⑦ 水准仪、水准尺检定证书。

　　值得说明的是，水准测量成果报告与平面测量成果报告通常不单独编制，而是整合在一起，编制成控制网测量成果报告。

思考题与习题 🔍

1. 水准仪的 i 角误差是如何产生的? 采取哪些措施可以削弱或消除 i 角误差?

2. 在水准测量前应对水准仪做什么检校?

3. 光学水准仪的一测站观测顺序是怎样的? 电子水准仪的一测站观测顺序是怎样的?

4. 水准测量内业计算精度评定的指标有哪些?

第 5 章

Chapter 05

联系测量

知识目标

　　地上坐标系和地下坐标系是通过联系测量进行传递和联测的，联系测量的成败直接关系到地上、地下坐标系能否高精度地统一、结合起来，因此联系测量是城市轨道交通的地下工程测量中最关键、最重要的一项工作之一。通过本章节教学，使学生掌握几种常用的联系测量方法和数据处理能力，掌握不同联系测量方法的优缺点以及各自的适用范围。

能力目标

　　(1) 具备组织和实施平面联系测量、高程联系测量的能力。

　　(2) 具备一井定向测量、两井定向测量平差计算的能力。

　　(3) 具备高程联系测量计算的能力。

　　(4) 具备分析解决联系测量中遇到的各种疑难问题的能力。

思维导图

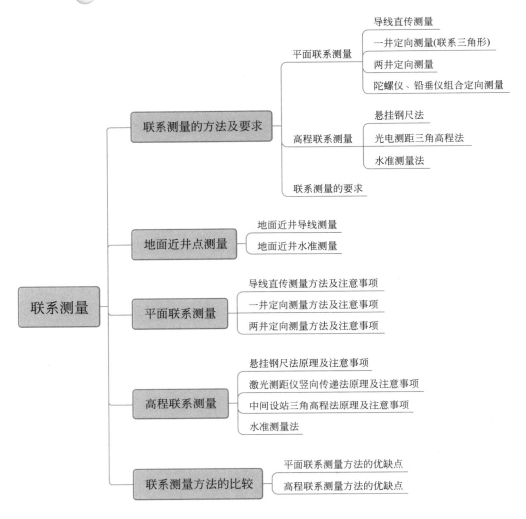

5.1 概述

为了指导地下车站建（构）筑物、隧道施工，将地面的平面坐标、方位角和高程通过竖井、斜井、平峒、钻孔等通道传递到地下，使地上、地下能采用统一的坐标系统的测量工作称为联系测量。

联系测量是一项综合性的测量工作，包括地面近井导线测量、近井水准测量、通过竖井（包括斜井、平峒、钻孔等）的平面定向测量、高程传递测量、地下近井导线测量以及近井水准测量。

5.2 联系测量的方法及要求

5.2.1 联系测量的方法

联系测量是地下车站建（构）筑物施工测量的基础，也是实现地下隧道工程贯通控制的核心与关键，它可分为平面联系测量和高程联系测量两部分。

平面联系测量是以地面近井点（GPS 点或导线点）为依据，确定井下近井导线起算边的坐标及方位角的测量工作。在城市轨道交通工程中，根据联系测量所经过的路径特点，可以采用的平面联系测量方法有很多，例如，对于全放坡开挖的车站基坑可采用导线直传的测量方法，对于设有盾构吊装井和出渣井的地铁车站可以采用两井定向测量方法。目前来说，城市轨道交通工程中常用的平面联系测量方法主要有以下几种：

（1）导线直传测量。

（2）一井定向测量（联系三角形法定向测量）。

（3）两井定向测量。

（4）陀螺仪、铅垂仪组合定向测量。

（5）投点定向测量。

高程联系测量是以地面近井水准点为依据，确定井下近井水准点高程的测量工作。城市轨道交通工程中常用的高程联系测量方法主要有以下几种：

（1）悬挂钢尺法。

（2）激光测距仪竖向传递法。

（3）中间设站三角高程法。

（4）水准测量法。

5.2.2 联系测量的要求

联系测量是连接地上与地下的一项重要工作。为提高地下控制测量精度，保证地下工程质量，根据《城市轨道交通工程测量规范》GB/T 50308—2017，联系测量工作应符合以下几点要求：

（1）地面近井点可直接利用一、二等卫星控制点和三等精密导线点。需要布设加密导线时，地面近井点与三等导线点应构成附（闭）合导线。

（2）每次联系测量应独立进行三次，三次平差成果均合格时，取三次平均值作为定向成果。地下近井定向边方位角中误差不应超过 $\pm 8''$，地下近井高程点中误差不应超过 $\pm 5\text{mm}$。

（3）定向测量的地下近井定向边应大于 120m，且不应少于 2 条，传递高程的地下近井高程点不应少于 2 个。使用近井定向边和地下近井高程点前，应对地下近井定向边之间和高程点之间的几何关系进行检核，其不符值应分别小于 12″和 2mm。

（4）根据工程施工进度，应进行多次联系测量复测，复测次数应随贯通距离增加而增加，一般在隧道始发前，掘进到 100m、300m 以及距贯通面 100～200m 时分别进行一次。各次地下近井定向边方位角较差应小于 16″，地下高程点高程较差应小于 3mm。符合要求时，可取各次测量成果的平均值作为后续测量的起算数据指导隧道贯通。

（5）当隧道单向掘进长度超过 1500m 时，掘进至盾尾距始发面 600m 后，每 500m 必须增加一次联系测量，并加测陀螺定向以提高定向测量精度。

5.3　地面近井点测量

将地面的平面控制点和高程通过竖井传递到地下，一般应在竖井口附近布设近井点，将距离较远的控制点坐标和高程引测至近井点处，并通过近井点进行传递。地面近井点包括平面近井点和高程近井点，布设应牢固可靠、便于观测和保护。

5.3.1　地面近井导线测量

（1）交桩平面控制点复测

在进行地面近井导线测量前，应对交桩的平面控制点进行复核测量，确保起算点的正确。一、二等卫星控制点应采用 GPS 静态测量方式进行复测，三等导线点应采用精密附合导线的方式进行复测。

（2）近井导线点测量

若竖井附近的一、二等卫星控制点或三等导线点可以直接测定近井点时，应采用支导线法测定近井点，观测 4 测回，角度及距离观测应符合三等精密导线网测量技术要求。

采用支导线法测定近井点时，应以卫星控制点和精密导线点为起算依据，将近井点纳入加密导线线路中形成附（闭）合导线。近井导线边数不宜超过 5 条，导线最短边长应大于 50m，近井点的点位中误差不应超过±10mm。

由于近井点位置处于施工影响的变形范围内，点位随时可能发生变化，因此地面近井点测量完后，应立即进行平面定向联系测量。此外，每次进行联系测量前都要重新对近井点进行复测。

5.3.2　地面近井水准测量

在竖井口附近布设好近井水准点后，应对交桩的地面高程控制点进行复测，确保水准起算点稳定可靠。水准复测时可将地面近井水准点纳入水准复测线路中，形成附（闭）合水准。水准复测应按照城市轨道交通工程二等水准测量技术要求施测。

5.4　平面联系测量

在联系测量中，以地面近井点为依据，经传递获得井下导线起算边的坐标及方位角的测量工作，称为平面联系测量，其中确定井下坐标方位角的工作，又称为竖井定向。坐标传递误差对地下导线各点位置的影响为一个常数，其影响不随地下支导线的延长而累积；而方位角传递误差对地下导线终点位置的影响非常大，地下导线起算边的坐标方位角误差将使地下导线各边的方位角偏转同一个误差值，由此引起的导线各点的点位误差将随导线的延伸而增大。

如图 5-1 所示，O_1、O_2 分别为竖井内的两根钢丝垂线。假设地下导线起算边 $A'B'$ 的坐标方位角中误差 $m_0 = \pm 5''$，导线终点为 P，P 到地下导线起算点的直线距离 $L = 1000\mathrm{m}$，则可计算 P 点的点位中误差为：

$$m_\mathrm{P} = \frac{m_0}{\rho} \cdot L = \frac{\pm 5''}{206265''} \times 1000\mathrm{m} = \pm 0.0242\mathrm{m} = \pm 2.42\mathrm{cm}$$

因此，平面定向联系测量中确定地下导线起算边的坐标方位角比确定起算点坐标更重要，精度要求更高。

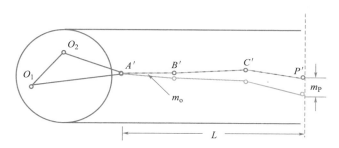

图 5-1　地下起算方位角传递的误差示意图

下面将详细介绍城市轨道交通工程中三种常用的平面联系测量方法。

5.4.1　导线直传测量

当地铁车站基坑为全放坡开挖施工、埋深较浅且可以直接与站厅层平台（车站中板）通视时，可采用导线直传的测量方式将坐标和方位角传递到地下底板控制点上，该方法测量示意图如图 5-2 所示。

在隧道施工前，当竖井中部的支撑腰梁施工完成后，可以在腰梁上和井底布设强制对中点将导线延伸到井底，该方法测量示意图如图 5-3 所示。布设腰梁导线点时应事先计算好井口宽度和高度的比值，以便控制导线测量时垂直角不大于 30°。采用强制对中点易于保护，还可以消除对中误差。

导线直传测量按照地面三等精密导线的观测技术要求施测。导线直接传递测量宜独立

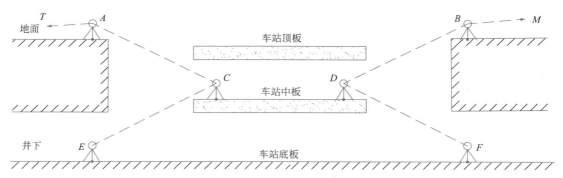

图 5-2　车站内导线直传测量示意图

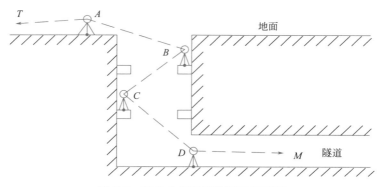

图 5-3　竖井内导线直传测量示意图

进行两次，符合较差要求后取平均值作为定向测量成果。

导线直传测量具有观测边长短、水平角小、垂直角大的特点。因此其测量精度受全站仪的三轴误差、测站对中误差、目标偏心误差的影响。为削弱这三种误差，导线测量时应在全站仪中设置双轴补偿为"打开"状态，垂直角应小于 $30°$，仪器和觇牌安置宜采用强制对中或三联脚架法。测回间应检查仪器和觇牌气泡的居中情况，气泡偏离超限时应重新整平。

应该注意的是，全站仪的测量精度受俯仰角和竖井深度的影响，传递误差较大。因此盾构始发时可采用全站仪直传的方法，掘进 150m 左右时应采用吊钢丝法进行平面坐标和方位角传递。

5.4.2　一井定向测量

一井定向测量又称联系三角形法定向测量。其原理是在一个竖井内悬挂两根钢丝垂线，在地面根据近井点测定两根钢丝垂线的坐标及其连线的方位角。在井下，根据两垂线投影点的坐标及其连线的方位角，确定地下近井导线点的起算坐标及方位角。

（1）外业观测

一井定向测量的立体示意图如图 5-4 所示，所需测量设备器材见表 5-1。O_1、O_2 为竖井中悬挂的钢丝，地面联系三角形为 $\triangle AO_1O_2$，地下联系三角形为 $\triangle BO_1O_2$。遵照精密导线网测量技术要求，全站仪架设在 A 点，精确测量连接角 ω、α 和边长 a、b、c。全站仪架设在 B 点，精确测量连接角 ω'、α' 和边长 a'、b'、c'。

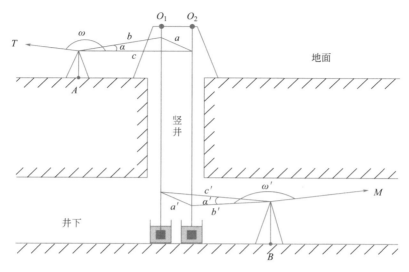

图 5-4　一井定向立体示意图

一井定向测量设备器材一览表　　　　　　　　　　　　　　　表 5-1

序号	仪器及工具名称	数量	主要性能参数
1	全站仪	1 台套	测角精度≤1″，测距精度≤1+1.5ppm，带激光照准、免棱镜测量功能
2	锤球	2 个	10kg 重锤 2 个
3	阻尼液	2 桶	废机油
4	钢丝	1 卷	ϕ0.3mm
5	反射片	4 个	尺寸：2cm×2cm

联系三角形角度应观测 6 测回，测角中误差应在 $\pm1''$ 以内。边长测量可采用电磁波测距或经检定的钢尺丈量，每次应独立测量 3 测回，每测回读数 3 次，各测回较差应小于 1mm。地上与井下丈量的钢丝间距较差应小于 1mm。使用钢尺丈量时应施加钢尺检定时的拉力，并应进行倾斜、温度、尺长改正。

联系三角形测量每次定向应独立进行 3 次，取 3 次平均值作为定向成果。联系三角形定向推算的地下起始边方位角的测回较差应小于 $12''$，方位角平均值中误差应不超过 $\pm8''$。

（2）内业计算

将一井定向立体示意图转换成平面图，便得到图 5-5 所示的联系三角形平面示意图。由图 5-5 可解算出三角形相关角度和边长，以及地下近井点的坐标和方位角。

如图 5-6 所示，先根据正弦定理及余弦定理解算地面三角形 $\triangle AO_1O_2$ 的内角和边长。

1）计算两吊垂线间距离：$a_{算}^2 = b^2 + c^2 - 2bc\cos\alpha$　　　　　　　　（5-1）

2）检核计算：$\Delta a = a_{算} - a_{测} \leqslant \pm 2\text{mm}$　　　　　　　　　　（5-2）

3）计算三角形边长改正数：$v_a = v_b = -v_c = -\dfrac{\Delta a}{3}$　　　　　　（5-3）

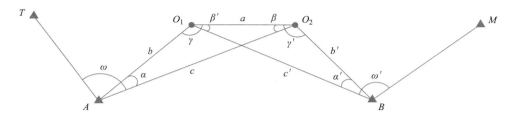

图 5-5 联系三角形平面示意图

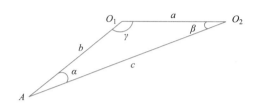

图 5-6 地面三角形△AO_1O_2

4）计算 β 角和 γ 角：$\sin\beta = \dfrac{b}{a}\sin\alpha$　　$\sin\gamma = \dfrac{c}{a}\sin\alpha$　　　　　　　　（5-4）

5）求三角形内角闭合差：$f_{地面} = \alpha + \beta_算 + \gamma_算 - 180°$　　　　　　　　　　（5-5）

6）计算 β 角和 γ 角改正数：$v_\beta = v_\gamma = -\dfrac{f_{地面}}{2}$　　　　　　　　　　　　（5-6）

同理，可解算出井下三角形△BO_1O_2 的角度和边长，然后按照 $T \rightarrow A \rightarrow O_2 \rightarrow O_1 \rightarrow B \rightarrow M$ 的线路推算各边和各点的方位角及坐标。

地下起算边 BM 的方位角计算公式见式（5-7）：

$$\alpha_{BM} = \alpha_{TA} + \omega + \beta - \beta' + \omega' \pm 360°　　　　　　　　　　（5-7）$$

（3）联系三角形误差分析

在一井定向测量中方位角传递的精度要求很高。下面以图 5-5 联系三角形布设形式，从传递方位角的角度分析联系三角形的误差传播规律，从而推导出联系三角形的有利图形。

对式（5-4）进行全微分计算，得：

$$\cos\beta\frac{\mathrm{d}\beta}{\rho} = \frac{b}{a}\cos\alpha\frac{\mathrm{d}\alpha}{\rho} + \frac{\sin\alpha}{a}db - \frac{b}{a^2}\sin\alpha\,\mathrm{d}a　　　（5-8）$$

根据式（5-8）及误差传播定律可得中误差关系式为：

$$(\cos\beta)^2\left(\frac{m_\beta}{\rho}\right)^2 = \left(\frac{b}{a}\cos\alpha\right)^2\left(\frac{m_\alpha}{\rho}\right)^2 + \left(\frac{\sin\alpha}{a}\right)^2 m_b^2 + \left(-\frac{b}{a^2}\sin\alpha\right)^2 m_a^2　（5-9）$$

可认为三边测距精度相等，令 $m_a = m_b = m_s$，代入式（5-9）中，得：

$$(\cos\beta)^2\left(\frac{m_\beta}{\rho}\right)^2 = \left(\frac{b}{a}\cos\alpha\right)^2\left(\frac{m_\alpha}{\rho}\right)^2 + \left(\frac{\sin\alpha}{a}\right)^2 m_s^2 + \left(-\frac{b}{a^2}\sin\alpha\right)^2 m_s^2　（5-10）$$

整理后得：

$$m_\beta = \pm\sqrt{\frac{b^2\cos^2\alpha}{a^2\cos^2\beta}m_\alpha^2 + \rho^2\tan^2\beta\cdot\left(\frac{1}{a^2} + \frac{1}{b^2}\right)m_s^2}　　　（5-11）$$

式（5-11）右边可分为两部分，一部分为测角误差的影响，记为 m_{β_1}；另一部分为测距误差的影响，记为 m_{β_2}，则：

$$m_{\beta_1} = \pm \frac{b\cos\alpha}{a\cos\beta} m_\alpha \qquad\qquad (5\text{-}12)$$

$$m_{\beta_2} = \pm\rho\,\tan\beta\sqrt{\left(\frac{1}{a^2} + \frac{1}{b^2}\right)}\,m_s \qquad\qquad (5\text{-}13)$$

实际测量中 α、β 均为微小角度，可认为 $\cos\alpha = 1$，$\cos\beta = 1$。则式（5-12）可进一步简化为：

$$m_{\beta_1} = \pm\frac{b}{a} m_\alpha \qquad\qquad (5\text{-}14)$$

由式（5-14）可知，当 a 变大、b 变小时，m_{β_1} 也变小，此时测角误差的影响也变小。

由式（5-13）可知，当 β 角变小时，m_{β_2} 也变小，此时测距误差的影响也变小。

实际测量中 α、β 均为微小角度，则有 $\sin\alpha = \tan\alpha$，$\sin\beta = \tan\beta$。代入式（5-4）中，得：

$$\tan\beta = \frac{b}{a}\tan\alpha \qquad\qquad (5\text{-}15)$$

将式（5-15）代入式（5-13）中，得：

$$m_{\beta_2} = \pm\rho \cdot \frac{b}{a}\tan\alpha\sqrt{\left(\frac{1}{a^2} + \frac{1}{b^2}\right)}\,m_s \qquad\qquad (5\text{-}16)$$

式（5-16）变形整理得：

$$m_{\beta_2} = \pm m_s \cdot \frac{\rho}{a}\tan\alpha\sqrt{\left(\frac{b}{a}\right)^2 + 1} \qquad\qquad (5\text{-}17)$$

由式（5-17）可知，当 α 角变小、$\dfrac{b}{a}$ 变小时，m_{β_2} 也变小，此时测距误差的影响也变小。

由上述公式分析可得出以下结论：

1）连接三角形最有利的形状为锐角 α、α' 不大于 1°的延伸三角形。

2）计算角 β（或 β'）的误差，随 α 角误差的增大而增大，随边长比值 $\dfrac{b}{a}$（或 $\dfrac{b'}{a'}$）的减小而减小，$\dfrac{b}{a}$ 及 $\dfrac{b'}{a'}$ 宜小于 1.5。因此在一井定向测量时，应尽量使连接点 A 和 B 靠近最近的钢丝垂线，并精确地测量 α 角。

3）竖井中悬挂钢丝间的距离 a 不得小于 5m，a 越长，计算角的误差就越小。

5.4.3　两井定向测量

当竖井井口小、在一井中两根钢丝垂线的间距小于 5m 时，为了提高定向精度，可利用地铁车站两端的施工竖井（在长隧道中部钻孔）进行两井定向测量。两井定向是指通过两个竖井向地下投测控制点，在地下通过无定向导线连接所投测的控制点的定向方法。与一井定向相比，它的主要优点在于：由于钢丝间的间距大大增加了，因而减小了由投点误差引起的方向误差，有利于提高地下导线的测量精度；其次是外业观测简单灵活，占用竖井的时间较短。

（1）外业观测

如图 5-7 所示，两井定向是在两竖井中分别悬挂一根钢丝 A、B，分别在地面近井导线控制点 C、E 上设站。用支导线法分别测定两根钢丝中心的平面坐标，地下以 A、B 为起算点施测无定向导线，计算得到地下导线点 1、2、3 的坐标以及边 1—2、2—3 的坐标方位角，以作为地下控制测量的依据。两井定向所需测量设备器材与一井定向相同（表 5-1）。

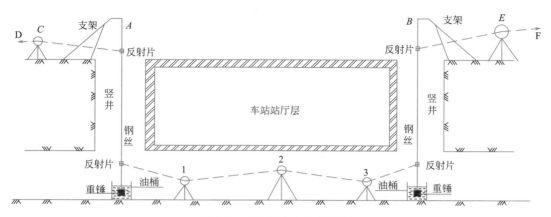

图 5-7　两井定向立体示意图

两井定向应选用 $\phi0.3\text{mm}$ 钢丝，两根钢丝间距离应大于 60m，特殊情况下不得小于 30m。竖井中悬挂 10kg 重锤，重锤应浸没在阻尼液中，钢丝投点中误差不应超过 $\pm2\text{mm}$。地下两投测点之间应沿连通的最短路径布设精密导线，并按精密导线网的方法和技术要求施测。联系测量应独立进行 3 次，3 次结果满足规范限差要求时，取 3 次的平均值作为最终成果。

（2）内业计算

两井定向的内业计算主要是地下无定向导线平差计算。

如图 5-8 所示，设有导线控制点 A、1、2……$n-1$、B，其中 A 点和 B 点坐标已知，观测诸边长 S_i 和转折角 β_i（导线的左角）。设 A 点为原点，$A1$ 边为 x' 轴方向，y' 轴垂直于 $A1$ 边，建立地下假定坐标系统。显然，在假定坐标系中，$A1$ 边的方位角 $\alpha'_{A1}=0$，A 点的坐标 $x'_A=y'_A=0$，再按下述公式进行计算。

1）计算地下导线点在假定坐标系中的坐标方位角：

$$\alpha'_i=\alpha'_{A1}+\sum_{i=1}^{n-1}(\beta_i-180°) \tag{5-18}$$

式中：$i=1$，2，3……$n-1$。

2）计算地下导线点在假定坐标系中的坐标：

$$x'_k=\sum_{i=1}^{i=k} S_i\cos\alpha'_i，\quad y'_k=\sum_{i=1}^{i=k} S_i\sin\alpha'_i \tag{5-19}$$

3）B 点的假定坐标为：$x'_B=\Delta x'_{AB}$，$y'_B=\Delta y'_{AB}$。

4）坐标反算 A、B 两点在假定坐标系中的方位角和距离：

$$\alpha'_{AB}=\arctan\frac{y'_B-y'_A}{x'_B-x'_A} \tag{5-20}$$

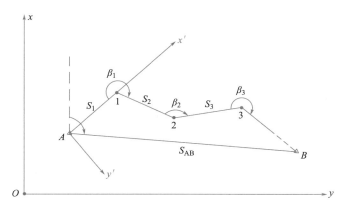

图 5-8　无定向导线示意图

$$S'_{AB} = \sqrt{(x'_B - x'_A)^2 + (y'_B - y'_A)^2} \tag{5-21}$$

5）A、B 两点在地面坐标系中的方位角与距离：

$$\alpha_{AB} = \arctan \frac{y_B - y_A}{x_B - x_A} \tag{5-22}$$

$$S_{AB} = \sqrt{(x_B - x_A)^2 + (y_B - y_A)^2} \tag{5-23}$$

6）计算 $A1$ 边在地面坐标系中的方位角：

$$\alpha_{A1} = \alpha_{AB} - \alpha'_{AB} \tag{5-24}$$

7）计算两坐标系的比例因子 M：

$$M = \frac{S_{AB}}{S'_{AB}} \tag{5-25}$$

8）计算地下导线各点在地面坐标系中的坐标：

$$\begin{pmatrix} x_i \\ y_i \end{pmatrix} = \begin{pmatrix} x_A \\ y_A \end{pmatrix} + M \begin{pmatrix} \cos\alpha_{A1} & -\sin\alpha_{A1} \\ \sin\alpha_{A1} & \cos\alpha_{A1} \end{pmatrix} \begin{pmatrix} x'_i \\ y'_i \end{pmatrix} \tag{5-26}$$

9）计算无定向导线全长相对闭合差：

由于 $\alpha_{AB} \neq \alpha'_{AB}$，坐标闭合差为 $f_x = x'_B - x_B$，$f_y = y'_B - y_B$，$f = \sqrt{f_x^2 + f_y^2}$，全长相对闭合差为：

$$K = \frac{f}{\sum S_i} = \frac{1}{\sum S_i / f} \tag{5-27}$$

实际工程应用中，可采用 CODAPS、南方平差易等专业平差软件包进行严密平差计算。

5-1
两井定向
测量平差

5.5　高程联系测量

高程联系测量是将地面坐标系中的高程传递到地下隧道、基坑中的高程近井点或高程起算点上的测量工作。高程联系测量应在地面近井水准测量工作完成后立即进行，避免近井水准点因施工造成破坏或挪位。

根据不同的测量精度和不同的传递线路，可采取不同的测量方法：

（1）当精度要求高、竖井狭窄且深度较小时，宜采用悬挂钢尺法。

（2）当精度要求高、竖井狭窄且深度较大时，宜采用激光测距仪竖向传递法。

（3）当精度要求高、竖井或基坑较大时，可采用中间设站三角高程法。

（4）当明挖放坡施工或暗挖施工通过斜井进行高程传递测量时，可采用水准测量方法。

5.5.1 悬挂钢尺法

悬挂钢尺法测量示意图如图 5-9 所示，观测所需的测量仪器设备主要有：2 台经检定合格的水准仪及 2 把水准尺、1 把经检定合格的钢尺、1 个 5kg 重锤。测量时，先在竖井处搭建挂尺架，将钢尺悬挂固定在挂尺架上，使钢尺呈自由悬挂状态，切忌触碰竖井内壁，并在钢尺的下端挂重锤。地上和地下安置的两台水准仪同时观测读数并做好记录，此外还应量取地面及地下的温度。

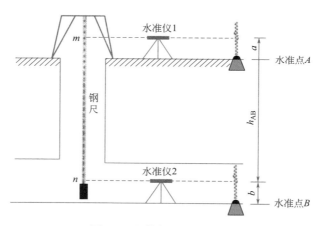

图 5-9　悬挂钢尺法示意图

设地面水准点 A 的高程为 H_A，地面水准仪 1 在 A 点尺上的读数为 a，在钢尺上的读数为 m；地下水准仪 2 在钢尺上的读数为 n，在水准点 B 尺上的读数为 b。由图 5-9 可知，A、B 两点的高差与水准尺、钢尺的读数存在如下关系：

$$|m-n|=a+h_{AB}-b \tag{5-28}$$

地下水准点 B 的高程 H_B 计算公式如式（5-29）：

$$H_B=H_A-h_{AB}=H_A+a-b-|m-n| \tag{5-29}$$

高程传递联系测量应独立观测 3 次，每次均应重新调整仪器高，3 次测得地上、地下水准点间的高差较差不大于 3mm 时，取平均值作为最终成果；高差较差大于 3mm 时，应重新测量。高差应进行温度改正与尺长改正，当竖井深度超过 50m 时，还应进行垂直改正、钢尺自重张力改正。温度改正 Δl_t、尺长改正 Δl_d、垂直改正 Δl_c、钢尺自重张力改

正 Δl_s 计算公式见式（5-30）：

$$
\left.
\begin{aligned}
\Delta l_t &= \alpha(t_平 - t_0)l \\
\Delta l_d &= \frac{l(L - L_0)}{L_0} \\
\Delta l_c &= \frac{l(P - P_0)}{EF} \\
\Delta l_s &= \frac{\gamma l^2}{2E}
\end{aligned}
\right\}
\tag{5-30}
$$

式中：α——钢尺膨胀系数，通常取为 $1.25 \times 10^{-5}/℃$；

　　　$t_平$——井上和井下的平均温度（℃）；

　　　t_0——钢尺检定时的标准温度，标准温度取 20℃；

　　　l——钢尺读数之差，$l = |m - n|$；

　　　L_0——钢尺的名义长度（m）；

　　　L——钢尺检定时的实际长度（m）；

　　　P——重锤质量（kg）；

　　　P_0——钢尺检定时的标准拉力质量（kg），标准拉力质量取 5kg；

　　　E——钢尺的材料弹性模量，一般取 $2 \times 10^6 \, \mathrm{kg/cm^2}$；

　　　F——钢尺截面积（$\mathrm{cm^2}$）；

　　　γ——钢尺密度，一般取 $7.85 \mathrm{g/cm^3}$。

5.5.2　激光测距仪竖向传递法

激光测距仪竖向传递法示意图如图 5-10 所示，观测所需的测量仪器设备主要有：2 台经检定合格的水准仪及 2 把水准尺、激光测距仪、棱镜。测量时，在竖井处搭设工作平台，在平台的投点孔上安置有孔的钢板，在钢板上安置反射棱镜，在竖井底部安置好激光

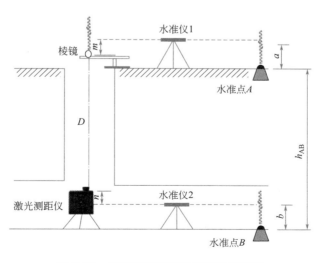

图 5-10　激光测距仪竖向传递法示意图

测距仪并照准反射棱镜，按测距键测定垂直距离 D。地上安置的水准仪 1 将钢板面与水准点 A 联测，地下安置的水准仪 2 将激光测距仪与水准点 B 联测。两台水准仪同时观测读数并做好记录，根据式（5-31）计算出井下水准点 B 的高程：

$$H_B = H_A + a - b - D - m - n \qquad (5\text{-}31)$$

式中：a——地上水准仪 1 照准 A 点水准尺的读数（m）；

b——地下水准仪 2 照准 B 点水准尺的读数（m）；

D——激光测距仪到棱镜的距离（m）；

m——地上水准仪 1 照准棱镜处水准尺的读数（m）；

n——地下水准仪 2 水平视线到激光测距仪顶口的高差读数（m）；

5.5.3　中间设站三角高程法

当竖井比较大、隧道埋深较浅时，可在竖井底部井口边架设全站仪，采用中间设站三角高程法将地面高程传递到井下。

中间设站三角高程法的测量示意图如图 5-11 所示，A 为已知后视点。测量时，全站仪架设在竖井底部，设目标棱镜杆高程为 l，此时测得斜距 S_1 和垂直角 α_1。然后将目标棱镜杆架设在待定点 B 上，棱镜杆高 l 保持不变，此时测得斜距 S_2 和垂直角 α_2。根据这四个观测值及 A 点高程 H_A 可计算 B 点高程：

$$H_B = H_A - S_1 \sin\alpha_1 + S \sin\alpha_2 \qquad (5\text{-}32)$$

该方法不需要测定仪器高程，目标棱镜杆高也无须参与计算，可避免由于测量仪器高、棱镜高所带来的误差，可达到很高的精度。

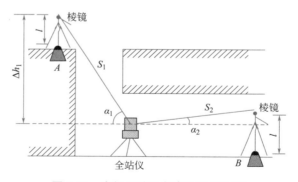

图 5-11　中间设站三角高程法示意图

5.5.4　水准测量法

当明挖放坡施工或暗挖施工通过斜井进行高程传递测量时，可采用水准测量方法，其测量精度应符合《城市轨道交通工程测量规范》GB/T 50308—2017 中二等水准测量的相关技术要求。

5.6 联系测量方法的比较

　　本节主要介绍了常见的四种平面联系测量方法和四种高程联系测量方法，这几种方法各有优缺点，在施工中应根据实际情况采用。平面联系测量方法总结比较见表 5-2，高程联系测量方法总结比较见表 5-3。

平面联系测量方法总结比较表　　　　表 5-2

平面联系测量方法	适用范围	优点	缺点
导线直传测量	适用于斜井或井口很大且较浅、通视情况良好、俯仰角满足规范要求的竖井	简单直观、易于操作，作业时间短，成本低，不增加任何其他测量设备	受现场条件限制很大，边长短、俯仰角大、精度不易保证
一井定向测量	适用于只有一个竖井且竖井口环境能够形成合格的联系三角形的情况	成本低，不需特殊仪器设备	观测和计算复杂，对三角形的形状有特殊要求，耗时较长
两井定向测量	适用于有两个竖井、钻孔或地下车站、盾构始发井等井口较大的基坑	可以减小由投点误差引起的方向误差，因此定向精度高，成本低，易于操作	必须具备相应的场地环境

高程联系测量方法总结比较表　　　　表 5-3

高程联系测量方法	适用范围	优点	缺点
悬挂钢尺法	适用于易于悬挂钢尺的竖井或基坑	适用范围广，观测作业方便，计算简单	钢尺必须保持竖直，不能触碰竖井内壁
激光测距仪竖向传递法	适用于狭窄且深度较大的竖井	精度高，观测作业方便，计算简单	激光与工作平台投点孔上的反射棱镜平面相对位置要求高，测量 m 及 n 值较麻烦
中间设站三角高程法	适用于大尺寸的竖井或较大的基坑	精度高，无须测量仪器高和目标棱镜杆高	对地面和井下的通视要求高，须使用有双轴补偿的全站仪
水准测量法	适用于明挖放坡施工的车站基坑或暗挖斜井	精度高，作业准备时间短，测量简单，无须投入其他设备	无法应用在竖井中，应用范围小

思考题与习题

　　1. 联系测量的目的是什么？联系测量工作包括哪些内容？
　　2. 在城市轨道交通工程中，平面联系测量方法主要有哪几种？高程联系测量方法主要有哪几种？

    3. 什么是一井定向测量？

    4. 什么是两井定向测量？它的优点是什么？

    5. 常用的平面联系测量方法的适用范围、优缺点是什么？

    6. 常用的高程联系测量方法的适用范围、优缺点是什么？

第**6**章

地下控制测量

 知识目标

　　地下控制测量是地下工程施工测量的基础。通过本章节教学，使学生掌握地下平面控制点和高程控制点的埋设，地下导线、水准控的观测，尤其是学会针对不同长度的隧道选择合适的基本控制导线网形，控制好隧道贯通误差不超限，确保地下隧道能顺利、精准贯通。

能力目标

　　（1）具备埋设不同形式的地下控制点的能力。

　　（2）具备组织实施地下平面控制测量、地下高程控制测量的能力。

　　（3）具备针对不同长度的隧道，设计科学合理的地下基本控制导线网形测量方案，实现隧道顺利贯通的能力。

思维导图

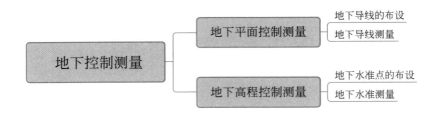

6.1 概述

城市轨道交通工程建设中的地下控制测量是在地下车站、竖井、隧道内建立施工测量控制网，是地下隧道掘进、结构施工、设备安装及竣工断面测量的基础性工作。地下控制测量的成败，对于城市轨道交通工程中地下隧道能否顺利贯通、相邻结构能否正确衔接有着重要影响。地下控制测量分为地下平面控制测量和地下高程控制测量。本章主要介绍城市轨道交通工程地下控制网的布设、埋点、观测及内业数据处理等知识。

6.2 地下平面控制测量

与地面控制网测量相比，地下平面控制测量具有以下特点：

（1）地下隧道施工黑暗潮湿，环境较差，经常需要进行点下对中，有时边长较短，因此测量精度难以提高。

（2）地铁区间大多在1~1.5km，地下隧道施工往往采用单向掘进的方式。左右线隧道间互不相通，不便组织校核，测量出现错误难以及时发现。随着隧道的掘进，控制点点位误差的累积也越来越大。

（3）地下隧道施工面狭窄，且隧道往往只能前后通视，造成控制测量形式比较单一，大部分隧道仅适合布设导线。

（4）测量工作随着隧道的掘进而不间断地进行，一般先布设低等级导线指导隧道开挖掘进，而后布设高等级导线进行检核。

（5）由于地下工程的需要，往往采用一些特殊或特定的测量方法和仪器，比如主副导线测量、陀螺仪定向测量等。

如图6-1所示，地面平面控制测量的形式主要为导线，通过联系测量传递到地下的起算坐标、方位角以及高程，并向隧道内部延伸。在进行地下平面控制测量前，应对这些地下导线控制点进行检核，确定其点位的稳定性和可靠性后方可作为起算基准点使用。

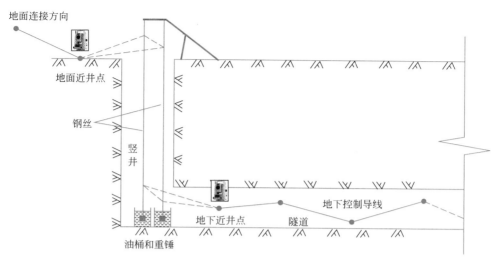

图 6-1　联系测量与地下控制测量的关系示意图

6.2.1　地下导线的布设

（1）地下导线的布设形式

地下导线根据布设间距、测量目的的不同可分为两种类型：施工导线和基本控制导线。

施工导线：在隧道施工初期，由于隧道进尺短不宜布设控制导线，但为了满足施工放线的需要，应布设施工导线。施工导线是在开挖面向前推进时用以放样的导线，其边长一般为 30～50m，布设在隧道中线或两侧边墙附近，其施测方法及精度要求低于基本控制导线。

基本控制导线：当掘进长度大于 100～300m 时，为了检查隧道的方向是否与设计相符，并提高导线的精度，应选择一部分施工导线点布设成边长较长、精度较高的基本控制导线。当隧道掘进长度超过 2km 时，以支导线形式布设的基本控制导线已不能保证贯通的精度要求，此时要布设成主副导线或大地四边形控制网的形式。

两级地下导线布设平面示意图如图 6-2 所示。

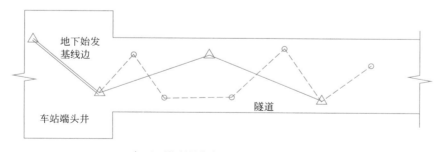

△ 地下控制导线点；○ 地下施工导线点

图 6-2　两级地下导线布设平面示意图

地下导线应尽量沿线路中线布设，边长要接近等边，尽量避免长短边相接。隧道内控制点平均边长宜为 150m，曲线隧道控制点间距不应小于 60m。值得说明的是，根据工程经验，如果隧道内通视条件良好，在满足相邻边的短边与长边比例不超过 1：2 的情况下，应尽量拉大导线边长，以便提高导线的观测精度。

地下导线通常布设成直线延伸的支导线形式。这种形式的导线布设灵活，但缺乏检核条件，无法检核观测值的差错。支导线施测与计算必须十分小心，支导线测量是隧道贯通误差的主要来源。测量转折角时最好半数测回测左角，半数测回测右角，以加强检核。施工中应定期检查各导线点的稳定情况。

为了提高地下平面控制导线的精度，可以通过在区间地面钻孔投测控制点至地下形成无定向导线或加测陀螺方位角的方法来提高支导线的精度。大断面的长隧道还可以布设成附合导线、主副导线以及大地四边形控制网的形式。

如图 6-3 所示，当地下隧道掘进至一定距离后，在地面钻孔，地面控制点通过钻孔井投测至地下隧道中与地下支导线形成无定向导线。该方法增加了坐标闭合差检核条件，有效提高了地下控制导线的测量精度。

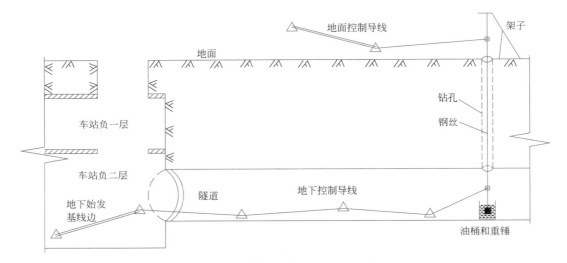

图 6-3　地面钻孔投点无定向导线示意图

如图 6-4 所示，若单向开挖长度超过 1500m 时，掘进至 150m 后，每 600m 须加测陀螺方位角。由于增加了一条加强边，使得地下导线增加了一个观测和检核条件。加强边与起始边之间可以按照附合导线的方式进行计算，一定程度上起到了检核和提高测量精度的作用。需要注意的是，陀螺定向容易受振动等因素的干扰，进行陀螺定向时，需停止周边的施工活动。

如图 6-5 所示，地下附合导线测量线路为：$P_1 \rightarrow P_2 \rightarrow 1 \rightarrow 2 \rightarrow 3 \rightarrow 4 \rightarrow 5 \rightarrow 6 \rightarrow 7 \rightarrow P_2 \rightarrow P_1$，$P_1 \rightarrow P_2$ 作为起算边，$P_2 \rightarrow P_1$ 作为附合边。与支导线相比，附合导线多了方位角和坐标闭合差检核条件，提高了测量的精度和可靠性。

如图 6-6 所示，地下主副导线测量线路分两条，主导线为：$P_1 \rightarrow P_2 \rightarrow Z_1 \rightarrow Z_2 \rightarrow Z_3 \rightarrow Z_4 \cdots \cdots$，副导线为：$P_1 \rightarrow P_2 \rightarrow F_1 \rightarrow F_2 \rightarrow F_3 \rightarrow F_4 \cdots \cdots$。副导线只测角不测边长，主导线既测角又测边长，增加了主导线角度的检核条件。在形成第二闭合环时，可按虚线形式，

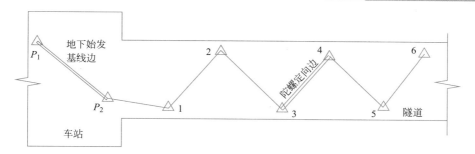

图 6-4　增设陀螺定向加强边平面示意图

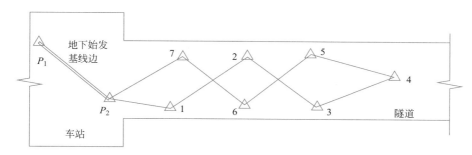

图 6-5　附合导线平面示意图

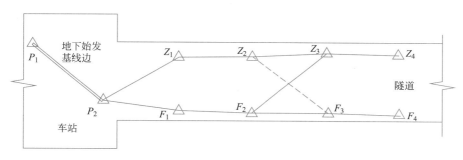

图 6-6　主副导线平面示意图

以便主导线在 Z_3 点处能以平差角传算 Z_3Z_4 边的方位角。主副导线环可对测量角度进行平差，提高了测角精度，对提高导线端点的横向点位精度非常有利。

　　如图 6-7 所示，大地四边形控制网几何图形强度好，每个四边形都有良好的边角检核条件，控制网精度高。但是缺点也很明显：外业观测工作量大，内业计算处理复杂。

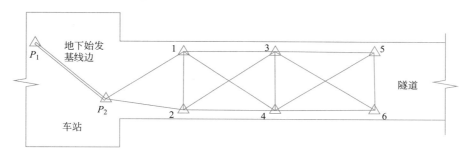

图 6-7　大地四边形控制网平面示意图

当隧道贯通后，应将隧道内的导线点与两端头的车站底板控制点构成附合导线。如果区间的左右线隧道之间有联络通道连接，应通过联络通道构成附合线路或结点网。

（2）地下导线点的埋设形式

根据施工方法和隧道衬砌结构形状，隧道内导线点可以埋设在隧道底板、顶板或两侧边墙上。

1）布设在隧道结构底板上的导线点形式

当导线点埋设在地下车站的底板或者暗挖隧道底板上时，可以参照图 6-8 所示的布设形式。控制点标石采用直径为 20mm 的不锈钢，顶面留有十字丝或铜芯，标石顶面应埋在底板结构面以下 10～20mm 处，盖上保护盖。导线点兼作高程点使用时，标石顶面应高出混凝土面 20mm 左右。

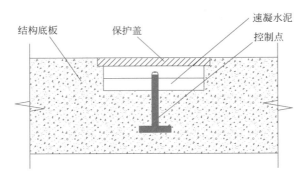

图 6-8　底板上导线点布设示意图

2）布设在隧道结构顶板上的导线点形式

如图 6-9 所示，当隧道采用盾构法施工时，为了满足测站与导向系统棱镜或激光靶通视的需要，必须将低等级的施工导线点（吊篮）布设在衬砌环片的拱顶处。吊篮中安装有强制对中托盘，可以有效减小仪器对点误差。

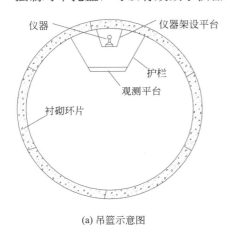

(a) 吊篮示意图　　　　　　(b) 吊篮实物图　　　　　(c) 强制对中托盘实物图

图 6-9　衬砌环片拱顶处导线（吊篮）布设示意图

3）布设在隧道结构边墙上的导线点形式

如图 6-10 所示，当隧道底板不适合布设或长久保存导线点时，可以在隧道边墙设置强制对中平台。这种导线点形式虽然制作和安装较为复杂，但观测时不受施工的影响，测量精度较高，适合应用于长隧道施工控制网。

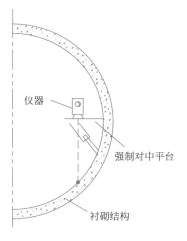

(a) 腰台示意图　　　　　　　　　　　　　　　(b) 腰台实物图

图 6-10　边墙上导线点（腰台）布设示意图

值得说明的是，目前某些城市轨道交通工程建设中，渐渐重视对隧道管片成品的保护，不允许用电钻等工具在管片上打孔，我们可以将腰台固定在管片的环向螺栓上（图 6-11），该布点形式既不会破坏管片，安装和拆卸也很方便。

图 6-11　布设在环向螺栓上的强制对中腰台

地下导线控制点布设时应注意避开强光源、热源、淋水等地方，控制点间视线距隧道壁或设施应大于 0.5m。布设在隧道结构边墙的控制点应分别在隧道内交错布置，以消除或削弱边墙旁折光对角度观测的影响。

6.2.2　地下导线测量

（1）地下导线测量方法

地下导线测量参照精密导线方法的要求施测，每次延伸地下控制导线前，应对已有的控制导线点进行边长和角度的检测，确保控制点未发生挪动。

由于地下导线边长较短，因此进行角度观测时，应尽可能减小仪器对中误差和目标对中误差对测量的影响。当采用全站仪电磁波测距仪时，应经常拭净镜头及反射棱镜上的水雾。当隧道内水汽或粉尘浓度较大时，应停止测距，避免造成测距精度下降。洞内有瓦斯时，应采用防爆型全站仪，使用前应将全站仪接地以便消除静电。

导线长度小于1500m时，导线测量应使用不低于Ⅱ级全站仪施测。左右角各观测两测回，左右角平均值之和与360°的较差应小于4″。边长往返观测各两测回，往返平均值较差应小于4mm。测角中误差不应超过±2.5″，测距中误差不应超过±3mm。

由于隧道处在土层中，受自身施工及外界环境的影响，所设置的地下导线点可能会发生位移。因此，当隧道掘进至150m、200～300m和距贯通面150～200m时，必须对地下控制导线进行同精度全面复测，以检查控制点的准确可靠性。此外，地下导线测量除在上述三个阶段进行复测外，可根据实际情况在施工中随时进行复测。

为了满足隧道贯通误差的需要，地下导线控制点的点位横向中误差应符合式（6-1）的要求：

$$m_u \leqslant m_\varphi \times (0.8 \times d/D) \tag{6-1}$$

式中：m_u——导线点横向中误差（mm）；

m_φ——贯通中误差（mm）；

d——控制导线长度（m）；

D——贯通距离（m）。

（2）地下导线复测较差

地下控制导线在隧道贯通前应至少测量三次，并应与竖井联系测量同步进行。重合点重复测量坐标分量的较差应分别小于$30 \times d/D$（mm），其中 d 为控制导线长度，D 为贯通距离，单位均为 m。满足测量要求时，应取其逐次平均值作为控制点的成果，并指导隧道掘进。

第三方测量单位检测施工单位的地下控制导线的成果限差如下：对于地下导线点的坐标互差，在近井点附近≤±16mm、在贯通面附近≤±25mm；矿山法区间隧道单向掘进超过1km时，过600m后≤±20mm；盾构法区间隧道单向掘进超过1.5km时，过1000m后≤±20mm。

6.3 地下高程控制测量

地下高程控制测量是以通过竖井联系测量传递至地下的近井水准点为高程起算依据，采用水准测量的方法沿掘进隧道布设水准点，并确定隧道结构、设备安装等在竖直方向的位置和关系的工作。

6.3.1 地下水准点的布设

地下水准控制点可以共用地下导线控制点。当需要单独埋设时，宜每隔200m在隧道底板或边墙上埋设一个。

　　地下水准点的埋设位置应注意满足通视方便和便于使水准尺直立的条件。地下水准点的埋设位置和形式如图 6-12 所示。如果是采用盾构法施工的隧道，也可以直接利用管片下部的环向连接螺栓作为水准点，并做好标记。

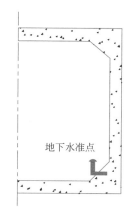

(a) 明挖或矿山法隧道水准点埋设形式

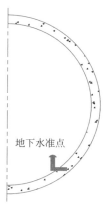

(b) 盾构或矿山法隧道水准点埋设形式

图 6-12　隧道内控制水准点埋设示意图

6.3.2　地下水准测量

　　地下高程控制测量采用二等水准测量方法。在隧道没有贯通前，地下水准线路均为支水准形式，因此需要进行往返观测，加强测站检核。如果区间的左右线隧道间有联络通道连接或相邻竖井、车站间隧道贯通后，应将支水准线路连成附合水准线路或结点水准网，施测后进行水准平差计算。

　　水准测量应在隧道贯通前进行三次，并应与高程联系测量同步进行。重复测量的高程点间的高差较差应小于 ±5mm，相邻高程点间的互差不大于 ±3mm；满足测量要求时，应取逐次平均值作为控制点的最终成果指导隧道掘进。

　　由于隧道内光线昏暗，在用电子水准仪进行水准测量时，仪器内部的 CCD 相机很难获取清晰的条码成像，导致无法读出观测数据。测量人员用手电筒照射铟钢尺时，很难保证光线均匀覆盖在观测区域内的条码上，效果不佳。考虑这种情况，我们可以针对铟钢尺进行改装，需要的工具材料有 LED 灯带、移动电源、移动电源固定盒、背胶魔术贴各一个（图 6-13）。

(a) LED 灯带

(b) 移动电源

(c) 移动电源固定盒

(d) 背胶魔术贴

图 6-13　条码水准尺改装工具材料

　　将 LED 灯带固定在铟钢尺正面的一侧边缘，将移动电源装在固定盒中并通过背胶魔术贴固定在铟钢尺的顶部。接通电源后，LED 灯带就能发光并均匀照亮铟钢尺的条码区域（图 6-14）。经工程应用，改装后的铟钢尺在隧道内水准作业中很实用、效果很好。

图 6-14　加装 LED 灯带后的条码水准尺实物图

思考题与习题

1. 什么是施工导线、基本控制导线？
2. 地下导线的相邻边长比不宜超过多少？
3. 为提高地下导线的测量精度，可以采取哪些方法？
4. 隧道贯通前，地下水准测量应进行几次？多次测量的较差和互差应是多少？

第7章

Chapter 07

线路坐标计算

知识目标

城市轨道交通工程是典型的线状工程，涉及线路断链、平曲线、竖曲线等内容。通过本章节教学，使学生掌握平曲线要素及坐标正反算、竖曲线要素及高程计算等知识。

能力目标

（1）具备分析、判断断链类型的能力。

（2）具备平曲线、竖曲线识图的能力。

（3）了解平曲线坐标正反算、竖曲线计算原理和公式，具备使用程序进行线路坐标计算、竖曲线高程计算的能力。

思维导图

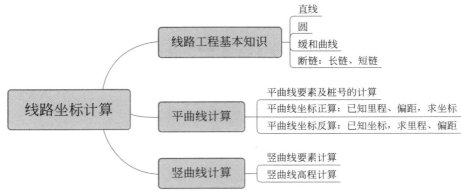

城市轨道交通工程属于线路工程，其中心线（简称为中线）称为线路。线路工程测量工作中经常要将设计的里程桩号放样到实地、现场，利用测得的地形坐标反算出对应的设计里程和偏距等，这两项工作涉及线路坐标计算的知识。线路的线型分为平曲线和竖曲线两部分。本章主要介绍城市轨道交通工程的平曲线要素及坐标正反算、竖曲线要素及高程计算等知识。

由于受地形、地质、技术条件等因素的限制和经济发展的需要，城市轨道交通线路中线的走向要不断改变。为实现上述目的，城市轨道交通线路中线由直线、圆曲线和缓和曲线三种基本线元组成。

如图 7-1 所示，线路中直线与直线的转折点称为交点。为了保持线路的平顺，在改变方向的两相邻直线间须用曲线连接起来，这种曲线称为圆曲线。直线在线路的交点处形成的转折角叫线路的转角，通常用希腊字母 α 表示。沿着线路前进方向，当线路向左偏转时，偏角用 α_z 表示；当线路向右偏转时，偏角用 α_y 表示。

（1）直线

直线具有固定的曲率半径，且曲率为 0（半径无穷大）。直线的特点有：

1）两点之间的路程以直线为最短。

2）笔直的道路给人以短捷、直达的良好印象。

3）车辆在直线上行驶受力简单，方向明确，驾驶操作简易。

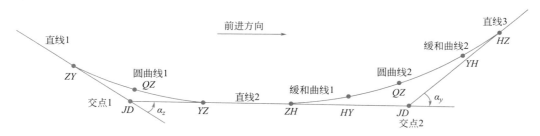

图 7-1　线路平面线形的构成示意图

4）便于测设及施工。

（2）圆曲线

圆曲线是一段圆弧，其曲率半径在该段圆弧中是定值。圆曲线的特点有：

1）曲线上任一点曲率半径 R 为常数。

2）大半径的圆曲线线形美观、行车舒适，是线路工程上常采用的线形。

（3）缓和曲线

为了使线路的平面线形更加符合汽车的行驶轨迹、离心力能逐渐变化、确保行车的安全和舒适，需要在直线和圆曲线之间或半径相差较大的两个同向圆曲线之间设置一段曲率连续变化的过渡曲线，此曲线称为缓和曲线，又称为回旋曲线。缓和曲线的特点是：曲率半径从无穷大逐渐变为圆曲线半径。

缓和曲线分为完整缓和曲线和非完整缓和曲线两个类型，以公式（7-1）为判断标准。当该等式成立时，为完整缓和曲线，当该等式不成立时，为非完整缓和曲线。

$$A^2 = R \cdot l_s \tag{7-1}$$

式中：A——缓和曲线参数；

R——圆曲线半径；

l_s——缓和曲线长度。

通常情况下，城市轨道交通线路中线是按"直线—完整缓和曲线 1—圆曲线—完整缓和曲线 2—直线"的顺序组合起来的线形，如果两段缓和曲线参数 A 相等，即 $l_{S_1} = l_{S_2}$，这两段缓和曲线也称为对称式缓和曲线。

不完整缓和曲线通常用于连接两个转向相同、半径不同的圆曲线，使线路变得平顺。

直线与圆曲线、缓和曲线相连接的点称为平曲线主点（又称标志点）。通过主点的点名，我们可以很容易知道它们的线形组合形式。为了书写和表达的方便，平曲线主点名称以汉语拼音标志为主，也有英文缩写，见表 7-1。

平曲线主点名称及缩写表　　　　　　　　表 7-1

标志名称	简称	中文缩写	英文缩写	标志名称	简称	中文缩写	英文缩写
交点		JD	I. P.	公切点		GQ	C. P.
转点		ZD	T. P.	第一缓和曲线起点	直缓点	ZH	T. S.
圆曲线起点	直圆点	ZY	B. C.	第一缓和曲线终点	缓圆点	HY	S. C.
圆曲线中点	曲中点	QZ	M. C.	第二缓和曲线起点	圆缓点	YH	C. S.
圆曲线终点	圆直点	YZ	E. C.	第二缓和曲线终点	缓直点	HZ	S. T.

（4）断链

断链指的是因局部改线或分段测量等原因造成的桩号不连续的现象。断链分为两种：桩号重叠的为长链，桩号间断的为短链。断链通常都设置在平曲线的直线线元上。城市轨道交通工程线路以线路右线为主，因此设计院通常将断链设置在线路左线上。断链在设计文件中一般标注如下：

K12＋620＝K12＋614（长链6m）

K12＋594.6＝K12＋600（短链5.4m）

上述等式从数学的角度来看显然不成立，其实该等式中的等号不是数学上的"等号"，而是"续接"的意思。正确的理解应该是：该标注表示的是该线段的结束桩号，等号后面的桩号是与之相接的老线路桩号。换个角度理解，线路桩号推算到这里（等号前面的桩号）突然不连续了，再以另一个桩号出现（等号后面的桩号），而这两个不相等的桩号实地表示的则是同一个位置的点位（计算出来的坐标应该相等）。

当出现断链时，一般将线路分成断链前和断链后两段，分开计算线路里程对应的中边桩坐标。

7.3 平曲线计算

平曲线计算包括两部分：曲线要素及主点桩号计算和线路坐标正反算。线路坐标正反算关系如图 7-2 所示。

图 7-2 线路坐标正反算关系图

平曲线要素是指线路平面曲线的几何形态和参数，如圆曲线半径、缓和曲线参数、曲线长度、切线长度和外矢距等。通过曲线要素及主点桩号计算，我们可以对图纸中的设计线元参数进行检核，起到审核图纸的作用。

通过设计里程和偏距来计算点位坐标的过程称为线路中桩、边桩坐标正算；通过点位坐标来计算设计里程和偏距的过程称为线路中桩、边桩坐标反算。我们通过前者可以将线路测设到实地，供技术人员踏勘现场、制定施工方案等，也可以帮助施工队伍进行工程定位和结构施工。我们通过后者可以将实地的地形地物在测量坐标后绘制在 CAD 图中，检查其与对应里程处的结构的位置关系。

7.3.1 平曲线要素及桩号的计算

（1）圆曲线要素的计算

圆曲线的要素包括：转角 α、切线长 T、曲线长 L、外矢距 E、切曲差 D 和曲率半径 R。

如图 7-3 所示，当已知交点 JD 的转角 α（角度制）和圆曲线半径 R 时，圆曲线要素可按式（7-2）计算：

$$切线长：T = R \cdot \tan\frac{\alpha}{2}$$

$$曲线长：L = \frac{\pi}{180°} \cdot R \cdot \alpha$$

$$外矢距：E = R\left(\sec\frac{\alpha}{2} - 1\right)$$

$$切曲差：D = 2T - L$$

（7-2）

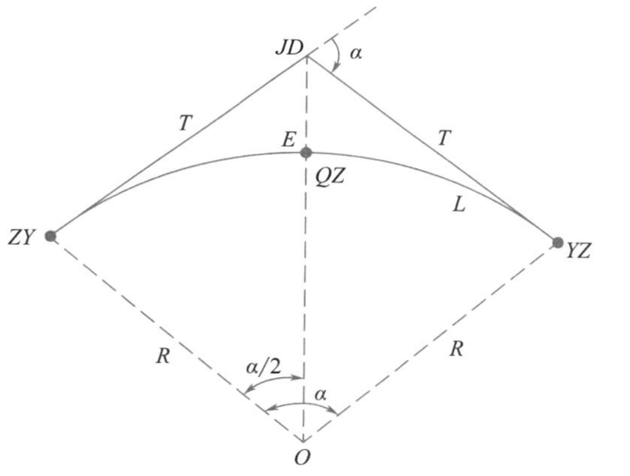

图 7-3　圆曲线主点要素

（2）圆曲线主点桩号的计算

线路中线不经过交点，因此圆曲线上主点的里程桩号应沿着曲线长度来推算。若交点 JD 的里程桩号已知，则主点桩号可按式（7-3）计算：

$$直圆点：ZY 桩号 = JD 桩号 - T$$

$$圆直点：YZ 桩号 = ZY 桩号 + L$$

$$曲中点：QZ 桩号 = YZ 桩号 - \frac{L}{2}$$

$$计算检核：JD 桩号 = QZ 桩号 + \frac{D}{2}$$

（7-3）

【例题 7-1】 已知某圆曲线的转角 $\alpha = 56°28'30''$，设计半径 $R = 500\text{m}$，交点 JD 的里程桩号为 K12+400。试计算该圆曲线要素和主点桩号。

【解】 根据公式（7-2）可计算出圆曲线要素：

$T = 268.519\text{m}$；$L = 492.837\text{m}$；$E = 67.541\text{m}$；$D = 44.201\text{m}$

根据公式（7-3）可计算出圆曲线主点桩号：

ZY 桩号 = K12+400−268.519 = K12+131.481

YZ 桩号 = K12+131.481+492.837 = K12+624.318

QZ 桩号 = K12+624.318−492.837÷2 = K12+377.8995

JD 桩号 = K12+377.8995+44.201÷2 = K12+400（检核无误）

（3）缓和曲线要素的计算

在直线与圆曲线之间插入一段缓和曲线，该缓和曲线起点（ZH 点）处的半径 r 为无穷大，终点（HY 点）处的半径 r 等于圆曲线半径 R。其特性是曲线上任意一点的半径与该点至起点的曲线长 l 成反比，用公式（7-4）表示为：

$$c = rl = Rl_s$$

（7-4）

式中：c——常数，称为缓和曲线半径的变化率；

　　　r——任意点处缓和曲线的曲率半径；

　　　R——圆曲线半径；

　　　l_s——缓和曲线长度。

如图 7-4 所示，当圆曲线两端加入对称缓和曲线后，圆曲线应内移一段距离 p 才能使缓和曲线与直线衔接，此时切线长相应增长了距离 q。内移圆曲线可采用移动圆心或缩短半径的方法实现，我国设计院一般采用内移圆心的方法。图中，α 为线路转角，β_0 为整条缓和曲线的切线角（又称缓和曲线角），R 为圆曲线半径，L_y 为圆曲线长度，l_s 为缓和曲线长度，T 为切线长度。

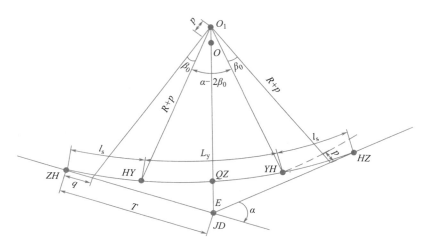

图 7-4 缓和曲线主点要素

带有缓和曲线的圆曲线的主点要素有：圆曲线内移值 p、切线增量值 q、缓和曲线角 β_0（角度制）、切线长 T、圆曲线长 L_y、曲线总长 L、外矢距 E、切曲差 D。它们均可由曲线转角 α（角度制）、圆曲线半径 R 以及缓和曲线长 l_s 按式（7-5）计算：

$$\left.\begin{aligned}
p &= \frac{l_s^2}{24R} - \frac{l_s^4}{2688R^3} + \cdots \\[1mm]
q &= \frac{l_s}{2} - \frac{l_s^3}{240R^2} \\[1mm]
\beta_0 &= \frac{180°}{\pi} \cdot \frac{l_s}{2R} \\[1mm]
T &= q + (R + p)\tan\frac{\alpha}{2} \\[1mm]
L_y &= \frac{\pi}{180°}R(\alpha - 2\beta_0) \\[1mm]
L &= L_y + 2l_s \\[1mm]
E &= (R + p)\sec\frac{\alpha}{2} - R \\[1mm]
D &= 2T - L
\end{aligned}\right\} \tag{7-5}$$

（4）缓和曲线主点桩号的计算

根据交点桩号和缓和曲线要素，可以按式（7-6）计算缓和曲线主点桩号：

$$
\left.
\begin{array}{l}
\text{直缓点：} ZH \text{ 桩号} = JD \text{ 桩号} - T \\
\text{缓圆点：} HY \text{ 桩号} = ZH \text{ 桩号} + l_{\text{s}} \\
\text{圆缓点：} YH \text{ 桩号} = HY \text{ 桩号} + L_{\text{y}} \\
\text{缓直点：} HZ \text{ 桩号} = YH \text{ 桩号} + l_{\text{s}} \\
\text{曲中点：} QZ \text{ 桩号} = HZ \text{ 桩号} - \dfrac{L}{2} \\
\text{计算检核：} JD \text{ 桩号} = QZ \text{ 桩号} + \dfrac{D}{2}
\end{array}
\right\}
\qquad (7\text{-}6)
$$

【例题 7-2】 已知某轨道交通工程区间缓和曲线的交点里程为 K50+099.005，转角 $\alpha_{右} = 2°54'28.3''$，设计半径 $R = 1500\text{m}$，缓和曲线长 $l_{\text{s}} = 30\text{m}$。试计算该缓和曲线要素和主点桩号。

【解】 根据公式（7-5）可计算出缓和曲线要素：

$p = 0.025\text{m}$；$q = 15\text{m}$；$\beta_0 = 0°34'22.7''$；$T = 53.073\text{m}$；

$L_{\text{y}} = 46.128\text{m}$；$L = 106.128\text{m}$；$E = 0.508\text{m}$；$D = 0.018\text{m}$

根据公式（7-6）可计算出圆曲线主点桩号：

ZH 桩号 = K50+099.005 − 53.073 = K50+045.932

HY 桩号 = K50+045.932 + 30 = K50+075.932

YH 桩号 = K50+075.932 + 46.128 = K50+122.060

HZ 桩号 = K50+122.060 + 30 = K50+152.060

QZ 桩号 = K50+152.060 − 106.128÷2 = K50+098.996

JD 桩号 = K50+098.996 + 0.018÷2 = K50+099.005（检核无误）

7.3.2　平曲线坐标正算

当测量人员需要将设计图上的线路放样并标注在实地时，需要事先计算好线路的逐桩坐标。根据曲线要素及主点桩号来计算线路的中边桩坐标的过程称为平曲线坐标正算。

平曲线坐标正算有两种方法，即交点法和线元法（也叫积木法）。交点法适用于所有直曲表所有标准线形的输入，例如圆曲线、完整缓和曲线，优先使用。优点：输入效率高且方法简单。缺点：不支持部分复杂线形，复杂线形还需用线元法进行计算。线元法可用于所有线形文件的输入，例如对称或不对称基本形、"S"形或"C"形、拱（凸）形、复曲线、卵形线、回头曲线等各种线形。优点：所有的线形文件都可以用线元法输入。缺点：测量人员需要有较强的专业知识，需要看懂直、曲线表才能输对。

像"直线＋缓和曲线＋圆曲线＋缓和曲线＋直线"的线路曲线称为基本型平曲线。城市轨道交通工程的设计线路几乎都是基本型平曲线，因此采用交点法计算最简单方便。

如图 7-5 所示，各交点 JD 的设计坐标已知，线路相邻两交点连线的坐标方位角 A 和边长 S 可以按平面坐标反算公式（7-7）计算获得：

$$A = 180° - 90° \cdot \sin(Y_{终} - Y_{起}) - \arctan\left(\frac{X_{终} - X_{起}}{Y_{终} - Y_{起}}\right) \left.\right\}$$
$$S = \sqrt{(X_{终} - X_{起})^2 + (Y_{终} - Y_{起})^2}$$

(7-7)

式中：A——起点到终点的坐标方位角；

$\quad\quad S$——起点到终点的水平距离；

$X_{起}$、$Y_{起}$——起点的平面坐标；

$X_{终}$、$Y_{终}$——终点的平面坐标。

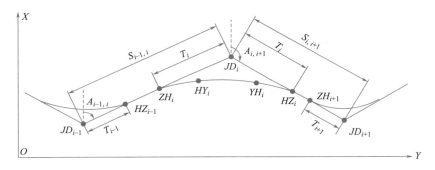

图 7-5　线路中线坐标计算示意图

在确定各圆曲线半径 R 和缓和曲线长度 l_s 后，根据线路各桩的里程桩号，按照下述方法计算对应的中边桩坐标（X，Y）及方位角 A。

（1）直线上的中桩坐标计算

HZ_{i-1} 到 ZH_i 为直线段，先根据公式（7-8）计算 HZ_{i-1} 点的坐标：

$$X_{HZ_{i-1}} = X_{JD_{i-1}} + T_{i-1}\cos A_{i-1,i} \left.\right\}$$
$$Y_{HZ_{i-1}} = Y_{JD_{i-1}} + T_{i-1}\sin A_{i-1,i}$$

(7-8)

式中：$X_{JD_{i-1}}$、$Y_{JD_{i-1}}$——交点 JD_{i-1} 的坐标；

$\quad\quad T_{i-1}$——交点 JD_{i-1} 处的切线长；

$\quad\quad A_{i-1,i}$——交点 JD_{i-1} 到点 JD_i 的坐标方位角。

然后按式（7-9）计算直线上的里程桩号为 DZH 的中桩坐标（X，Y）：

$$X = X_{HZ_{i-1}} + D_i\cos A_{i-1,i} \left.\right\}$$
$$Y = Y_{HZ_{i-1}} + D_i\sin A_{i-1,i}$$

(7-9)

式中：　D_i——待测设中桩点至 HZ_{i-1} 点的距离，即里程桩号差值；

$X_{HZ_{i-1}}$、$Y_{HZ_{i-1}}$——HZ_{i-1} 点的平面坐标。

ZH_i 点为该段直线的终点，其坐标除可以按式（7-9）计算外，还可以按式（7-10）计算：

$$X_{ZH_i} = X_{JD_{i-1}} + (D_{i-1,i} - T_i)\cos A_{i-1,i} \left.\right\}$$
$$Y_{ZH_i} = Y_{JD_{i-1}} + (D_{i-1,i} - T_i)\sin A_{i-1,i}$$

(7-10)

式中：$D_{i-1,i}$——交点 JD_{i-1} 至点 JD_i 的距离；

$\quad\quad T_i$——交点 JD_i 处的切线长。

$HZ_{i-1} \sim ZH_i$ 直线上各中桩点的切线方位角 A 都等于切线方位角 $A_{i-1,\,i}$，$HZ_i \sim$ ZH_{i+1} 直线上各中桩点的切线方位角 A 都等于切线方位角 $A_{i,\,i+1}$。

（2）缓和线上的中桩坐标计算

缓和曲线有两种：从 ZH_i 至 HY_i 的第一段缓和曲线、从 YH_i 至 HZ_i 的第二段缓和曲线。缓和曲线上的中桩坐标计算分两步进行：

第一步，按式（7-11）计算出曲线上任一中桩点在以 ZH_i（或 HZ_i）点为原点的切线支距法坐标系中的直角坐标 (x, y)：

$$\left.\begin{aligned} x &= l - \frac{l^5}{40R_i^2 l_s^2} + \frac{l^9}{3456R_i^4 l_s^4} + \cdots \\ y &= \frac{l^3}{6R_i l_s} - \frac{l^7}{336R_i^3 l_s^3} + \cdots \end{aligned}\right\} \tag{7-11}$$

式中：l——ZH_i 或 HZ_i 点至待测设点的曲线长。在计算 l 值时，若测设点位于 $ZH_i \sim$ HY_i 之间，l＝待测设点的桩号－ZH_i 点的桩号；若测设点位于 $YH_i \sim HZ_i$ 之间，l＝HZ_i 点的桩号－待测设点的桩号。

　　　　R_i——交点 JD_i 对应的圆曲线半径。

第二步，通过式（7-12）或式（7-13）将 (x, y) 转换为测量坐标系下的坐标 (X, Y)，并计算切线方位角：

当待测设点位于第一缓和曲线（$ZH_i \sim HY_i$）范围内时，

$$\left.\begin{aligned} X &= X_{ZH_i} + x\cos A_{i-1,i} - \lambda y \sin A_{i-1,i} \\ Y &= Y_{ZH_i} + x\sin A_{i-1,i} + \lambda y \cos A_{i-1,i} \\ A &= A_{i-1,i} + \lambda \cdot \frac{180°}{\pi} \cdot \frac{l^2}{2R_i l_s} \end{aligned}\right\} \tag{7-12}$$

式中：X_{ZH_i}、Y_{ZH_i}——ZH_i 点的坐标；

　　　　A——待求中桩点处的切线方位角（角度制）；

　　　　λ——交点 JD_i 处线路转向：右转时加 1；左转时减 1。

当待测设点位于第二缓和曲线（$YH_i \sim HZ_i$）范围内时，

$$\left.\begin{aligned} X &= X_{HZ_i} - x\cos A_{i,i+1} - \lambda y \sin A_{i,i+1} \\ Y &= Y_{HZ_i} - x\sin A_{i,i+1} + \lambda y \cos A_{i,i+1} \\ A &= A_{i,i+1} - \lambda \cdot \frac{180°}{\pi} \cdot \frac{l^2}{2R_i l_s} \end{aligned}\right\} \tag{7-13}$$

式中：X_{HZ_i}、Y_{HZ_i}——HZ_i 点的坐标；

　　　　A——待测设中桩点处的切线方位角（十进制角度）；

　　　　λ——交点 JD_i 处线路转向：右转时加 1；左转时减 1。

（3）圆线上的中边桩坐标计算

圆曲线段为 $HY_i \sim YH_i$，设当待测设中桩点位于圆曲线上时，中桩坐标计算也分两步进行：

第一步，按式（7-14）计算出曲线上任一中桩点在以 ZH_i（或 HZ_i）点为原点的切线支距法坐标系中的直角坐标 (x, y)：

$$x = R_i \sin\left(\beta_0 + \frac{D}{R_i} \cdot \frac{180°}{\pi}\right) + q \left.\vphantom{\frac{D}{R_i}}\right\}$$

$$y = R_i\left[1 - \cos\left(\beta_0 + \frac{D}{R_i} \cdot \frac{180°}{\pi}\right)\right] + p \quad (7\text{-}14)$$

式中：β_0——缓和曲线角；

$\quad D$——HY_i 点至待测设点的曲线长，$D =$ 待测设点的桩号 $- ZH_i$ 点的桩号 $- l_s$；

$\quad q$——切线增量；

$\quad p$——圆曲线内移值。

第二步，通过式（7-15）将 (x, y) 转换为测量坐标系下的坐标 (X, Y)，并计算切线方位角 A：

$$X = X_{ZH_i} + x\cos A_{i-1,i} - \lambda y \sin A_{i-1,i} \left.\vphantom{\frac{D}{R_i}}\right\}$$

$$Y = Y_{ZH_i} + x\sin A_{i-1,i} + \lambda y \cos A_{i-1,i} \quad (7\text{-}15)$$

$$A = A_{i-1,i} + \lambda \cdot \left(\beta_0 + \frac{D}{R_i}\right) \cdot \frac{180°}{\pi}$$

【例题 7-3】已知某地铁线路的交点 $JD1$ 坐标为（4205.1339，22364.0516），$JD2$ 坐标为（4004.1319，22358.3338），$JD3$ 坐标为（3178.3142，22358.3345），$JD2$ 的里程桩号为 K50+300.070，圆曲线半径 $R = 2000\text{m}$，缓和曲线长 $l_s = 25\text{m}$。试计算曲线各中桩点的逐桩坐标。

【解】根据 $JD1$、$JD2$、$JD3$ 坐标，可以反算出坐标方位角与交点间距离：

$A_{1,2} = 181°37'46''$，$A_{2,3} = 180°00'00''$，$D_{1,2} = 201.0833\text{m}$，$D_{1,2} = 825.8177\text{m}$

$JD2$ 处的线路转角 $\alpha_2 = A_{2,3} - A_{1,2} = -1°37'46''$（左转角）

根据式（7-5）计算曲线要素：

$p = 0.013\text{m}$；$q = 12.5\text{m}$；$T = 40.941\text{m}$；$\beta_0 = 0°21'29.16''$；

$L_y = 31.879\text{m}$；$L = 81.879\text{m}$；$E = 0.215\text{m}$；$D = 0.004\text{m}$

根据式（7-6）计算曲线主点桩号：

	$JD2$	K50+300.070
一）	T	40.941
	ZH	K50+259.129
＋）	l_s	25.000
	HY	K50+284.129
＋）	L_y	31.879
	YH	K50+316.008
＋）	l_s	25.000
	HZ	K50+341.008
一）	$L/2$	40.940
	QZ	K50+300.068
＋）	$D/2$	0.002
	$JD2$	K50+300.070 （检核正确）

根据式（7-9）～式（7-15）分别计算出曲线上的第一缓和曲线段、圆曲线段、第二缓和曲线段的中桩逐桩坐标，结果见表 7-2。

各中桩点在切线支距法坐标系和控制测量坐标系中的坐标   表 7-2

里程桩号	x	y	X	Y	切线方位角	备注
K50+259.129	0	0	4045.0566	22359.4980	181°37′46″	ZH
K50+260	0.8710	0.0000	4044.1860	22359.4732	181°37′44″	
K50+270	10.8710	0.0043	4034.1899	22359.1931	181°33′42″	
K50+280	20.8710	0.0303	4024.1932	22358.9348	181°22′48″	
K50+284.129	24.9999	0.0521	4020.0653	22358.8392	181°16′17″	HY
K50+290	30.8707	0.0974	4014.1956	22358.7175	181°06′11″	
K50+300	40.8700	0.2142	4004.1970	22358.5500	180°49′00″	
K50+300.068	40.9380	0.2152	4004.1290	22358.5490	180°48′53″	QZ
K50+310	50.8686	0.3811	3994.1977	22358.4325	180°31′49″	
K50+316.008	24.9999	0.0521	3988.1905	22358.3859	180°21′29″	YH
K50+320	21.0080	0.0309	3984.1986	22358.3647	180°15′10″	
K50+330	11.0080	0.0044	3974.1986	22358.3382	180°04′10″	
K50+340	1.0080	0.0000	3964.1986	22358.3338	180°00′02″	
K50+341.008	0	0	3963.1906	22358.3338	180°00′00″	HZ

（4）边桩坐标计算

通常根据线路中桩坐标、切线方位角和偏距来计算对应的边桩坐标。

如图 7-6 所示，在线路上有一个中桩点 $P(X，Y)$，切线方位角为 A，其左侧偏移距离 $S_左$ 处对应的左边桩点为 $P_左$，右侧偏移距离 $S_右$ 处对应的右边桩点为 $P_右$。

$PP_右$ 的坐标方位角 $A_右＝A＋90°$，$PP_左$ 的坐标方位角 $A_左＝A＋270°$

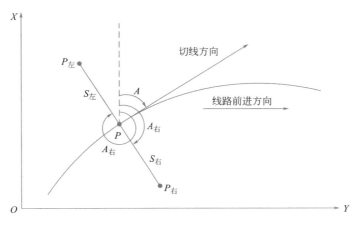

图 7-6　线路边桩坐标计算示意图

$P_{左}$的坐标计算公式见式（7-16），$P_{右}$的坐标计算公式见式（7-17）：

$$\left.\begin{array}{l} X_{左}=X+S_{左}\cos(A+270°) \\ Y_{左}=Y+S_{左}\sin(A+270°) \end{array}\right\} \tag{7-16}$$

式中：$X_{左}$、$Y_{左}$——$P_{左}$的坐标。

$$\left.\begin{array}{l} X_{右}=X+S_{右}\cos(A+90°) \\ Y_{右}=Y+S_{右}\sin(A+90°) \end{array}\right\} \tag{7-17}$$

式中：$X_{右}$、$Y_{右}$——$P_{右}$的坐标。

设边桩偏距用 S 表示，并且沿线路前进方向，左侧偏距 S 记为负值，右侧偏距 S 记为正值，则上述两个公式可以用公式（7-18）归纳合并在一起。

$$\left.\begin{array}{l} X_{边桩}=X+S\cos(A+90°) \\ Y_{边桩}=Y+S\sin(A+90°) \end{array}\right\} \tag{7-18}$$

式中：$X_{边桩}$、$Y_{边桩}$——边桩点的坐标。

7.3.3 平曲线坐标反算

根据平面坐标来计算该点在线路中的里程桩号及偏距的过程称为平曲线坐标反算。已知坐标（X，Y）反算桩号 K 和偏距 S，在直线和圆曲线上比较简单，但是在缓和曲线中比较复杂。因为按照求坐标的公式变换来的求曲线长的公式都是一元高次方程，想计算出精确的方程解相对困难。下面介绍一种适用于任意曲线的线路坐标反算里程和偏距的方法：垂线迭代计算法。该方法原理简单，适用于中桩、边桩，完整或非完整的缓和曲线计算。

垂线迭代计算法的原理：

如图 7-7 所示，U 为曲线上某一已知桩号、坐标（X_U，Y_U）和切线方位角的点，P 为曲线外的坐标（X_P，Y_P）已知但桩号未知的点。

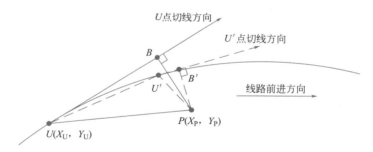

图 7-7 垂线迭代法计算原理示意图

（1）过 P 点作 U 点切线的垂线，垂足为 B 点。

从图 7-7 可知 PB 的计算公式如下：

$$\left.\begin{array}{l} UP=\sqrt{(X_P-X_U)^2+(Y_P-Y_U)^2} \\ PB=UP\cdot\sin\angle PUB \end{array}\right\} \tag{7-19}$$

式中，$\angle PUB$ 可以通过 UB 和 UP 的坐标方位角求得。

（2）当线段 UB 很小，小于某个设定的阈值如 10^{-5}m 时，可以认为垂足 B 和 U 点重合，即 UP 垂直于 U 点的切线方位角。此时 P 点的里程桩号就等于 U 点的里程桩号，P 到曲线中线的偏距值 UP 通过式（7-19）计算得到。

如果线段 UB 很大时，则将 UB 的长度加到 U 点的里程桩号中，求出新的坐标点 U'，然后重复（1）～（2）的步骤，直到 UB 小于设定的阈值。这样经过迭代计算，U 点逐渐趋近于 B 点，从而求得 P 点的垂足 B 点里程桩号及偏距 PB。

由于迭代计算量很大，我们可以采用计算机编程的方法来实现程序自动计算。目前，市场上商业化的线路坐标正反算程序有很多，如"道路之星""道路测设大师"等。

7-1
地铁线路
坐标
正反算

7.4 竖曲线计算

在城市轨道交通工程中，线路的轨面高程是由线路的纵断面线型决定的。道路纵断面线经常采用直线（又叫直坡段）、竖曲线两种线形，两者是纵断面线形的基本要素。地铁车站中，设计轨面坡度通常为 0，因此坡度线是一条水平的直线。在区间里，坡度线则是倾斜的直线，竖曲线是为了平顺两相邻坡度线而设置的过渡曲线，有凸形和凹形两种形式（图 7-8）。竖曲线常采用抛物线，因为在设计和计算上，抛物线比圆曲线更方便。为了与平曲线里程桩号保持一致，纵断面坡度线和竖曲线的长度指的是水平距离，即其对应的起点和终点的里程桩号差。相邻两坡度线的交点称为变坡点。

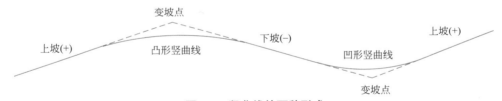

图 7-8　竖曲线的两种形式

7.4.1 竖曲线要素计算

如图 7-9 所示，设已知相邻两纵坡的坡度分别为 i_1 和 i_2（上坡时取正，下坡时取负），抛物线顶点处的曲率半径为 R，则相邻两坡度的代数差即坡度转角为 $\omega = \arctan i_1 - \arctan i_2$。当 i_1 和 i_2 都很小（一般应小于 6°）时，该公式可简化为 $\omega = i_1 - i_2$（弧度制）。当 ω 为正值时，则为凸形竖曲线；当 ω 为负值时，则为凹形竖曲线。

竖曲线要素主要有曲线长 L、切线长 T 及外距 E，其计算公式如下：

$$\left. \begin{array}{l} L = R \mid \omega \mid = R \mid i_1 - i_2 \mid \\[2mm] T \approx \dfrac{L}{2} = \dfrac{R}{2} \mid i_1 - i_2 \mid \\[2mm] E = \dfrac{T^2}{2R} \end{array} \right\} \tag{7-20}$$

竖曲线的起点 A 和终点 B 的里程桩号可以根据变坡点的里程桩号及切线长计算得到。

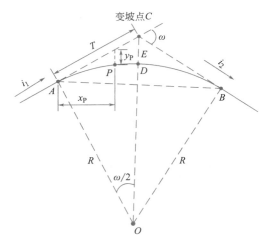

图 7-9 竖曲线要素

7.4.2 竖曲线高程计算

从图 7-9 中，易证得竖曲线上任意点 P 至相应切线距离（高程改正值），其计算公式见式（7-21）：

$$y_P = \frac{x_P^2}{2R} \tag{7-21}$$

式中：x_P——当 P 点在 AD 段上时，x_P 是 P 点至竖曲线起点 A 的里程差值；当 P 点在 DB 段上时，x_P 是 P 点到竖曲线终点 B 的里程差值。

竖曲线上 P 点的高程 H_P 计算公式如下：

当 P 点在 AD 段上时：

$$H_P = H_A + x_P \cdot i_1 - k \cdot y_P \tag{7-22}$$

式中：H_A——竖曲线起点 A 的高程；

k——竖曲线类型参数，凸曲线加 1，凹曲线减 1。

当 P 点在 DB 段上时：

$$H_P = H_B - x_P \cdot i_2 - k \cdot y_P \tag{7-23}$$

式中：H_B——竖曲线终点 B 的高程。

【例题 7-4】 已知某地铁线路的设计纵断面线中，某竖曲线变坡点的里程桩号为 K50＋150，高程为 467.526m，竖曲线半径 $R=5000$m，前后纵坡的坡度分别为：$i_1=-5‰$，$i_2=+15.301‰$。试计算竖曲线要素及逐桩坐标。

【解】 竖曲线的坡度转角 $\omega=-20.301‰<0$，所以该竖曲线是凹形竖曲线。

曲线长 $L=5000 \times |-20.301‰|=101.505$m

切线长 $T = 101.505 \div 2 = 50.7525\text{m}$

外距 $E = 50.7525^2 \div (2 \times 5000) = 0.2576\text{m}$

竖曲线起点桩号 $= \text{K}50+150-50.7525 = \text{K}50+099.2475$

竖曲线终点桩号 $= \text{K}50+150+50.7525 = \text{K}50+200.7525$

竖曲线起点高程 $= 467.526+50.7525 \times 5\text{‰} = 467.780\text{m}$

竖曲线终点高程 $= 467.526+50.7525 \times 15.301\text{‰} = 468.303\text{m}$

曲线上各里程桩的设计高程计算结果见表 7-3。

竖曲线逐桩高程计算表　　　　　　　　　　　表 7-3

里程桩号	x_P	y_P	坡道高程(m)	竖曲线高程(m)	备注
K50+099.248	0	0	467.7798	467.7798	起点
K50+100	0.7525	0.0001	467.7760	467.7761	
K50+120	20.7525	0.0431	467.6760	467.7191	
K50+140	40.7525	0.1661	467.5760	467.7421	
K50+150	50.7525	0.2576	467.5260	467.7836	变坡点
K50+160	40.7525	0.1661	467.6790	467.8451	
K50+180	20.7525	0.0431	467.9850	468.0281	
K50+200	0.7525	0.0001	468.2910	468.2911	
K50+200.753	0	0	468.3026	468.3026	终点

思考题与习题

1. 城市轨道交通线路的平面中线由哪几种线形组成?

2. 什么是缓和曲线? 它有什么特点?

3. 什么是断链? 断链分哪几种类型?

4. 请在括号内写出以下断链的类型和长度:

(1) K6+320.124 = K6+311.522 (　　　　)

(2) K12+594.647 = K12+600 (　　　　)

5. 什么是线路坐标正反算?

6. 圆曲线要素包括哪几个?

7. 已知某交点 JD 的里程为 K3+984.56, 圆曲线半径 $R=180\text{m}$, 测得转角 $\alpha = 38°56'24''$。试计算该交点的圆曲线要素、各主点的里程。

8. 带有缓和曲线的圆曲线要素包括哪几个?

9. 已知某对称缓和曲线交点 JD 的里程为 DK86+089.47, 圆曲线半径 $R=800\text{m}$, 缓和曲线长度 $l_s = 90\text{m}$, 线路转角 $\alpha = 25°15'00''$。试计算该交点的曲线要素、各主点的里程。

10. 平曲线坐标正算有哪两种方法? 各有什么优缺点?

11. 竖曲线要素包括哪几个？

12. 已知某地铁纵断面图上，变坡点 YDK23＋410 处的高程是 490.297m，设置半径 $R＝5000m$ 的凹形竖曲线，$i_1＝－2.4\%$，$i_2＝－1.1221\%$。试计算竖曲线要素、竖曲线的起点和终点里程。

第 8 章

地下车站施工测量

Chapter 08

知识目标

在城市轨道交通工程中，相较于地面车站和高架车站来说，地下车站占比最高，施工测量难度更大。通过本章节教学，使学生了解地下车站的施工工艺流程，掌握地下车站施工测量的流程和测量质量控制要点。

能力目标

（1）具备独立从事地下车站施工测量的能力。

（2）具备编制地下车站施工测量专项方案的能力。

（3）具备分析解决地下车站测量疑难问题的能力。

思维导图

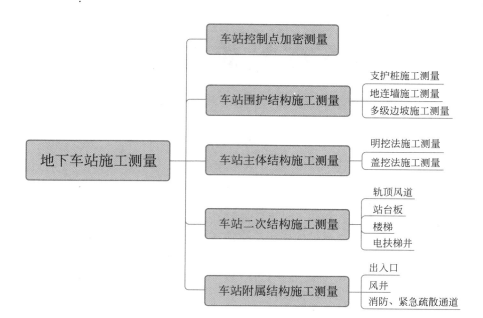

8.1 概述

在城市轨道交通工程中，地铁车站根据其所处的位置可分为高架车站、地面车站和地下车站三种。地下车站施工工艺复杂、流程较多、作业环境恶劣、基坑安全风险高。相对而言，高架车站和地面车站的施工条件比地下车站好很多，施工测量相对简单。因此本章主要介绍地下车站的围护结构、基坑开挖、主体结构以及二次结构施工测量的内容。

8.2 车站控制点加密测量

线路平面控制网和水准控制网建立得较早，导线控制点和水准控制点并非严格布设在城市轨道交通工程线路周边。在地下车站开始施工前，应根据现场平面布置和通视条件埋设加密控制点，将场地外远离车站施工范围的导线控制点和水准控制点引测至场地内的加密控制点上，便于施工测量放样使用。

加密控制点可参照地面精密导线点的规格进行埋设，若施工现场内的通视条件较差，也可以布设成强制对中观测台的形式（图8-1）。加密控制点宜布设在远离车站基坑、利于长久保存、施测方便、便于扩展和联测的地方，避免在围护结构桩基施工或放坡开挖过程中控制点遭到破坏。

如图 8-2 所示，施工场地内的加密控制点宜布设 3 个左右，分别位于车站的两端和中间，这样既可以满足整个车站支护结构施工的测量放线需要，又能加强加密控制点间的相互检核。加密控制测量分为加密导线测量和加密水准测量，应分别按照三等精密导线和二等精密水准测量的技术要求进行施测。加密导线点和加密水准点应尽量设置成共用点，三维坐标更有利于开展施工测量工作。

项目部测量组完成车站加密控制点的测量工作后，应编制车站加密测量成果报告，并上报监

图 8-1　强制对中观测台实物图

理和第三方测量单位进行复核，经复核确认无误后，测量组方可使用加密控制点坐标成果进行施工测量。

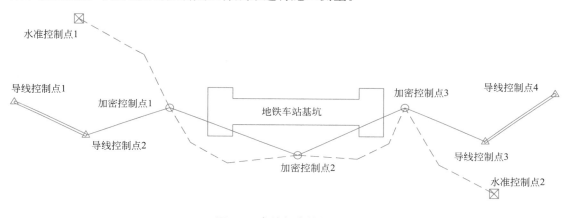

图 8-2　车站加密控制测量

△ —导线控制点；══ —已知导线控制边；
○ —加密控制点；── —导线测量线路；
⊠ —水准控制点；- - - - - —水准测量线路

8.3　车站围护结构施工测量

目前国内城市轨道交通工程中，由于各地的地质条件差异性很大，地下车站围护结构的形式多样，主要有支护桩、地下连续墙和多级边坡等围护形式。不同围护结构施工测量的内容和注意事项也有所不同，本节主要介绍支护桩、地下连续墙和多级边坡的施工测量方法和技术要点。

8.3.1 支护桩施工测量

支护桩主要适用于场地狭窄及地下水丰富的软弱围岩地区。

首先，测量人员应审核车站主体围护结构平面设计图纸，对支护桩进行编号、计算桩心坐标，并汇总至 Excel 电子表格中。经测量工程师复核无误后，编制成桩位坐标成果表（表 8-1），打印装订成册，以便用于桩位测量放样。

某地铁车站桩位坐标成果表　　　　　　　　　　表 8-1

序号	桩号	坐标		桩顶高程	桩底高程	桩长(m)
		X(m)	Y(m)	H(m)	H(m)	
1	A-1	22150.703	13795.683	510.420	488.930	21.490
2	A-2	22151.632	13794.141	510.420	488.930	21.490
3	A-3	22152.561	13792.599	510.420	488.930	21.490
4	A-4	22153.490	13791.058	510.420	488.930	21.490
5	B-5	22154.101	13789.558	510.420	488.930	21.490
6	B-6	22155.030	13788.016	510.420	488.930	21.490
7	B-7	22155.959	13786.475	510.420	488.930	21.490
8	B-8	22156.888	13784.933	510.420	488.930	21.490
9	A-9	22157.927	13783.691	510.420	488.930	21.490
10	A-10	22158.856	13782.149	510.420	488.930	21.490
11	……	……	……	……	……	……

如图 8-3 所示，$JM1\sim JM3$ 分别是加密控制点，在 $JM2$ 上安置好全站仪，照准 $JM1$ 上的棱镜进行后视定向测量，然后照准 $JM3$ 上的棱镜进行定向检核。完成定向测量及测站检核后，即可进行桩位放样。对于成排或有规律排布的支护桩放样，可放出两端及中间一个支护桩的桩心位置，这样排桩的桩心轴线便可确定，然后用钢卷尺或皮尺根据桩心间

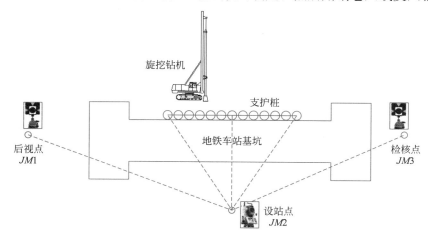

旋挖钻机

支护桩

地铁车站基坑

后视点
$JM1$

检核点
$JM3$

设站点
$JM2$

图 8-3　成排支护桩测量放样示意图

距分段内插出各个桩心位置。待用木桩在实地上标识出桩位后，还应对桩位放样的坐标进行实测复核，并如实填写在表 8-2 中，做到桩位放样原始记录可溯源。支护桩的桩心平面测量定位限差应小于±10mm，对于点位偏差超限的桩心应重新放样调整。护筒标高测量限差应小于±10mm。

桩位放样复核记录表　　　　　　　　　　　　　　　表 8-2

序号	桩位编号	设计桩心坐标(m)		实测桩心坐标(m)		点位偏差(mm)	
		X	Y	X	Y	ΔX	ΔY
1	A-1	22150.703	13795.683				
2	A-2	22151.632	13794.141				
3	A-3	22152.561	13792.599				
4	……	……	……				

如图 8-4 所示，对于单根或少数零散的支护桩的放样，可以用全站仪极坐标放样法在实地放出桩心坐标，并用十字交叉法将四个护桩引测出来。

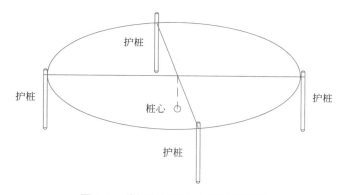

图 8-4　单根支护桩中心控制示意图

由于支护桩测量放样的偏差对于车站整体定位及主体结构施工等有着重要影响，且施工时出现的偏差难于发现和纠偏，因此要求测量放样必须准确。此外，项目部测量人员在实地放样出车站的首根支护桩及车站轮廓的拐角处支护桩位置后，应立即通知第三方测量单位对桩心进行测量复核，经复测无误后方可进行钻孔施工。

值得说明的是，由于旋挖钻机的摆放位置、钻杆垂直度、下钻角度、钢筋笼吊放角度、地质条件等因素的影响，支护桩成品很难保持绝对竖直，通常设计要求支护桩的垂直度偏差应控制在 3‰以内。施工放线时，应充分考虑支护桩的施工误差、水平位移、挂网喷混厚度、外包防水层厚度等因素，确保围护结构不侵入主体结构界限。在放样支护桩桩心位置时应考虑一定的外放量，即将整排支护桩向基坑轮廓外侧偏移一定距离。外放量 P 的计算公式见式（8-1）：

$$P = L \cdot \omega + Q \qquad\qquad (8\text{-}1)$$

式中：L——支护桩的桩长（含预留的冠梁钢筋长度）（cm）；

　　　ω——设计允许的桩基垂直度限差；

　　　Q——桩基施工误差裕量，视桩基队伍的施工水平而定，通常取 3～5cm。

在钻机施工作业前，测量人员还应对钻杆垂直度进行测量和校核。如图 8-5 所示，钻机司机将钻杆提起悬空，在开阔地带 A 点处整平好全站仪（无需对中）后，让全站仪照准钻杆，调焦使成像清晰。让竖丝紧贴钻杆的下部 B 点边缘，测量记录此时的水平方位角 α_1、竖直角 β_1 和斜距 S_1。然后让竖丝紧贴钻杆的上部 C 点边缘，测量记录此时的水平方位角 α_2、竖直角 β_2 和斜距 S_2。

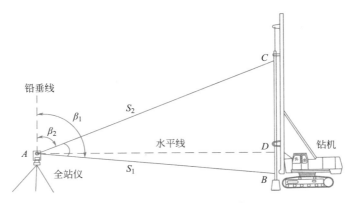

图 8-5　钻杆垂直度测量示意图

则 AB 的水平距离 $S_{\text{平距}}$ 计算公式见式（8-2）：

$$S_{\text{平距}} = S_1 \cos(\beta_1 - 90°) \tag{8-2}$$

钻杆长度 L 的计算公式见式（8-3）：

$$L = S_1 \sin(\beta_1 - 90°) + S_2 \sin(90° - \beta_2) \tag{8-3}$$

如图 8-6 所示，由于垂直度偏差导致钻杆顶部圆心 $O_{\text{顶}}$ 和底部圆心 $O_{\text{底}}$ 不重合。在平行四边形 $O_{\text{顶}}CBO_{\text{底}}$ 中，$O_{\text{顶}}O_{\text{底}} = BC$，$AB$ 与 AC 的水平夹角 $\Delta\alpha = |\alpha_1 - \alpha_2|$，所以钻杆的平面偏差量 δ 的计算公式见式（8-4）：

$$\delta = \frac{\Delta\alpha}{\rho} \cdot S_{\text{平距}} = \frac{\Delta\alpha}{\rho} \cdot S_1 \cos(\beta_1 - 90°) \tag{8-4}$$

式中：ρ——角度与弧度转换常数，$\rho = 206265''$。

所以钻杆垂直度的计算公式见式（8-5）：

$$\omega = \frac{\delta}{L} \times 1000‰ = \frac{\Delta\alpha \cdot S_1 \cos(\beta_1 - 90°)}{\rho L} \times 1000‰ \tag{8-5}$$

上述过程仅测量了钻杆在一个水平方向上的垂直度 ω_x。测完后，钻机应旋转 $90°$，再测量另一个水平垂直方向的钻杆垂直度 ω_y。真实的钻杆垂直度 ω 计算公式见式（8-6）：

$$\omega = \sqrt{\omega_x^2 + \omega_y^2} \tag{8-6}$$

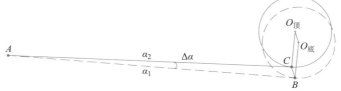

图 8-6　钻杆垂直度测量平面示意图

8.3.2　地下连续墙施工测量

连续墙是地下连续墙的简称。当地铁车站工程的基坑开挖深度超过 10m、围护结构也作为主体结构的一部分，且对防水、抗渗有较严格要求时，应采用地下连续墙支护形式。

地下连续墙是在地面上采用一种挖槽机械，沿着深基坑工程的周边轴线，在泥浆护壁条件下，开挖出一条狭长的深槽。清槽后，在槽内吊放钢筋笼，然后用导管法灌筑水下混凝土筑成一个单元槽段。如此逐段进行，在地下筑成一道连续的钢筋混凝土墙壁，作为截水、防渗、承重、挡水结构。地下连续墙的施工工艺流程图如图 8-7 所示。

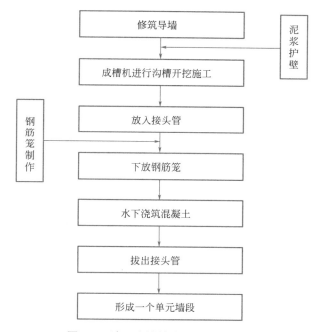

图 8-7　地下连续墙施工工艺流程图

在地下连续墙施工过程中，连续墙放样的实质是对其导墙进行放样和分幅定位。施工测量工作主要有：导墙的测量放线及模板复核、分幅线的放线定位、导墙的标高抄测等。

导墙通常为就地灌注的钢筋混凝土结构。导墙深度一般为 1.2～1.5m，其顶面略高于地面 10～15cm，以防止地表水流入导沟。导墙的厚度一般为 100～200mm，内墙面应垂直，内壁净距应为连续墙设计厚度加施工余量（一般为 40～60mm）。墙面与纵轴线距离的允许偏差为 ±10mm，内外导墙间距允许偏差为 ±5mm，导墙顶面应保持水平。

导墙的施工流程为：①导墙的测量放线；②导墙沟槽开挖；③钢筋绑扎；④导墙模板支撑架设；⑤模板合模复检；⑥混凝土浇筑养护。

在导墙的施工过程中，施工测量工作主要体现在第①步和第⑤步中。测量控制要点如下：

（1）导墙测量放线要平直。

（2）支撑模板前放线定位筋，支撑好后应复核模板平面位置。

（3）要用油漆标识清楚每一幅地下连续墙的分幅线放样。

（4）应用水准仪将标高抄测至导墙边上，并交底给工长和施工班组，便于工人控制槽底标高。

采用地下连续墙围护结构时，其施工测量技术要求应符合下列规定：连续墙的中心线放样允许误差不应超过 $\pm 10\text{mm}$；内外导墙应平行于地下连续墙中线，其测量放样允许误差不应超过 $\pm 5\text{mm}$；连续墙竣工后，其实际中心位置与设计中心线的偏差应小于 30mm。

8.3.3　多级边坡施工测量

如图 8-8 所示，当地铁车站位于埋深较浅、地下水位较低、周边施工场地开阔的城郊地段时，宜采用放坡明挖法施工。多级边坡通常进行坡面防护、锚喷支护或土钉墙支护。

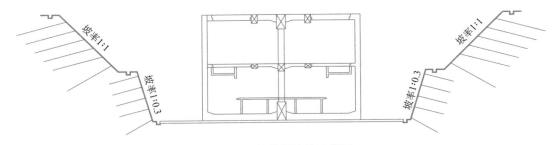

图 8-8　放坡明挖法示意图

放坡明挖法的测量工作主要是要计算出各级边坡的坡脚点和坡顶点的三维坐标（X，Y，H），并在实地放样出坡脚线和坡顶线，指导挖掘机进行刷坡施工。

图 8-9 为某车站放坡明挖法施工的横断面设计图。已知的设计参数有各级坡点的平面距离 $L_1 \sim L_4$，坡率为 $1:i_1$、$1:i_2$，需要根据线路中桩坐标和轨面高程来推算出坡脚点 PJ_1、PJ_2 和坡顶点 PD_1、PD_2 的坐标、高程。

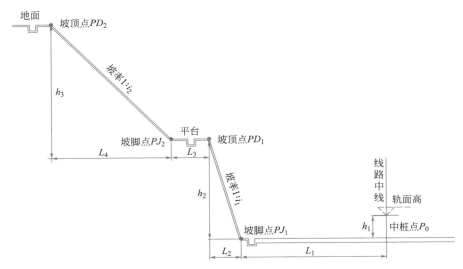

图 8-9　放坡明挖法施工横断面设计图

首先根据线路平曲线和竖曲线设计参数计算出中线逐桩坐标和轨面高程。通常直线每 10m 计算一个中桩点坐标 P_0（X_0，Y_0，H_0）及切线方位角 A_0，曲线及特殊点位可适当加密。

然后根据坡率和水平距离参数计算各级坡顶点、坡脚点的坐标及高程：

$$\left.\begin{array}{l} X_{PJ_1} = X_0 + \lambda L_1 \cos(A_0 + \lambda \cdot 90°) \\ Y_{PJ_1} = Y_0 + \lambda L_1 \sin(A_0 + \lambda \cdot 90°) \\ H_{PJ_1} = H_0 \end{array}\right\} \tag{8-7}$$

式中：X_{PJ_1}、Y_{PJ_1}——坡脚点 PJ_1 的平面坐标；

　　　　H_{PJ_1}——坡脚点 PJ_1 的设计高程；

　　　　λ——边桩参数，左边桩时减 1，右边桩时加 1。

$$\left.\begin{array}{l} X_{PD_1} = X_0 + \lambda(L_1 + L_2)\cos(A_0 + \lambda \cdot 90°) \\ Y_{PD_1} = Y_0 + \lambda(L_1 + L_2)\sin(A_0 + \lambda \cdot 90°) \\ H_{PD_1} = H_0 + \dfrac{L_2}{i_1} \end{array}\right\} \tag{8-8}$$

式中：X_{PD_1}、Y_{PD_1}——坡顶点 PD_1 的平面坐标；

　　　　H_{PD_1}——坡顶点 PD_1 的设计高程。

$$\left.\begin{array}{l} X_{PJ_2} = X_0 + \lambda(L_1 + L_2 + L_3)\cos(A_0 + \lambda \cdot 90°) \\ Y_{PJ_2} = Y_0 + \lambda(L_1 + L_2 + L_3)\sin(A_0 + \lambda \cdot 90°) \\ H_{PJ_2} = H_0 + \dfrac{L_2}{i_1} \end{array}\right\} \tag{8-9}$$

式中：X_{PJ_2}、Y_{PJ_2}——坡脚点 PJ_2 的平面坐标；

　　　　H_{PJ_2}——坡脚点 PJ_2 的设计高程。

$$\left.\begin{array}{l} X_{PD_2} = X_0 + \lambda(L_1 + L_2 + L_3 + L_4)\cos(A_0 + \lambda \cdot 90°) \\ Y_{PD_2} = Y_0 + \lambda(L_1 + L_2 + L_3 + L_4)\sin(A_0 + \lambda \cdot 90°) \\ H_{PJ_2} = H_0 + \dfrac{L_2}{i_1} + \dfrac{L_4}{i_2} \end{array}\right\} \tag{8-10}$$

式中：X_{PD_2}、Y_{PD_2}——坡顶点 PD_2 的平面坐标；

　　　　H_{PD_2}——坡顶点 PD_2 的设计高程。

计算出各级坡顶点、坡脚点的坐标及高程后，便可以导入到全站仪或 GPS 测量手簿中，用于施工放线和标高抄测。

在多级边坡刷坡作业过程中，测量人员应注意以下几点：

（1）基坑放坡上口开挖边线应以线路中心线为依据，平面测量定位中误差应为 ±7.5mm，标高测量中误差应为 ±5mm。

（2）在边坡开挖前最少复测一次测量放线，复测无误后，正式撒开挖灰线。

（3）为了防止开挖坡度不够，对于多台阶的几十米的高边坡，一般开挖线会第一次放宽 20～30cm，在开挖过程中不断地校正、调整。

（4）在最后一阶边坡施工中，一定要及时复测，防止超挖或欠挖而使坡率达不到设计要求。

8.4 车站主体结构施工测量

地下车站主体结构施工测量的工序和关键要点与施工工艺方法相关。常见的地下车站施工工法分为明挖法、盖挖法、暗挖法等。本节主要介绍明挖法和盖挖法，暗挖法施工测量在后续章节中再介绍。

8.4.1 明挖法施工测量

放坡明挖法施工工序为：一级边坡开挖→坑内井点降水→土钉或锚杆施作→边坡挂网喷锚→施作一级平台→……→第 n 级边坡开挖→土钉或锚杆施作→边坡挂网喷锚→底板开挖垫层施作→底板防水层和混凝土施作→施作侧墙及中板结构→顶板混凝土浇筑→顶板防水层施工→土方回填、恢复路面。

不放坡明挖法施工工序为：围护结构施工→坑内井点降水→第一层土方开挖→设置第一层钢支撑→……→第 n 层土方开挖→设置第 n 层钢支撑→底板开挖垫层施作→底板防水层和混凝土施作→最下层支撑拆除→施作侧墙及中板结构→拆除钢支撑→顶板混凝土浇筑→顶板防水层施工→土方回填、恢复路面。

基坑应自上而下分层、分段依次开挖。放坡开挖基坑应随基坑开挖的同时刷坡，边坡应平顺，坡度应符合设计文件要求。在土方分层分段开挖过程中，测量人员应将车站的横轴线及分段线放样在基坑边上，并悬挂醒目的轴线编号标识标牌。有支护结构的基坑，在土方开挖过程中，要控制每层开挖的深度，以便及时放样出钢围檩及支撑的架设位置，对基坑围护结构进行支撑体系的架设。钢支撑安装位置高程允许偏差应为±50mm，水平间距允许偏差应为±100mm。

当车站基坑两端头的土方开挖至洞门钢环中心以下 1m 左右时，测量人员应及时将洞门钢环的圆心点放样出来，标识在围护结构面上，并以钢环的设计内半径为准，用记号笔画出上半圆。待土方开挖至洞门钢环的底部以下后，再画出下半圆。这样既及时放样出了洞门钢环的安装定位线，同时也避免了测量人员登高作业的不便。

当基坑开挖至接近基底 20～30cm 时，测量人员应将水准点引测至槽底，并将一米线标示出来以控制基底的人工清槽标高，防止超挖或欠挖。槽底清表并平整后，应放样出车站的纵横轴线并撒出白灰线，以便基底验槽工作的开展。此外，一米线还可以用于垫层、防水保护层浇混凝土时的标高控制。

在结构底板绑扎钢筋前，应依据线路中线，在底板垫层上标定出钢筋摆放位置，放线允许误差不应超过±10mm。底板混凝土模板、预埋件和变形缝的位置放样后，应在混凝土浇筑前依据设计要求进行复测。

当车站底板分别施作至整个车站长度的 1/4、1/2 和 3/4 时，应分别埋设底板加密控制点，将地面平面控制点和水准点引测至底板加密控制点上，并向监理和第三方测量单位报验。

在测量放样车站结构侧墙内边线时，应充分考虑模板支模偏差及胀模变形的影响，适当将结构内边线外放 5～10cm，放样允许偏差为 0～5mm。在侧墙钢筋绑扎完、模板固定、浇筑混凝土前，还应进行合模复检，认真调校模板位置偏差。当测量人员复核模板位置偏差在允许范围内时，方可进行浇筑混凝土作业。

在施作车站中层板时，测量人员应精确控制中板的纵横轴线放样，考虑到中层板钢筋绑扎及混凝土浇筑振捣可能会造成中板底模下沉，中板底模标高应预抬 3～5cm。此外，还应认真阅读设计图纸，将各个预留孔洞、预埋管及预埋件的位置放样在中层板的底模上，做好标记并向现场工长和施工班组人员交底。

在施作车站顶板结构时，为保证站厅层的净空，测量人员也应将顶板底模标高预抬 3～5cm。

8.4.2　盖挖法施工测量

盖挖法施工的基本流程为：在现有道路上按所需宽度，以定型标准的预制棚盖结构（包括纵、横梁和路面板）或现浇混凝土顶（盖）板结构置于桩（或墙）柱结构上维持地面交通，在棚盖结构支护下进行开挖和施作主体结构、防水结构，然后回填土并恢复道路结构。

盖挖法可分为：盖挖顺作法、盖挖逆作法及盖挖半逆作法。

盖挖顺作法是在棚盖结构施作后开挖到基坑底，再从下至上施作底板、边墙、中板，最后完成顶板。该方法与明挖顺作法在施工顺序上和技术难度上差别不大，仅挖土和出土受盖板的限制，无法使用大型机械，需采用特殊的小型、高效机具。

采用盖挖逆作法施工时，先施作车站周边的围护结构和结构主体桩柱，然后将结构盖板置于围护桩（墙）、柱（钢管柱或混凝土柱）上，自上而下完成土方开挖和边墙、中板及底板施工。施工过程中不需设置临时支撑，而是借助结构顶板、中板自身的水平刚度和抗压强度实现对基坑围护桩（墙）的支撑作用。

盖挖半逆作法与盖挖逆作法类似，其区别仅在于顶板完成及恢复路面过程。在半逆作法施工中，一般必须设置横撑并施加预应力。

盖挖顺作法施工测量较为简单，可参照明挖法施工测量进行。下面重点介绍盖挖逆作法施工测量控制方法及要点。

盖挖逆作法对于测量人员来说，重难点在于两方面：①钢管柱测量定位及垂直度控制精度要求极高，必须采用高精度测量放样方法；②在中板和底板施作过程中，如何将地面控制点通过竖井传递到站厅层和站台层并长期保存。

（1）钢管柱测量定位及垂直度控制

钢管柱及桩基础施工流程如图 8-10 所示。

1）钢管柱及桩的基础施工用旋挖钻机钻孔，待钻至桩底的设计标高后，下钢护筒以及钢筋笼，钻孔桩浇筑混凝土至桩顶的设计标高。

2）清空钢护筒内的泥浆，人工凿出定位器以上的混凝土。

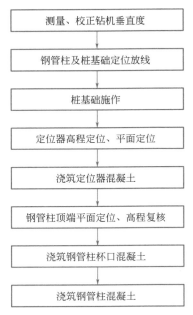

测量、校正钻机垂直度

↓

钢管柱及桩基础定位放线

↓

桩基础施作

↓

定位器高程定位、平面定位

↓

浇筑定位器混凝土

↓

钢管柱顶端平面定位、高程复核

↓

浇筑钢管柱杯口混凝土

↓

浇筑钢管柱混凝土

图 8-10　钢管柱及桩基础施工流程图

3）吊放定位器下井，通过高精度激光铅垂仪向井下投测出定位器中心点，指导定位器安装定位（图 8-11、图 8-12），待定位器移至设计的平面位置后，焊接固定，浇筑混凝土。

4）等固定定位器的混凝土达到一定强度后，复核定位器的中心位置。确认无误后，吊放钢管柱，底部用定位器定位，顶部通过设置在钢护筒与钢管柱之间的花篮螺旋微调固定。调整钢管柱顶部圆心与激光投点中心重合（图 8-13、图 8-14），确保钢管柱垂直度符合设计要求。

5）定位完成后，对钢管柱与钢护筒之间的杯口部位浇筑混凝土，待混凝土达到一定强度后，再给钢管柱吊放钢筋笼。浇筑混凝土至钢管柱顶标高，钢管柱与钢护筒之间的缝隙用中粗砂填实。

（2）车站侧墙测量控制点布设

由于盖挖逆作法施工工艺的特点，无法通过导线直传的方法将地面控制点直接转站到地下。在站厅层、站台层土方开挖至设计标高后，测量人员需要放样出纵横轴线，便于工人支模和绑扎结构钢筋。这时中板和底板尚未完成施工，无法埋设地下控制点。如图 8-15 所示，可以在结构

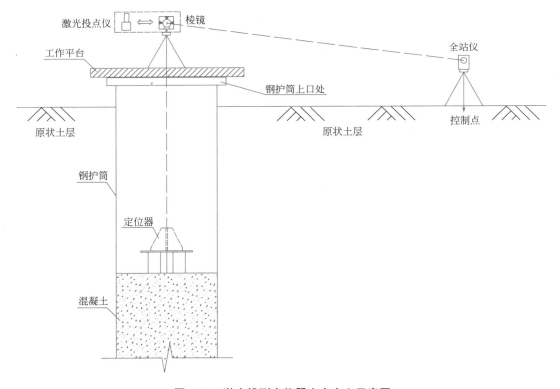

图 8-11　激光投测定位器十字中心示意图

图 8-12　调整好的定位器十字中心

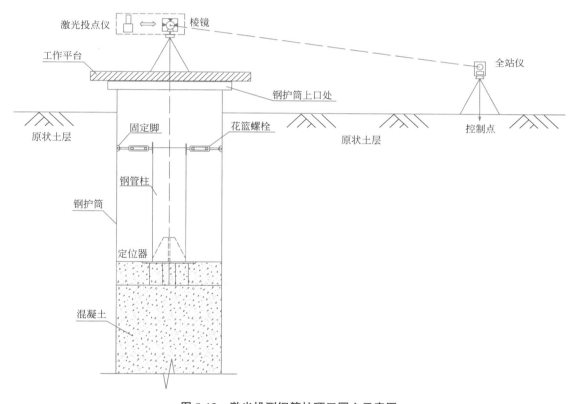

图 8-13　激光投测钢管柱顶口圆心示意图

侧墙或者中间承重柱上布设强制对中托架，然后通过竖井联系测量的方法将地面控制点和高程引测至强制对中托架上。

采用盖挖逆作法的结构施工测量应按下列方法进行：

1）顶板立模前，应在地下连续墙或桩墙的顶面，每隔 5m 测量一个高程点并标定其位置，同时在地下连续墙或桩墙的侧面标出顶板底面设计高程线，其测量误差为 0～+10mm。

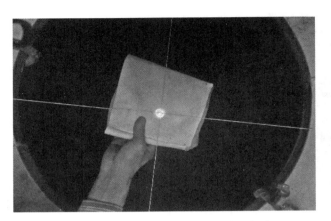

图 8-14　调整好后的钢管柱顶端中心投点

图 8-15　车站侧墙测量控制点布设形式

2）中板施工时，应以布设站厅层侧墙或钢管柱上的强制对中控制点为测量定位放线依据。在浇筑中板混凝土前，应对标定在模板上的线路中线放样点和高程放样点进行检核，其中线测量允许误差不应超过±10mm，高程测量误差为0～+10mm。

3）底板上的施工测量方法同中板，其中线测量允许误差不应超过±10mm，高程测量误差为−10～0mm。

8.5　主体二次结构施工测量

车站二次结构主要在站台层，包括：轨顶风道、站台板、楼梯、电扶梯井等建筑结构。

当车站封顶后，站台层的脚手架拆除完，测量人员应重新在底板上埋设控制点，并通过竖井联系测量的方法将地面控制点和高程传递到底板控制点上。必须将联系测量的成果作为站台板、轨顶风道、轨行区人防门安装施工测量的依据。

轨顶风道和站台板结构与线路中线及轨面高的关联性很大，通常在设计院确定调坡调线方案后再施作。当车站两端的区间隧道贯通后，测量人员应将隧道内的控制点与隧道两端的底板联系测量控制点联测形成附合导线、附合水准线路，并进行隧道竣工断面测量。设计院根据施工单位和第三方测量单位上报的竣工断面测量成果进行界限分析，对衬砌结构侵入界限的部位进行调坡调线处理。然后施工单位再根据设计院调坡调线后的线路中线和轨面高来计算轨顶风道及站台板标高。

站台板施工测量时应注意：站台沿边线模板放线应以线路中线为依据，其间距误差为0～+5mm。站台模板高程宜低于设计高程−5～0mm，模板在浇筑混凝土前必须进行复核。

轨行区人防门框安装的质量直接关系到列车运行安全，因此测量定位精度要求高，第三方测量单位复测较差指标也很高。如北京市城市轨道交通工程中明确要求人防门框的预埋钢板平面允许误差不应超过±3mm，高程允许偏差为－10～0mm（只允许低，不允许高）。为保证人防门框的预埋钢板测量放样与第三方测量复测成果较差尽量小，施工单位的测量人员应采用与第三方测量复测一致的底板控制点坐标和高程。

8.6　车站附属结构施工测量

车站附属结构施工方法有围护桩明挖法、放坡明挖法以及浅埋暗挖法等。前两者施工测量方法及控制要点与围护结构施工测量基本相同，浅埋暗挖法施工测量内容将在后续章节中介绍，本节不再赘述。

思考题与习题 🔍

1. 车站支护桩、地下连续墙测量放线时应考虑适宜的外放量，如何计算确定外放量？

2. 某地铁车站基坑的支护桩设计桩长是 36m，设计允许的垂直度偏差不超过 3‰，试计算支护桩的外放量的参考取值范围。

3. 在支护桩施工前，测量人员对某型号旋挖钻机的钻杆垂直度进行测量检校，测得的数据如图 8-16 所示：全站仪到钻杆的水平距离是 18.794m，竖丝照准钻杆顶部测得的水平度盘读数 $L_1=269°37'16''$，全站仪中心到钻杆顶的高差 $h_1=+17.437$m，竖丝照准钻杆底部测得的水平度盘读数 $L_2=269°33'27''$，全站仪中心到钻杆底的高差 $h_2=-0.688$m。试计算该钻机的钻杆垂直度。

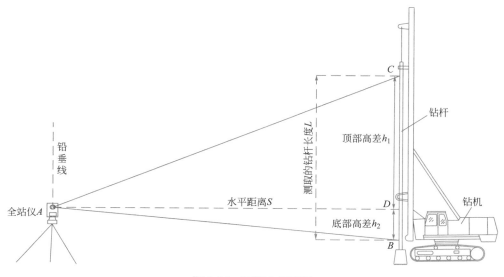

图 8-16　习题 3 示意图

4. 在地下连续墙导墙的施工过程中，施工测量有哪些控制要点？

5. 车站侧墙结构施工测量放线时，应注意哪些事项？

6. 车站站台板施工测量允许误差是多少？

第 **9** 章

矿山法区间施工测量

知识目标

作为一种成熟度高、应用面广的隧道施工工法，矿山法广泛应用于城市轨道交通工程建设施工中。通过本章节教学，使学生了解矿山法隧道施工工艺，掌握矿山法区间隧道施工测量的流程和测量质量控制要点。

能力目标

（1）具备独立从事矿山法区间施工测量的能力。
（2）具备编制矿山法区间施工测量专项方案的能力。
（3）具备分析解决矿山法区间测量疑难问题的能力。

思维导图

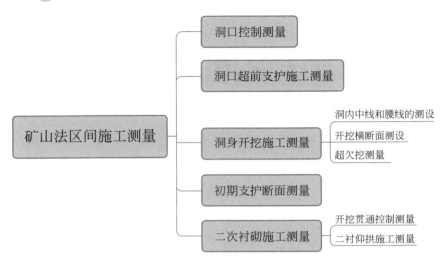

9.1 概述

矿山法是在距离地表较近的地下进行各类地下洞室暗挖的一种施工方法。这些地下洞室具有埋深浅、适应地层岩性差、存在地下水、周围环境复杂等特点。在明挖法和盾构法不适用的条件下，矿山法显示了巨大的优越性。它具有灵活多变，道路、地下管线和路面环境影响性小，拆迁占地小，不扰民的特点，广泛应用于城市轨道交通工程建设施工中。

矿山法掘进隧道施工根据隧道断面分块情况和开挖顺序可分为全断面法、台阶法和分部开挖法等。暗挖法施工过程主要分为七个阶段：①洞口边仰坡开挖；②洞口排水天沟施作；③洞口长管棚（导向墙）施作；④洞身开挖；⑤出渣；⑥初期支护；⑦二次衬砌。

不同的施工工艺对施工测量提出的要求不尽相同。但是，测量放线的基本原理相同，只是测量方法和实现的手段略有差异。本章节主要根据地下隧道施工工艺来介绍矿山法隧道施工测量相关知识。

9.2 洞口控制测量

城市轨道交通土建工程施工中，矿山法区间通常是通过施工竖井进行开挖。受地铁沿线地面交通和周边环境等因素的限制，有的施工竖井位于地铁线路的正线上方，有的位于地铁线路的一侧，通过联络通道再进入正线。根据施工竖井位置的不同，始发控制边测量的方法也不相同。

（1）施工竖井在地铁线路正上方

如图 9-1 所示，首先利用地面的平面控制点，在施工竖井两端的地面上放样出隧道中心线点或线路中线点 A、B、C、D 等。分别在 B、C 点处架设全站仪，后视 A、D 点进行定向测量，然后在施工竖井的两壁上放样出隧道中心线点或线路中线，指导竖井开挖施工。当竖井挖至基底、施作完底板后，利用竖井导线直传或一井定向测量的方法将地面平面控制点引测至底板上，作为矿山法进洞的始发控制边。

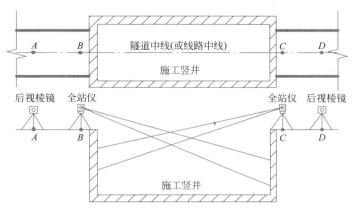

图 9-1　全站仪竖井投测直线示意图

上述方法在投测隧道中线或线路中线的过程中，受竖井尺寸、深度及全站仪竖向观测视野的影响较大。下面介绍的铅垂仪竖井投测直线方法可以有效地克服上述缺点。

如图 9-2 所示，首先利用地面的平面控制点，在施工竖井两端的地面上放样出隧道中心线点或线路中线点 A、D。然后在竖井井口两端搭设两个工作平台，A 点和 D 点，其中一个作为测站点架设全站仪，另一个作为后视点安置棱镜，在两个工作平台上放样出 B、C 两点。接着分别在 B、C 两点上安置激光铅垂仪，向井下投点，就能在井下放样出隧道中线或线路中线，指导隧道开挖。

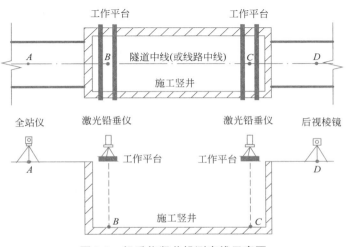

图 9-2　铅垂仪竖井投测直线示意图

（2）施工竖井在地铁线路的一侧

如图 9-3 所示，首先利用一井定向联系三角形测量方法，将地面的平面控制点和坐标方位角传递到井下的控制点 J_1 和 J_2 上；利用悬挂钢尺高程传递的方法，将地面的高程传递到井下的控制点 J_1 和 J_2 上。然后以 $J_1 \sim J_2$ 为始发掘进控制边，指导联络通道和区间正线隧洞开挖。随着隧洞的开挖，逐渐布设地下支导线和支水准控制点 $Z（Y）J_3$、$Z（Y）J_4$……向隧洞里面延伸，进而指导隧道贯通。

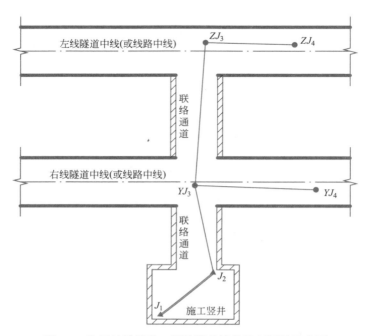

图 9-3　位于地铁线路一侧的竖井始发控制测量示意图

对于矿山法隧道与明挖区间或明挖车站接口处，利用明挖区间及车站主体结构端墙上预埋的导向管进洞的施工方式，可以利用通过竖井联系测量传递到底板上的测量控制点作为矿山法进洞的始发控制边。

对于斜井进洞的施工方式，则可以在斜井洞口布设 2～3 个 GPS 控制点，并与出洞口处的 GPS 控制点进行 GPS 静态测量联测，经平差处理合格的坐标点成果可作为矿山法进洞的始发控制边。

9.3　洞口超前支护施工测量

矿山法隧道与明挖区间或明挖车站接口处，主要是利用明挖区间及车站主体结构端墙上预埋的导向管进洞。

而矿山法斜井、临时施工竖井及横通道进正线隧道洞口段则通常采用长管棚的超前支护形式。洞口管棚施工工艺流程图如图 9-4 所示。

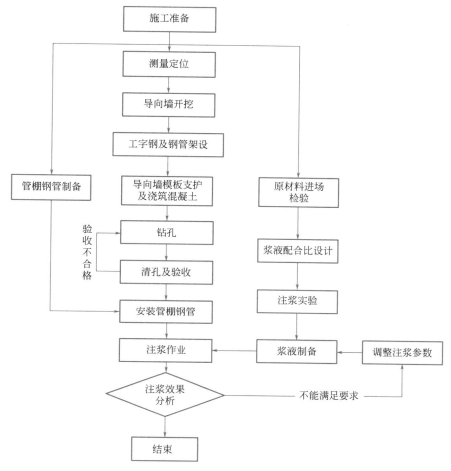

图 9-4　洞口管棚施工工艺流程图

（1）测量放样

测量组将根据设计的线路参数和导向墙设计里程计算出导向墙的拱顶设计坐标和高程，在洞口实地定位放样出导向墙的位置断面（图 9-5）。值得注意的是，考虑后期自重沉降的因素，导向墙结构的设计标高应整体预抬 3～5cm。

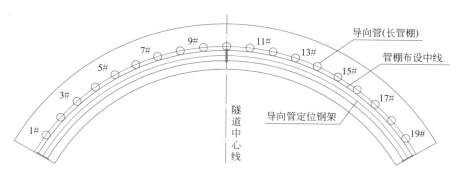

图 9-5　导向墙断面图

（2）导向墙开挖

根据地质情况，采用机械和人工结合的方式开挖导向墙断面。为方便后续安装导向墙内模以及管棚钻进平台，拱部开挖采用环形开挖，拱部核心土高度留至导向墙内轮廓线下1.5m（图9-6）。

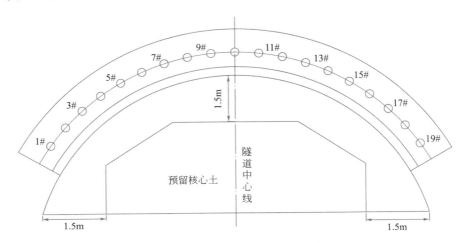

图9-6 导向墙核心土预留开挖示意图

（3）架设导向墙工字钢和导向钢管

导向墙采用两榀弧形工字钢做支撑，工字钢间距为40cm，工字钢之间用钢筋纵向焊接连接，环向间距1m，内外侧交错布置。

根据设计图纸，测量组采用极坐标法对导向钢管进行测量定位，确定导向钢管位置及角度，安装导向钢管。导向钢管与钢架采用焊接定位，导向钢管向上外插角度为1°～3°，注意隧道纵坡的影响，确保管棚处于隧道开挖外轮廓线以外。

（4）安装导向墙模板

导向墙内模采用两榀弧形工字钢做内模支撑，工字钢间距为40cm；工字钢之间用钢筋纵向焊接连接，环向间距1m；工字钢底部土体夯实，并铺设10mm厚钢板作为工字钢临时基础。

钢架架设完成后，将30mm厚木板通过钢筋固定在钢架上做内模，采用钢筋打设的锁脚固定钢架；然后再用规格为15cm×5cm的方木支撑在工字钢与核心土之上，长度根据现场确定；方木环向间距1m，再沿纵向布置两根方木，间距50cm，方木与核心土之间用5cm的木板塞垫，支撑拱部模板；核心土两侧采用方木做两道斜撑及立撑支撑两侧模板（图9-7）。

导向墙外模由30mm厚木板拼装而成，沿模板外侧布置三道箍筋，间距300mm，外模随套拱混凝土施工。

在浇筑混凝土前，测量人员应对导向墙的内外模位置进行复测，确保模板偏差在设计允许范围内。

（5）浇筑导向墙混凝土

（6）搭钻孔平台、安装钻机，钻孔、清孔

（7）安装管棚钢管并进行注浆

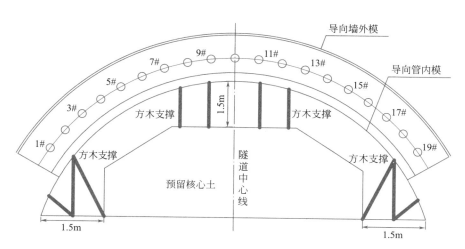

图 9-7　导向墙模板横断面示意图

管棚的正面布置图如图 9-8 所示。管棚施工精度要求极高，应准确测量放样标注孔位，其点位允许误差小于 1.0cm；就位后的钻机应以钻杆前后端的坐标测定，前后端三维坐标点测定误差应小于 0.5cm。严格控制钻孔平面位置，管棚不得侵入隧道开挖线内。

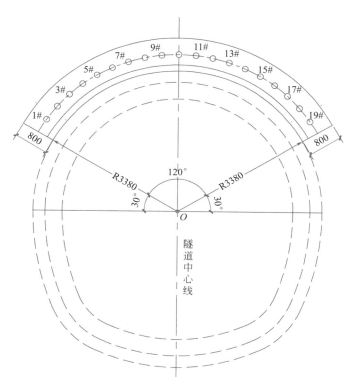

图 9-8　管棚正面布置图

在矿山法隧道施工中应使用带激光导向和免棱镜测量功能的全站仪。全站仪通过免棱镜测量技术测量隧道掌子面处的任意点位坐标，借助线路坐标正反算软件，如手机版"测量员 APP"或卡西欧 9860 计算器"道路之星"等（图 9-9、图 9-10），反算出实际里程桩号，并以此来计算开挖断面的设计三维坐标。

图 9-9　测量员 APP 程序界面

图 9-10　道路之星程序界面

9.4.1　洞内中线和腰线的测设

中线测设：隧道中线指导隧道水平方向的掘进施工。根据隧道洞口中线控制桩和中线方向桩，在洞口开挖面上测设开挖中线，并逐步往洞内引测中线上的里程桩。一般情况下，隧道每掘进 20m 要埋设一个中线里程桩。中线里程桩可以埋设在隧道的底部或顶部，如图 9-11 所示。

腰线测设：隧道的腰线指导隧道的坡度施工。在隧道施工中，为了控制施工的标高和隧道横断面的放样，在隧道岩壁上，每隔一定距离（5～10m）测设出比洞底设计地坪高出 1m 的标高线，称为腰线。腰线的高程由引入洞内的施工水准点进行测设。由于隧道的

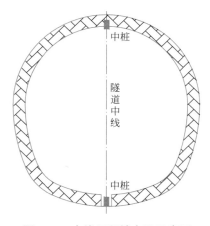

图 9-11　中线里程桩布设示意图

纵断面有一定的设计坡度，因此，腰线的高程按设计坡度随中线的里程而变化，它与隧道的设计轨面高程线是平行的。腰线的放样可以用水准仪视线高法，也可以用全站仪测设出腰线。

在隧道的开挖掘进过程中，洞内工作面狭小，光线黯淡。在曲线隧道中，每开挖掘进一榀拱架的间距，测量人员应用全站仪在掌子面上放样出隧道中线和拱顶标高。一方面指导隧道断面开挖，另一方面指导初期支护钢拱架的安装定位。

在直线隧道掘进的定向工作中，测量人员经常使用激光指向仪（图 9-12）指示中线和腰线方向。它具有直观、对其他工序影响小、便于实现自动控制等优点。例如，采用机械化掘进设备，用固定在一定位置上的激光指向仪，配以装在掘进机上的光电接收靶，当掘进机向前推进中，方向如果偏离了指向仪发出的激光束，则光电接收靶会自动指出偏移方向及偏移值，为掘进机提供自动控制的信息。

在隧道开挖施工中，因隧道结构横断面的形式差异、施工单位使用中线和腰线的习惯不同，激光指向仪的安装位置及方式也不同。如图 9-13 所示，常见的安装方式有三种，分别是安装在拱顶处的吊篮式、安装在隧道侧壁的腰台式、安装在底板上的固定墩式。

图 9-12　激光指向仪

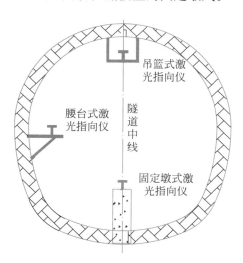

图 9-13　激光指向仪的安装位置及方式示意图

有时候遇到大断面的地铁暗挖隧道，用一台激光指向仪指示隧道掘进方向和坡度的控制难度较大，施工单位通常使用两台以上的激光指向仪，提供多条激光指示线，联合指示隧道掘进施工。

激光指向仪在使用过程中应经常检查，保证其能正常指示隧道掘进施工。随着隧道不断向前掘进，应及时向前延伸或重新标定中腰线，并检查激光束的位置指向是否准确。

9.4.2　开挖横断面测设

在隧道施工中，对掌子面开挖轮廓线边线的放样是一道关键步骤，它直接影响衬砌质量和施工成本，放样时间的长短也直接影响施工进度。在开挖时，除根据设计资料进行测量放样外，还必须考虑围岩的变形、下沉等因素。可根据相应的施工规范和以往类似工程的施工经验适当地把隧道的净空放大，以免开挖断面不足侵入隧道开挖轮廓线。

下面介绍两种常用的放样方法：等高差法、极坐标法。

（1）等高差法

等高差法放样的步骤如下：

1）如图 9-14 所示，在 CAD 软件中按 1∶1 绘图比例绘制出需要放样的开挖横断面轮廓图。在横断面图上作出轨面标高线和隧道中线，并以轨面标高线为基准线，往拱顶方向等高差（如间隔 1m 高差）作水平线，然后标注出每条水平线从隧道中线到开挖边线的水平距离。

2）在现场掌子面上放样出隧道中线与轨面标高线的交叉点。

3）使用钢卷尺依次测放出开挖轮廓线上的各点并连成线，这样就近似放样出了整个断面开挖轮廓线。

（2）极坐标法

极坐标法放样的步骤如下：

1）把所要放样段的平曲线要素及隧道开挖横

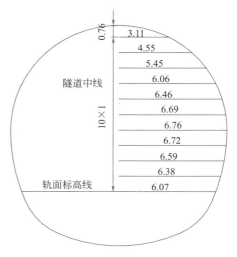

图 9-14　等高差法开挖横断面轮廓图

断面圆心、半径参数输入手机版"测量员 APP"或卡西欧 9860 计算器的"道路之星"程序数据库中。

2）在现场掌子面上，可以从拱顶处顺时针开始，测出开挖轮廓线上任意点 P_i 的坐标 $(x_i，y_i)$。

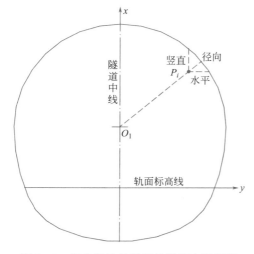

图 9-15　极坐标法放样开挖轮廓点示意图

3）如图 9-15 所示，通过计算器的超欠挖计算程序算出该点的设计轮廓线法线在水平方向和竖直方向上的偏差分量 Δx_i、Δy_i。

4）用钢卷尺分别在水平、竖直方向上量出该点的设计位置。

重复 2）～4）步骤，依次放样出开挖轮廓线其他设计点位，这样就放样出了整个断面的开挖轮廓线。

值得说明的是，矿山法隧道主要是由各种圆弧及直线段等线元组合而成的马蹄形断面。如果横断面由三个圆弧组成，则称为三心圆横断面；如果由五个圆弧组成，则称为五心圆横断面。图 9-15 中的 O_1 并非坐标系的原点，它是测点 P_i 所在的圆弧所对应的圆心。

在每次开挖前，测量人员用全站仪在掌子面标记出隧道的开挖轮廓线，待测量放线工作结束后才能进行开挖。

9.4.3　超欠挖测量

隧道超欠挖，就是在隧道施工过程中，以隧道设计开挖轮廓线为基准，实际开挖的断面在基准线以外的部分称为超挖，即隧道开挖轮廓线大于隧道设计轮廓线；在基准线以内的部分称为欠挖，即隧道开挖轮廓线小于隧道设计轮廓线。

超欠挖的影响：隧道超欠挖直接影响隧道的施工安全、成本、质量，会增加后续施工难度。超欠挖在施工过程中由施工工艺不当、技术措施不到位等因素引起。严重超挖会导致出渣量增加，并增加二次衬砌支护的施工成本；欠挖会影响支护衬砌厚度，处理费时费力，并增加继续开挖的工序时间及施工成本。此外，开挖面不规整、应力集中，将会影响围岩的稳定性，增加隧道塌方的风险。

超欠挖测量工作贯穿整个隧道洞身开挖施工全过程。隧道开挖不允许出现欠挖现象；应积极采取相应措施，严格控制拱墙、仰拱的超挖。

从施工测量角度来看，控制超欠挖主要是控制好开挖轮廓线的精度。在进行测量放样前应首先熟悉设计文件，掌握设计开挖断面各部位的尺寸，同时考虑拱顶结构预留沉降量和变形量。另一方面，超欠挖测量需要准确测出隧道实际开挖轮廓线，并与设计轮廓线（考虑拱顶自然沉降而上抬的预留量）进行比较，计算分析超欠挖量值及部位，总结和优化施工工艺，将超欠挖控制在允许范围内。

施工中要根据现场条件采用切实可行的超欠挖量测方法。一般常用的有：

（1）相对坐标法测量

1）由洞内控制点放样出检测断面的隧道中线点的坐标及一个边桩坐标，并测量中桩高程。

2）如图 9-16 所示，以检测断面隧道中线与轨面标高线的交点为原点 O 建立横断面相对直角坐标系，x 轴竖直向上为正方向，y 轴水平向右为正方向。在原点 O 处架设全站仪，测量仪器高，此时测站点坐标为（0，0，0），输入仪器高，照准边桩点进行定向测量。

3）由隧道中线一侧按一定角度间隔向另一侧，依次测取开挖面轮廓上各离散点的坐标值。

4）将测量的离散点坐标值换算。在 CAD 软件中，以检测断面隧道中线与轨面标高线的交点为原点，绘制出离散点的相对坐标位置，并绘出开挖断面图，与设计开挖轮廓线比较，得出超欠挖量值。

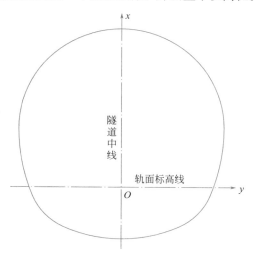

图 9-16　横断面相对直角坐标系

（2）绝对坐标法测量

1）由洞内控制点测放检测断面中线点的坐标，从而确定检测断面的位置。

2）在洞内已知控制点上架设全站仪，后视另一已知点；输入已知点的三维坐标、仪器高和棱镜高后，进行定向测量。

3）瞄准检测断面的开挖轮廓线，以一定间距测量一圈离散点的三维坐标。

4）经横断面软件处理可绘制开挖轮廓线，与设计开挖轮廓线比较，可知超欠挖量与分布（图 9-17 和表 9-1）。

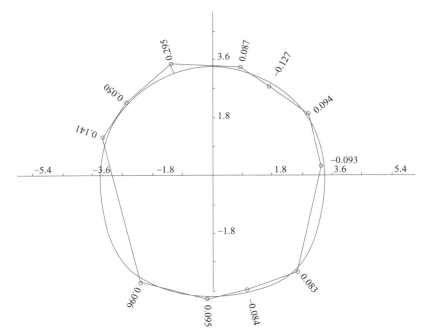

图 9-17　超欠挖断面成果示意图

超欠挖断面成果统计表　　　　　　　　　　　　　表 9-1

断面桩号：DK53＋350.018							
点号	设计半径/m	实测半径/m	超欠挖/m	点号	设计半径/m	实测半径/m	超欠挖/m
1	3.380	3.287	−0.093	2	3.380	3.474	0.094
3	3.380	3.253	−0.127	4	3.380	3.467	0.087
5	3.380	3.675	0.295	6	3.380	3.430	0.050
7	3.380	3.521	0.141	8	1.980	2.076	0.096
9	4.610	4.704	0.095	10	4.610	4.526	−0.084
11	1.981	2.064	0.083				

工程名称：地铁 XX 线 XX 站～XX 站暗挖区间右线　　　　　　　　标准面积：39.167m²

最大超挖：0.295m　　　　　　　　　　　　　　　　　　　测量面积：36.763m²

最大欠挖：−0.127m　　　　　　　　　　　　　　　　　　超欠（＋/−）挖：−2.404m²

开挖断面超欠挖质量评价的要求如下：

① 以 50m（或 100m）长度段、围岩类别相同段的开挖实测数据作为一个分析样本；

② 每 5m 或 10m 量测一个开挖断面；

③ 每个测量断面自左墙脚至拱顶到右墙脚，最少采集 10 个离散点数据；

④ 综合计算分析评价该段开挖质量。例如：50m 隧道测 10 个断面，每断面包含 10 个点以上的数据。对这些超欠挖的量值和出现部位进行统计分析，得出普遍超挖、欠挖；局部超挖、欠挖；超挖、欠挖严重程度等评价。

9.5　初期支护断面测量

在隧道初期支护断面施工环节，每节拱架都必须由测量人员在断面上放样出该节拱架的中线和高程（并预留沉降量）后才可架立，待复核拱架位置准确无误后，才允许焊接固定。

在隧道初期支护断面施工完后，先由测量组对隧道初支断面净空进行测量，检查隧道净空是否合格，要充分考虑曲线隧道中心线与线路中心的偏移值。提前对初支喷射混凝土厚度及强度进行检测，混凝土变形稳定后，对受侵限的部分进行处理，对脱空部位进行补喷，处理完成后进行复测。初支断面测量方法参照超欠挖测量方法，这里不再赘述。

9.6　二次衬砌施工测量

隧道二次衬砌施工工艺流程图如图 9-18 所示。

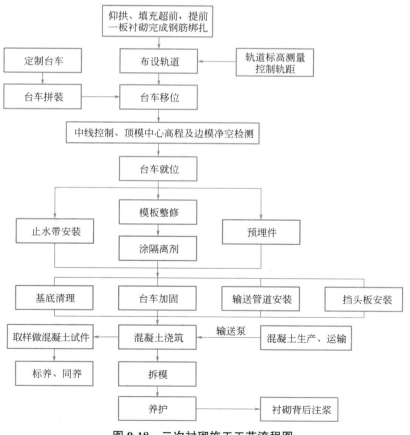

图 9-18　二次衬砌施工工艺流程图

9.6.1 开挖贯通控制测量

为保证二次衬砌隧道线型质量及净空限界的要求，通常应待隧道开挖贯通后将隧道内的控制点与进出洞口外的已知控制点联测形成附合（水准）导线，进一步提高隧道内控制点坐标及高程精度，最后进行二衬施工测量。

贯通控制测量的主要方法和技术要求见本教材第 6 章地下控制测量相关内容，这里不再赘述。

9.6.2 二衬仰拱施工测量

在隧道两侧边墙处打设导放点，导放点每 5m 打设一组，标高与该里程设计标高一致。根据测量放样进行隧底开挖，开挖轮廓和底部高程必须符合设计要求。

清理基底虚渣、积水及其他杂物，采用高压水对基面进行冲洗，保证基面洁净后方可浇筑混凝土。

为了保证仰拱施工连续进行并且隧道开挖出渣和洞内材料运输不受仰拱开挖的影响，故在仰拱开挖槽上搭设仰拱栈桥，隔跨跳跃施工。待已浇筑的仰拱混凝土强度满足通车强度要求后，即强度达到设计强度的 100%，方可移走栈桥到下一隧底开挖槽上，依次循环使用。

仰拱与仰拱填充不得同时浇筑，要求仰拱终凝后进行填充混凝土浇筑。测量人员需要特别注意的是，由于隧道曲线段存在轨面超高，测量人员一定要控制好仰拱填充的标高不得高于设计的标高，以免后续轨道工程进行到轨排铺设施工时无法调整到设计标高的位置。

9.6.3 台车定位测量

隧道二次衬砌浇筑混凝土采用全断面液压衬砌台车整体浇筑，一次衬砌长度可达 8～12m（图 9-19）。

图 9-19　衬砌台车

首先测量人员在衬砌台车的两端放样出隧道中线，在仰拱填充面上做好标记，施工队伍根据隧道中心线定位铺设衬砌台车的轨道，以确定台车中线位置。然后测量人员应确定台车所处位置的轨面线或台车模板的高程。

台车行走至待衬砌断面后，通过以下操作进行定位：

（1）通过操作液压系统的平移油缸调节台车中线，使其与隧道中线对齐。

（2）操作液压系统顶升油缸，使台车升至标准衬砌高度，然后旋紧基础千斤顶，之后复核高度尺寸。

（3）操作液压系统，使侧向油缸活塞杆伸出并达到标准衬砌断面，然后人工扳动侧向支撑丝杠，使之达到侧向油缸支撑位置并旋紧。

（4）完成以上三个操作后，应进行断面尺寸的复核，以防数据有误。

在二衬浇筑混凝土前，测量人员可采用手机版"测量员 APP"或卡西欧 9860 计算器的"道路之星"程序配合全站仪，选择免棱镜 NP 模式测量二衬模板台车的内轮廓位置；加上模板厚度后，推算出外轮廓位置与设计位置的偏差，据此来调整台车的模板位置。在调整台车模板位置的过程中，测量人员应考虑适当的外扩裕量，避免二衬结构侵入建筑限界。

思考题与习题

1. 暗挖法施工过程主要分为哪几个阶段？
2. 简述在暗挖隧道工程施工中的主要测量工作。
3. 暗挖隧道的开挖轮廓线有哪两种测量放样方法？

第 **10** 章

盾构区间施工测量

知识目标

作为一种机械化、自动化、智能化极高的隧道掘进施工设备，盾构掘进机已广泛用于地铁等隧道工程中。通过本章节教学，使学生了解盾构法隧道施工工艺和特点，掌握盾构法区间隧道施工测量的流程、盾构测量导向系统的安装调试、盾构测量质量控制要点等知识。

能力目标

(1) 具备独立从事盾构法区间施工测量的能力。
(2) 具备编制盾构法区间施工测量专项方案的能力。
(3) 具备激光靶盾构测量导向系统安装调试的能力。
(4) 具备分析解决盾构法区间测量疑难问题的能力。

思维导图

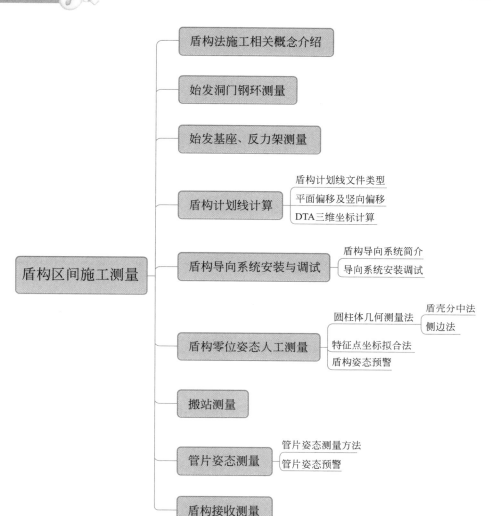

10.1 概述

　　盾构法是指采用盾构机进行隧道掘进和衬砌施工的方法。盾构机全名叫盾构隧道掘进机，是一种隧道掘进的专用工程机械。现代盾构掘进机集光、机、电、液、传感、信息技术于一体，具有开挖切削土体、输送土渣、拼装隧道衬砌、测量导向纠偏等功能，涉及地质、土木、机械、力学、液压、电气、控制、测量等多门学科技术，而且要按照不同的地质进行"量体裁衣"式的设计制造，可靠性要求极高。盾构掘进机已广泛用于地铁、铁路、公路、市政、水电等隧道工程。

盾构法施工过程中的测量工作主要包括控制测量和施工测量两方面。其中，控制测量可细分为地面控制测量、联系测量和地下控制测量。施工测量的内容主要有：洞门钢环定位测量、始发（接收）基座定位测量、反力架定位测量、盾构计划线（DTA）计算、盾构导向系统安装与调试、盾构姿态测量、搬站测量、管片姿态测量等。本章主要介绍盾构施工测量的相关知识。

盾构施工测量的主要目的是：

（1）通过联系测量将地面坐标和高程传递到地下隧道中，建立起地面地下统一的坐标系统。

（2）通过测量导向系统来控制盾构机沿着设计的轴线线路掘进，实现隧道的贯通。

（3）通过人工复测盾构机姿态、管片姿态，与测量导向系统数据进行检核比较，实现测量复核制度。

10.2 始发洞门钢环测量

洞门钢环是盾构机始发或出洞时必须准确穿越的结构物。洞门钢环的安装精度对盾构机的始发姿态和出洞姿态影响很大，因此在盾构机始发或接收前，测量人员必须准确复测洞门钢环的实际安装位置，供技术人员对始发或接收基座位置进行调整。

洞门钢环复测以联系测量成果的地下平面控制点和高程控制点为基准，检查洞门里程、中线、高程、洞门圈横竖径、预埋钢环的位置。

洞门钢环复测及计算方法有四点分中计算法和多点拟合圆心法。前者测量点位少、计算简单方便，但容易受现场通视条件的制约，有时不能全部测得这四个点的坐标；后者施测灵活，对于洞门钢环上的离散点的点位及数量没有特别要求，可以任意选取和测量，且采用最小二乘法进行拟合计算，可以查看拟合精度，计算结果可靠性更高。

（1）四点分中计算法

如图 10-1 所示，用全站仪物镜的竖丝分别照准洞门钢环的最左侧 A 点和最右侧 B 点，用免棱镜模式分别测得坐标 (x_A, y_A) 和 (x_B, y_B)。用横丝分别照准洞门钢环的最高切点 C 和最低切点 D，用免棱镜模式分别测得高程 H_C 和 H_D。则洞门圆心的坐标计算公式见式（10-1）：

$$\left. \begin{array}{l} x_{圆心} = \dfrac{x_A + x_B}{2} \\[2mm] y_{圆心} = \dfrac{y_A + y_B}{2} \\[2mm] H_{圆心} = \dfrac{H_C + H_D}{2} \end{array} \right\} \tag{10-1}$$

（2）多点拟合圆心法

采用多点拟合圆心法对洞门钢环进行复测时，将全站仪设置成免棱镜测量模式。沿着钢环内边缘一圈采集若干个离散点的三维坐标 (x, y, H)，用最小二乘法拟合计算出钢

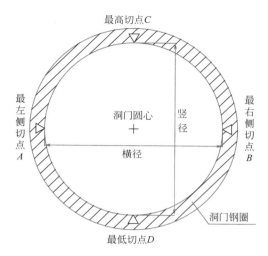

图 10-1　测量洞门钢环四个点位的示意图

环圆心的三维坐标和半径，并与设计钢环圆心三维坐标、半径进行比对，确定成型后的钢环的实际偏差量，为始发架和反力架定位测量提供参考依据。拟合圆心法计算的商业软件较多，例如力信测量（上海）有限公司的 SPMS 软件、中铁工程装备集团有限公司的盾构测量计算工具 SMCT 软件、成都伟兴盾科工程技术服务有限责任公司的 STO 盾构测量数据处理系统等。上海米度测量技术有限公司的隧道精灵 MTO 软件拟合计算洞门钢环圆心的三维坐标如图 10-2 所示。

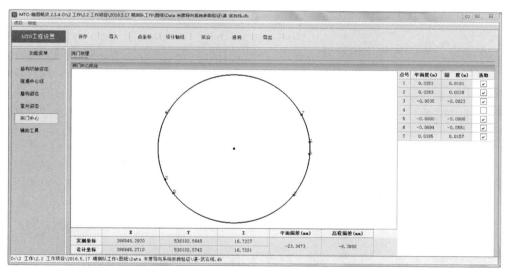

图 10-2　洞门钢环圆心拟合计算

圆心拟合计算成果的精度评价有两个指标：平面度、圆度。

平面度是指测量点到拟合圆所在的空间平面的垂距。平面度越小越好，最好等于 0。若所有测量点的平面度都等于 0，说明所有点都在空间圆所在的平面上。

圆度是指测量点到拟合圆圆心的距离与计算半径的差值。圆度越小越好，最好等于 0。

如果所有测量点的圆度都等于0，说明所有点都在圆弧上。

所以，仅仅拟合计算出空间圆的圆心坐标和半径是不够的，还要逐一查看各测点的圆度和平面度。如果发现有某个测点的圆度或者平面度较大，超过了设计的允许范围，就将其剔出，用剩下的点重新拟合计算，重新检查圆度和平面度，直至满足要求为止。

10.3 始发基座、反力架测量

盾构机始发姿态主要取决于始发托架和反力架的安装。始发基座的定位在整个盾构施工测量过程中显得格外重要，反力架的定位又决定了盾构机能否顺利始发，因此始发基座和反力架的定位必须严格按照规范实施。始发基座和反力架如图10-3和图10-4所示。

图10-3 始发基座实物图

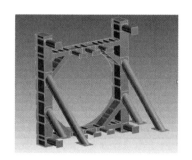

图10-4 反力架示意图

如果始发井内的线路中线是直线线元，则盾构始发基座应布置在线路中线上，称为切线始发；如果线路中线是曲线线元（缓和曲线或圆曲线），盾构始发基座应布置在线路中线的割线上，称为割线始发。如图10-5所示，始发基座根据割线来进行测量放线。采用割线始发的主要原因是盾构机在基座上和进洞后10m左右长的加固区掘进时无法调整盾构姿态。

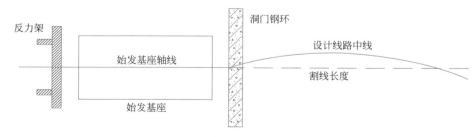

图10-5 割线始发平面示意图

盾构始发基座和反力架测量控制要点如下：

（1）盾构机始发基座测量主要控制导轨的中线与设计隧道中线偏差不能超限，导轨的前后高程与设计高程不能超限，导轨下面应坚实平整。

（2）基座导轨前端放样时应抬高 2～3cm，减小盾构机进洞时因栽头对盾构姿态的影响。

（3）反力架的定位包括平面位置定位、高程定位和倾斜度定位。

（4）反力架的平面位置根据负环管片的环数和始发基座的位置而定，反力架左、右立柱连线必须与隧道中心线垂直（图 10-6）。

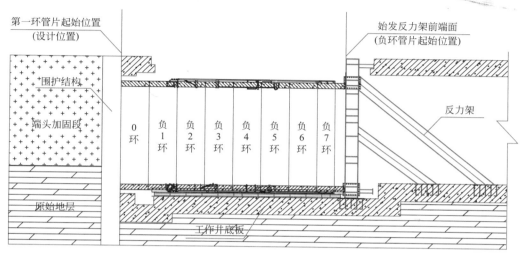

图 10-6　反力架与负环的位置关系

（5）反力架的钢环中心线标高根据线路中心线标高和实际盾体中心线标高而定，保证反力架钢环中心与实际盾体中心线重合。

（6）反力架钢环面与盾体中心线垂直，控制精度为：高程偏差≤±5mm，左右偏差≤±10mm，竖直趋势≤±2‰。

10.4　盾构计划线计算

10.4.1　盾构计划线文件类型

盾构机在地下沿着隧道设计轴线施工掘进，这个轴线称为盾构计划线（Designed Tunnel Axis，简称 DTA）。对于不同型号的盾构机测量导向系统，盾构计划线文件参数及格式也不同。例如日本演算工坊导向系统的 DTA 文件需要录入事先计算好的 DTA 三维设计坐标文件（图 10-7），而德国 VMT 公司的 SLS-T 导向系统、国内米度公司的 MSR-T 导向系统的 DTA 文件参数只需要输入平曲线、竖曲线、平面偏移、竖向偏移等线元参数即可（图 10-8），力信公司的 RMS-D 导向系统则提供录入 DTA 坐标数据或线元数据两种选项供用户选择使用。

详细坐标

点名	CH(m)	X 坐标(m)	Y 坐标(m)	Z 坐标(m)
222+18.6	41701.00000	-156249.10120	-46299.95828	-10.14314
223+00.0000	41702.40000	-156249.47820	-46298.61000	-10.18500
223+01.0000	41703.40000	-156249.74750	-46297.64690	-10.21490
223+02.0000	41704.40000	-156250.01680	-46296.68380	-10.24440
223+03.0000	41705.40000	-156250.28600	-46295.72080	-10.27350
223+04.0000	41706.40000	-156250.55530	-46294.75770	-10.30240
223+05.0000	41707.40000	-156250.82460	-46293.79460	-10.33080
223+06.0000	41708.40000	-156251.09390	-46292.83160	-10.35900
223+07.0000	41709.40000	-156251.36320	-46291.86850	-10.38680
223+08.0000	41710.40000	-156251.63250	-46290.90550	-10.41430
223+09.0000	41711.40000	-156251.90170	-46289.94240	-10.44140
223+10.0000	41712.40000	-156252.17100	-46288.97930	-10.46820
223+11.0000	41713.40000	-156252.44030	-46288.01630	-10.49470
223+12.0000	41714.40000	-156252.70960	-46287.05320	-10.52080
223+13.0000	41715.40000	-156252.97890	-46286.09020	-10.54660
223+14.0000	41716.40000	-156253.24810	-46285.12710	-10.57200
223+15.0000	41717.40000	-156253.51740	-46284.16400	-10.59720
223+16.0000	41718.40000	-156253.78670	-46283.20100	-10.62190
223+17.0000	41719.40000	-156254.05600	-46282.23790	-10.64640
223+17.5591	41719.95910	-156254.20650	-46281.69950	-10.65990

图 10-7　演算工坊的 DTA 三维设计坐标文件

序号	类型	起点里程	线段长度	起点（X）	起点（Y）	起点半径	终点半径	起点方位角	偏转
1	起点	49855.592		4448.487	22358.621			178°43′17.6″	
2	直线	49855.592	190.340	4448.487	22358.621			178°43′17.6″	
3	缓和曲线	50045.932	30.000	4258.194	22362.867	0.000	1500.000	178°43′17.6″	右
4	圆曲线	50075.932	46.128	4228.199	22363.437	1500.000	1500.000	179°17′40.2″	右
5	缓和曲线	50122.060	30.000	4182.073	22363.296	1500.000	0.000	181°03′23.3″	右
6	直线	50152.060	107.069	4152.083	22362.542			181°37′45.9″	
7	缓和曲线	50259.129	25.000	4045.057	22359.498	0.000	2000.000	181°37′45.9″	左
8	圆曲线	50284.129	31.879	4020.066	22358.839	2000.000	2000.000	181°16′16.7″	左
9	缓和曲线	50316.008	25.000	3988.191	22358.386	2000.000	0.000	180°21′29.0″	左
10	直线	50341.008	220.383	3963.191	22358.334			179°59′60.0″	

图 10-8　米度 MSR-T 的 DTA 线元参数文件

10.4.2　平面偏移及竖向偏移

平曲线、竖曲线的相关知识在本教材第 7 章中已介绍，下面主要介绍平面偏移和竖向偏移参数。

平面偏移：在隧道曲线地段因考虑外轨超高对隧道净空存在影响，为避免车辆外侧与隧道内壁发生接触摩擦事故，采取隧道中心线向线路中心线内侧偏移的方法来补偿轨道超高所产生的加宽量。偏移量在圆曲线范围内为定值，缓和曲线地段，从直缓点或缓直点的零值至缓圆点或圆缓点的全偏移值之间采用线性内插。

如图 10-9 所示，曲线段隧道中心向曲线内侧偏移。偏移量：圆曲线段隧道中心相对线路中心偏移值为 d，整体偏移；隧道中心移动量在 ZH（HZ）点处为 0，在 HY（YH）点处为圆曲线偏移量 d；ZH（HZ）点与 HY（YH）点之间的偏移量为前两处偏移量的线性内插值。

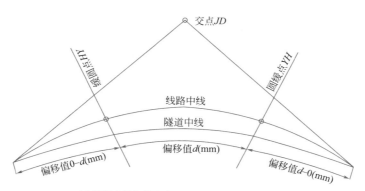

(a) 隧道中线与线路中线的平面偏移量示意图

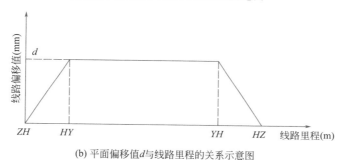

(b) 平面偏移值 d 与线路里程的关系示意图

图 10-9 平面偏移量示意图

竖向偏移：地铁下穿密集的居民楼或其他建筑群时会产生震动和噪声。为消减这种影响，采取特殊的轨道结构形式，比如：梯形轨枕、弹性道床及钢弹簧浮置板等，这样钢轨下方的道床填充层厚度就有相应的变化，称为竖向偏移。

10.4.3 DTA 三维坐标计算

（1）DTA 平面坐标计算

如图 10-10 所示，首先根据平曲线要素计算出线路中桩 P 点的坐标（x，y）及切线方位角 A，然后根据线路中线与平面偏移量 S_{PYL} 来计算出隧道中线点 P_{DTA} 的坐标（x_{DTA}，y_{DTA}）。

隧道中线点 P_{DTA} 的坐标计算公式如下：

$$\left. \begin{array}{l} x_{DTA} = x + \lambda \cdot S_{PYL} \cdot \cos(A + 90°) \\ y_{DTA} = y + \lambda \cdot S_{PYL} \cdot \sin(A + 90°) \end{array} \right\} \tag{10-2}$$

式中：λ——线路转角，左偏减 1，右偏加 1。

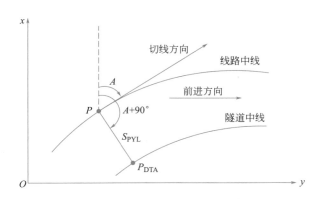

图 10-10　DTA 平面坐标计算示意图

平面偏移量 S_{PYL} 的计算公式如下：

1）当 P 点位于第一缓和曲线上时，$S_{PYL} = \dfrac{K_P - K_{ZH}}{l_s} \cdot d$　　　　（10-3）

2）当 P 点位于圆曲线上时，$S_{PYL} = d$　　　　（10-4）

3）当 P 点位于第二缓和曲线上时，$S_{PYL} = \dfrac{K_{HZ} - K_P}{l_s} \cdot d$　　　　（10-5）

式中：K_P——P 点的线路里程桩号（m）；

　　　K_{ZH}——直缓点的线路里程桩号（m）；

　　　K_{HZ}——缓直点的线路里程桩号（m）；

　　　l_s——缓和曲线长度（m）；

　　　d——圆曲线的平面偏移量（m）。

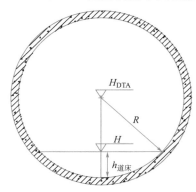

图 10-11　DTA 高程计算示意图

（2）DTA 高程计算

如图 10-11 所示，DTA 的高程 H_{DTA} 指的是管片的圆心处高程，它与轨面高 H、管片的道床厚度 $h_{道床}$ 及管片的内半径 R 有如下关系：

$$H_{DTA} = H - h_{道床} + R \qquad (10\text{-}6)$$

如图 10-12 所示，道床厚度通常从普通减震段（860mm）经过过渡段（一般设置 1%～2% 的坡度）变化到特殊减震段（940mm），再经过过渡段变化到普通减震段。普通减震道床、过渡段道床及特殊减震段道床的里程桩号范围通常会在盾构区间的纵断面设计图中给予说明。

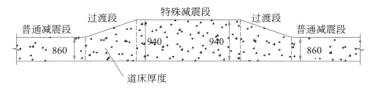

图 10-12　道床厚度变化纵断面示意图

以上就是手工计算 DTA 三维坐标的原理和公式。此外，VMT、米度、力信等盾构导向系统厂家也研发了相关的盾构测量计算软件，都具有 DTA 三维坐标计算和复核功能，软件操作简便，这里不再赘述软件操作方法。

10.5　盾构导向系统安装与调试

10.5.1　盾构导向系统简介

盾构机的重量重、体积大、系统复杂，主机和后配套设备加起来总长度超过 80m。如何控制盾构机从始发井始发、按照设计的线路掘进、到接收井准确贯通，除了要做好控制测量工作外，还需要在盾构机上安装一套精密的盾构自动导向系统。它就像盾构机的"眼睛"，实时测量盾构机的当前位置，自动计算出盾首、盾尾的实时坐标与设计线路进行比较，计算出水平与竖向偏差和趋向，并传回中控室，为盾构司机按设计线路掘进提供方向依据。

10-1
盾构计划
线DTA坐标
计算(一)

10-2
盾构计划
线DTA坐标
计算(二)

盾构导向系统的功能：显示盾构机在隧道内实时姿态，为盾构司机按设计线路掘进提供方向依据。导向的实质：计算出盾首盾尾实时坐标，与设计线路进行比较计算出水平与竖向偏差和趋向。

如图 10-13 所示，目前盾构测量导向系统已经发展了三代，最新的第三代产品是激光靶法自动导向系统。表 10-1 中列举了具有代表性的盾构测量导向系统。

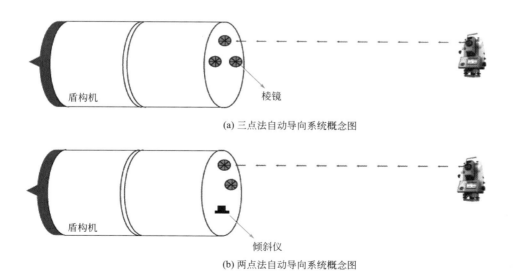

(a) 三点法自动导向系统概念图

(b) 两点法自动导向系统概念图

图 10-13　自动导向系统发展历程（一）

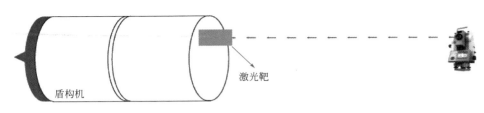

(c) 激光靶法自动导向系统概念图

图 10-13　自动导向系统发展历程（二）

自动导向系统发展历程　　　　　　　　　　　　表 10-1

历程	导向原理	代表产品
第一代	三棱镜导向	力信第一代 RMS-D 三棱镜系统(无倾斜仪)
第二代	两棱镜＋倾斜仪导向	PPS、力信第二代 RMS-D、演算工坊 ROBOTEC(3 个棱镜中 1 个为备用)
第三代	激光靶导向	VMT、ZED GLOBAL、力信第三代 RMS-D、米度 MTG-T

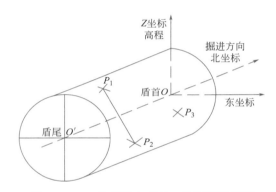

图 10-14　三棱镜导向系统工作原理示意图

三棱镜导向系统工作原理如下：如图 10-14 所示，以盾体盾首圆心为原点 O，建立 TBM 坐标系。在盾体上确定一点 P_1 的空间三维坐标时，盾体可围绕 P_1 点旋转任意角度；再确定第二个点 P_2 的坐标时，盾体只能围绕 P_1 至 P_2 的轴线旋转；当确定不与 P_1、P_2 共线的第三个点 P_3 的坐标以后，盾体的绝对位置就固定了，此时可以计算出盾首和盾尾的圆心坐标。在盾构掘进过程中，通过管片吊篮上的测量机器人实时测量盾体上的三个棱镜坐标，自动导向系统可以实时推算出当前盾构机的里程及掘进轴线偏差等盾构姿态信息，供盾构司机调整掘进参数。

两棱镜＋倾斜仪导向系统工作原理如下：在三棱镜导向系统的基础上进行优化和改进，盾体内部取消了一个棱镜，增加了一个倾斜仪，通过两棱镜和倾斜仪得到的数据来计算盾构里程和盾构姿态信息。

10-3
力信测量
导向系统
介绍

激光靶导向系统的工作原理如下：如图 10-15 所示，由激光全站仪发射出一束可见红色激光束照射到激光靶上，光束相对于激光靶的位置已精确测定，水平角是由激光全站仪照射到激光靶的入射角决定的。在激光靶内部安装有一个监测激光靶倾角和转角的双轴传感器，可以分别测激光靶的上下倾角（yaw angle）、左右倾角（pitch）和入射点相对于激光靶的中心线的旋转角（roll）。激光照射到激光靶的距离由激光全站仪的 EMD 测定。这样，当测站坐标和后视坐标确定后，激光靶的方位和坐标就确定下来了。根据激光靶的中心和盾构机的主机轴线平面之间的几何关系，就可以确定盾构机的轴线，再把隧道设计中心线（DTA）文件输入自动导向软件中，就可以实时显示盾构机主机和隧道设计中心线（DTA）的关系。

图 10-15　激光靶导向系统工作原理示意图

10.5.2　导向系统安装与调试

本章节选取第三代激光靶法自动导向系统——米度 MTG-T 为例进行介绍，其他导向系统如 VMT SLS-T、力信 RMS-D 的测量原理、方法与之类似。

导向系统的硬件包括激光靶、全站仪、中央控制箱、工业电脑、无线电台等，其构造连接图如图 10-16 所示。导向系统软件主要是 MTG-T 导向系统软件（表 10-2）。

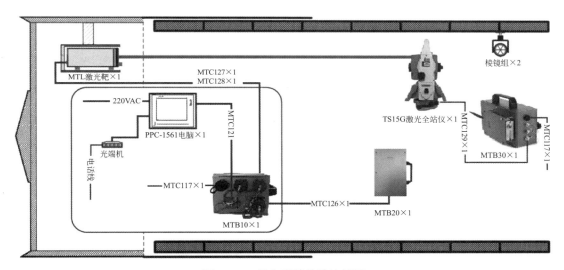

图 10-16　导向系统构造连接图

MTG-T 激光靶自动导向系统硬件			表 10-2
序号	硬件名称	型号	生产厂家
1	激光靶	MTL	上海米度测量技术有限公司
2	全站仪	TS15G	瑞士徕卡测量系统有限公司
3	中央控制箱	MTB10	上海米度测量技术有限公司
4	工业电脑	PPC-1561	研祥集团
5	通信电台	TCPS29	瑞士徕卡测量系统有限公司
6	电池箱	MTB30	——
7	通信线缆	——	——

序号	硬件名称	型号	生产厂家
8	后视棱镜	GPH1	瑞士徕卡测量系统有限公司
9	设备箱	—	—

图 10-17　全站仪安装实物图

当盾构机被吊放到始发井内进行组装时，即可安装调试 MTG-T 导向系统，其主要安装过程如下：

（1）硬件的安装

1）全站仪的安装：全站仪安装在吊篮底盘上，底盘为强制对中底盘，将吊篮悬挂在车站中板底部固定后，全站仪放在底盘上精确整平即满足要求。全站仪安装如图 10-17 所示。

2）后视棱镜的安装：后视强制对中托盘一般选在车站侧墙或立柱上，应选在全站仪能观测到的位置且满足通视条件。后视棱镜的安装如图 10-18 所示。

3）激光靶的安装：激光靶安装在盾尾的特定支架上，出厂前已由米度公司的工程师负责焊接，焊接时要保证安装支架的水平。激光靶的安装实物图如图 10-19 所示。

图 10-18　后视棱镜安装实物图

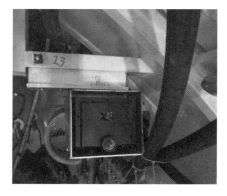

图 10-19　激光靶安装实物图

4）工业电脑的安装：工业电脑安装在盾构操作室内，由螺栓固定在操作柜上。工业电脑的安装实物图如图 10-20 所示。

5）中央控制箱的安装：控制盒安放在盾构机操作室外侧立柱上，并将准备好的激光靶与控制盒连接。中央控制箱的安装如图 10-21 所示。

6）无线电台的安装：本地无线电台安装在盾构机连接桥上，安装结果如图 10-22 所示；远程无线电台安装在全站仪支架的平台上，安装结果如图 10-23 所示。

（2）软件的安装

1）MTG-T 导向系统软件的安装：该软件安装在盾构机操作室内工业电脑上的 C 盘里面，MTG-T 软件主界面如图 10-24 所示。在 MTG-T 软件主界面的【隧道中线】中输入设计线路参数，设计线路参数包括平曲线要素、竖曲线要素、平面偏移、竖直偏移等，如图 10-25 所示。

图 10-20　工业电脑安装实物图

图 10-21　中央控制箱安装实物图

图 10-22　本地无线电台安装图

图 10-23　远程无线电台安装图

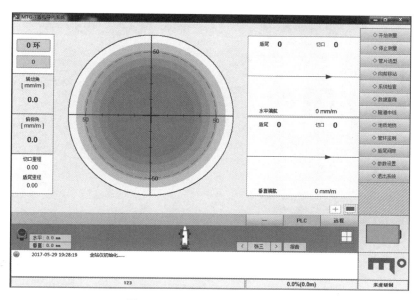

图 10-24　MTG-T 软件主界面图

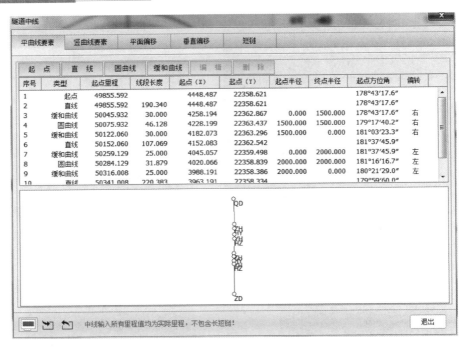

图 10-25　设计线路参数

2）设站定向：在 MTG-T 软件【向前移站】的吊篮坐标中输入测站、后视棱镜三维坐标，在设站定向页面中选择对应的点进行测量并设置，设站定向运行调试如图 10-26 所示（状态栏将提示已完成设站定向）。

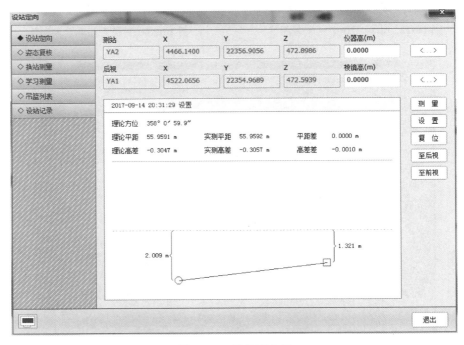

图 10-26　设站定向图

3）工业电脑网口 IP 地址设置：工业电脑中两个网口（导向系统、PLC 及远程监控）IP 地址设置，如图 10-27 所示。

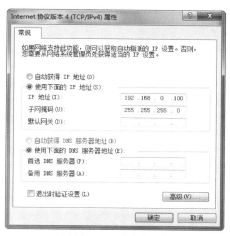 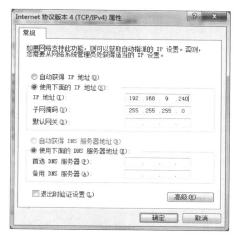

(a) 导向系统本地连接IP地址　　　　　(b) PLC连接(远程连接)IP地址

图 10-27　工业电脑网口 IP 地址设置

说明：工业电脑有两个网口，一个网口用于连接导向系统，另一个网口用于连接盾构 PLC。导向系统本地连接 IP 地址始终是 0 段，地址的最后一位数字除 112 以外可任意设置。PLC 连接 IP 地址要视盾构机型号而定，当使用中铁装备盾构机时，装备盾构机的 PLC 地址都是 9 段，最后一位数可任意设置，但不能与装备盾构管理系统已使用的地址重复，而且最终设置的 IP 地址要用于配置 PLC 连接的配置文件中。所以一旦 PLC 配置成功后，地址就不能再做任何改动，否则 PLC 连接将断开，导向系统读取不到所需的盾构参数。此时想要恢复 PLC 连接，要么把地址恢复到始发时的设置，要么根据当前地址重新配置 PLC，建议把地址恢复到始发时的设置（两个网口的 IP 只需设置"IP 地址"和"子网掩码"这两项即可，其他都无需设置）。

10.6　盾构零位姿态人工测量

盾构零位姿态是指盾构机下井组装好后的初始姿态。盾构姿态描述的是盾构机的当前位置及三维姿态，主要参数有：平面偏差、高程偏差、水平偏航角、俯仰角、滚转角、切口里程。盾构姿态在施工坐标系及盾构机坐标系下的示意图如图 10-28 所示。

盾构机就位始发前，测量人员应开始测量盾构机的始发姿态。始发前盾构机的初始位置和姿态对正确掘进影响较大，必须准确测定。对于具有自动测量导向系统的盾构机也应利用人工测量方法进行检核测量，自动测量导向系统与人工测量结果一致，才能进行掘进施工。

盾构机的零位姿态人工测量方法主要分为圆柱体几何测量法和特征点坐标拟合换算法两大类。前者主要用在盾体内没有安置特征点的圆柱体盾构机中，对于异型盾构机则不适

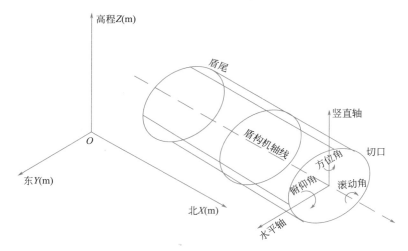

图 10-28　盾构姿态示意图

用；后者普遍应用于第三代测量导向系统或安置了特征点的盾构机中。

10.6.1　圆柱体几何测量法

圆柱体几何测量法是将盾体看作一个圆柱体，通过测量圆柱体上的某些特定点，然后通过几何关系推算出盾首、盾尾的圆心坐标的方法。常用的几何测量方法有盾壳分中法、侧边法等。

（1）盾壳分中法

如图 10-29 所示，先在盾体的一侧任取一点 A 并测定该点的高程，然后在盾体另一侧放样出与 A 点等高的 B 点。用钢尺分圆弧 AB 确定出中点 C，用全站仪测出 C 点的三维坐标（x_C，y_C，H_C），从而求得圆心 O 的三维坐标（x_C，y_C，$H_C - R$）。

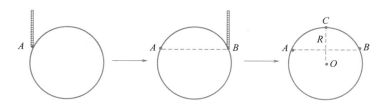

图 10-29　盾壳分中法示意图

根据盾壳分中法可分别计算出盾首和盾尾的圆心三维坐标。盾首的三维坐标可以通过线路坐标反算程序算出对应的切口里程，盾首和盾尾的圆心平面坐标可以计算出盾构机轴线的水平方位角，它们的高程之差除以盾构机长度，可以计算出盾构机的坡度及俯仰角。

（2）侧边法

如图 10-30（a）所示，在盾构机上靠近盾首处悬挂一根细绳，细绳的下部用重物固定拉直，由于细绳处于竖直状态，用全站仪测量出细绳上的反射片的平面坐标（x_1，y_1）即

为切点 A 的平面坐标。如图 10-30 (b) 所示，用钢尺量出细绳到盾首横截面的距离 $D_首$，同理可测出靠近盾尾处的切点 B 的平面坐标及 B 点到盾尾横截面的距离 $D_尾$。如图 10-30 (c) 所示，根据 A、B 的平面坐标及 $D_首$、$D_尾$、盾体半径 R 等尺寸信息可以在 CAD 中绘制出盾体的实际平面位置图形，并标注出盾首和盾尾圆心的平面坐标。如图 10-30 (d) 所示，用全站仪或水准仪分别测量出盾首和盾尾最高点 M、N 的高程，然后减去盾体半径，归算到盾首和盾尾圆心的高程。

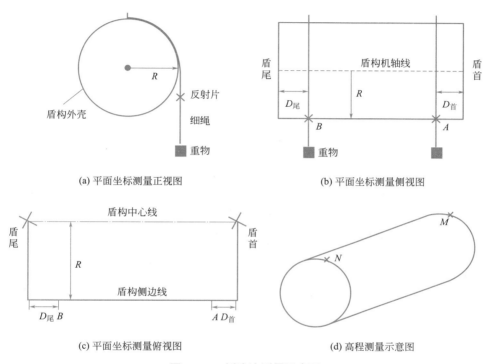

图 10-30　侧边法测量示意图

10.6.2　特征点坐标拟合换算法

在盾构机出厂前，盾构导向系统生产厂家的测量工程师就已经在盾体上布设了若干数量的用于盾构姿态测量的特征点（图 10-31），并精确测定了各特征点在 TBM 坐标系中的三维坐标（图 10-32），即特征点和盾构机有一个固定的几何关系。测量人员在进行盾构姿态的人工复测时，可以直接利用盾构导向系统生产厂家研发的相关软件来进行数据处理，通过测量各特征点的绝对坐标来推算出盾构机的当前姿态。

以米度 MTG-T 导向系统为例，盾构测量人员对安装了该导向系统的盾构机进行初始姿态测量，是以联系测量直传到地下的控制点为设站依据，测量布设在盾体上的 4 个以上特征点的三维坐标（图 10-33），然后用米度隧道精灵软件最小二乘法拟合计算出盾构姿态参数，测量误差应在 ±3mm 以内。选取的特征点要尽量平均分布，以确保测量成果的准确可靠。隧道精灵软件拟合计算的盾构姿态成果如图 10-34 所示。

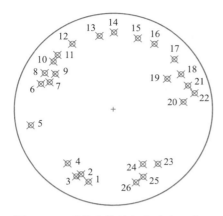

图 10-31　盾体上的特征点分布示意图

图 10-32　工厂内测量特征点的三维坐标

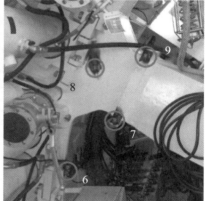

图 10-33　盾构姿态特征点分布

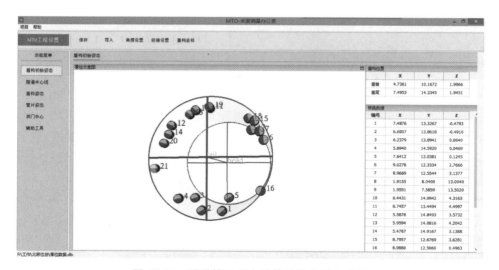

图 10-34　隧道精灵拟合计算的盾构姿态成果

盾构机姿态测量计算取位精度要求见表 10-3。

盾构机姿态测量计算数据取位精度要求　　　　　表 10-3

序号	测量内容	取位精度
1	平面偏差	1mm
2	高程偏差	1mm
3	俯仰角	1′
4	方位角	1′
5	滚转角	1′
6	切口里程	0.01m

由于隧道内观测条件差，测量所依据的洞内控制点稳定状况不好，加之导向测量系统难免发生故障，因此，掘进过程中应定期用人工测量的方法对盾构机姿态和管片状况进行检核测量，为盾构机的掘进提供修正参数。盾构姿态宜每 100 环人工复测一次，盾构机始发 100m 内、到达接收井前 100m 内应增加人工复测频率。

值得注意的是，由于特征点都是布设在盾体内部的支撑环结构上，采用特征点坐标拟合法测量盾构零位姿态，并不能检查出盾体的几何椭圆度。因此需要单独测量盾体的椭圆度，特别是盾尾椭圆度，它的好坏影响着管片拼装质量及能否顺利脱出盾尾而不破坏管片质量。

10.6.3　盾构姿态预警

盾构掘进过程中，必须控制好盾构机的掘进姿态，横向或竖向偏差必须控制在 ±50mm 以内。盾构姿态预警分为黄色、红色两个层级，其中黄色预警标准为：±50mm ≤盾构姿态偏差<±100mm；红色预警标准为：盾构姿态偏差≥±100mm。当达到黄色预警级别时，相关人员应将情况及时上报盾构项目经理、技术负责人进行分析处置；当达到红色预警级别时，相关人员须立即停止盾构掘进施工，同时上报项目部、监理、设计、第三方测量、业主单位等，组织召开专题处置分析会。

10.7　搬站测量

如图 10-35 所示，盾构机在掘进过程中，导向系统的激光全站仪是安放在管片上的吊篮托架上，测量机器人实时测量盾尾处的激光靶坐标，指导盾构机按设计的轴线掘进。当盾构机掘进到更远处，激光全站仪测不到激光靶时，测量员就要把激光全站仪往前搬到能看到激光靶的位置，称为搬站测量。

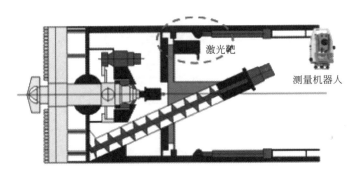

图 10-35　测量机器人测量激光靶坐标示意图

搬站测量的过程如图 10-36 所示。

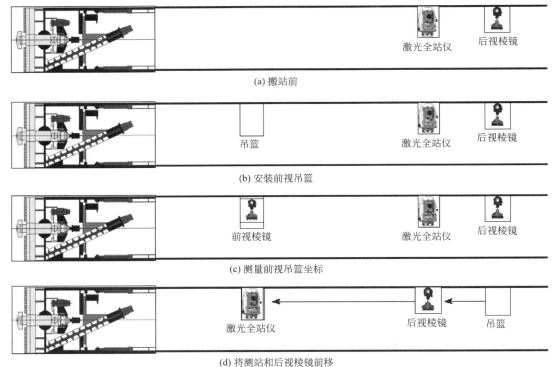

图 10-36　搬站测量示意图

（1）搬站测量前盾构机必须停止掘进，先在盾构操作室测量、查询、记录此时盾构机导向系统的姿态数据，填在盾构搬站测量记录表中（表 10-4）。

（2）先在 1 号台车右上角的隧道管片上选取前后通视情况良好的位置，用电钻钻孔，将导向系统的测量机器人吊篮安装在该处，用六角扳手将膨胀螺栓紧固，确保吊篮安装稳固。

（3）在盾构隧道通视条件良好的情况下，盾构导向系统搬站测量与地下导线控制点的传递测量频次宜遵循"逢移必传"的原则，即每次搬站时，导向系统吊篮的测站点与后视点必须重新测量，从导线控制点获得坐标参数。若是搬站通视条件不好，可遵循"隔一传一"的原则，即每两次搬站时，导向系统吊篮的测站点与后视点必须重新测量，从导线控制点获得准确的坐标参数。

（4）搬站测量完成后，再次测量、查询、记录盾构机导向系统的姿态数据，并对比分析。搬站前后的盾构姿态较差应控制在 $2\sqrt{2} \cdot m$ 内（m 为点位测量中误差），超限时要分析查找原因，必要时要重新测量复测吊篮的坐标。

搬站测量记录表

表 10-4

工程名称：_____　　　　　区间：_____区间_____线隧道 环号：_____

测量：_____　　日期：_____　　　　开始时间：_____　完成时间：_____

换站前坐标数据

点号	类别	北坐标 X(m)	东坐标 Y(m)	高程 H(m)
	测站			
	后视			

换站前姿态

类别	盾尾(mm)	盾首(mm)	里程
水平			
垂直			
滚动角		mm/m	
俯仰角		mm/m	

换站后坐标数据

点号	类别	北坐标 X(m)	东坐标 Y(m)	高程 H(m)
	测站			
	后视			

换站后姿态

类别	盾尾(mm)	盾首(mm)	里程
水平			
垂直			
滚动角		mm/m	
俯仰角		mm/m	

盾构操作手：　　　　　　　　　　　　　　　　值班工程师：

10.8　管片姿态测量

由于在盾构掘进过程中，刚拼装的管片还没有来得及注入双液浆加固，因此还不稳定，经常会发生管片位移现象。有时位移量很大，特别是上浮，常常引起管片限界超限，影响隧道成型质量，危害列车运营安全。因为地铁施工中规定，拼装好的管片位移允许最大限界值是±10cm。

为了防止管片侵限，首先要提高控制测量的精度，其次是提高导向系统的测量精度，最后通过人工测量每天的管片姿态，实测出管片的位移趋势，采取措施尽量减小位移量。此外，管片姿态测量还起到人工复核导向系统的作用。

10.8.1　管片姿态测量方法

管片姿态测量需要制作一把管片尺，即用铝合金型材（3500mm×75mm×45mm，可根据实际情况调整长度)、1m 长水平尺、4cm×4cm 的反射片制作而成,如图 11-37 所示;用钢卷尺测量出铝合金型钢的中线,在侧面中线处贴上反射片,将水平尺用透明胶带粘贴在铝合金型钢上,水平管气泡应面朝上,这样管片尺就加工好了。

人工测量管片姿态采用横杆法。全站仪后视定向,将管片尺放置在管片横向接缝处精确整平,用钢卷尺量出反射片中心到管片内底的高度,并输入到全站仪棱镜高里。全站仪照准反射片,测量它的三维坐标,点号按管片环号来命名,如图 10-38 所示。测得的管片姿态数据可采用软件进行计算处理。

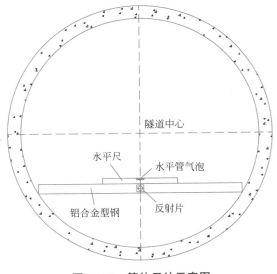

图 10-37　管片尺的示意图

图 10-38　管片姿态人工测量

盾构掘进过程中应逐环测量成型管片姿态,重叠测量上一次 3~5 环已经稳定了的管片。宜测量靠近隧道里侧的管片端的姿态,该处管片靠近盾尾,管片姿态与导向系统显示的盾尾姿态最符合。

10.8.2　管片姿态预警

管片姿态预警分为黄、橙、红三级。管片姿态预警等级划分标准、报送范围及方式、处置措施见表 10-5。

管片姿态预警等级划分标准、报送范围及方式、处置措施　　　　表 10-5

预警等级	预警状态描述	报送范围	报送时限	报送方式	处置措施
黄色预警	盾构管片姿态横向或竖向偏差达到 (50,100] mm	1. 项目部盾构总工 2. 技术负责人	当天	短信、QQ	盾构总工视情况组织相关各方分析、处置
橙色预警	盾构管片姿态横向或竖向偏差达到 (100,150] mm	1. 项目经理 2. 项目部盾构总工 3. 监理工程师	当天	电话+短信	监理工程师视情况组织相关各方分析、处置

续表

预警等级	预警状态描述	报送范围	报送时限	报送方式	处置措施
红色预警	盾构管片姿态横向或竖向偏差大于 150mm	1. 项目部相关领导 2. 监理工程师 3. 第三方测量 4. 设计单位 5. 业主代表	当天	电话＋短信	监理工程师视情况组织相关各方分析、处置

注：本表中的管片姿态预警值适用于内径尺寸为 5.4～5.5m 的管片，其他尺寸的管片姿态预警值见设计图纸及相关规范文件要求。

管片姿态超限后，项目部测量组应与第三方测量单位一起对超限的管片姿态逐环进行复测，互相核对数据无误后，上报设计院制订纠偏方案。盾构纠偏应缓慢进行，切忌操之过急而导致管片拼装错台、隧道轴线侵限，影响后期列车运行安全。

10.9　盾构接收测量

盾构接收阶段的测量包括接收洞门钢环复测、接收基座定位测量。接收基座的安放位置要与接收洞门钢环的实际圆心位置和高度对应，以便盾构机顺利出洞。接收洞门钢环和接收基座的测量方法和技术要求参照本教材 10.2 节、10.3 节的始发洞门钢环测量、始发基座定位测量相关标准执行。

思考题与习题 🔍

1. 简述在盾构隧道工程施工中的主要测量工作有哪些？
2. 盾构施工测量的主要目的是什么？
3. 洞门钢环复测及计算有哪几种方法？各有什么优缺点？
4. 隧道内为什么要设置平面偏移量和竖向偏移？
5. 简述激光靶法自动导向系统的工作原理。
6. 激光靶法自动导向系统的硬件有哪些？
7. 盾构姿态包括哪些参数指标？
8. 管片姿态预警如何划分？
9. 盾构接收测量包括哪些工作？

第 **11** 章

Chapter **11**

高架区间施工测量

知识目标

作为城市轨道交通工程的一种形式,高架区间通常建设在建设用地成本低、征拆难度低的地段。通过本章节教学,使学生了解高架桥施工工艺和特点,掌握高架桥区间施工测量的流程和测量质量控制要点。

能力目标

(1)具备独立从事高架区间施工测量的能力。

(2)具备编制高架区间施工测量专项方案的能力。

(3)具备分析解决高架区间测量疑难问题的能力。

思维导图

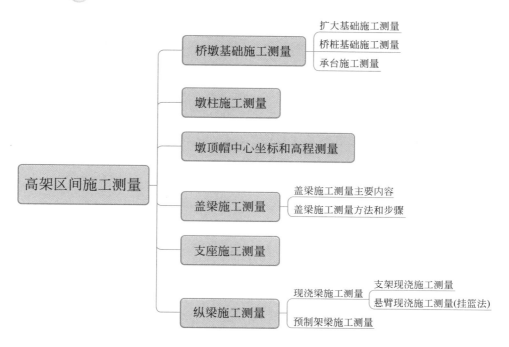

11.1　概述

城市轨道交通线路根据需要可以设在地面、地上和地下，当线路位于地上时采用高架结构。在城市轨道交通工程中，轻轨交通通常采用高架结构形式，与地铁交通工程相比，其具有施工速度快、投资相对少等优点，但对线路景观要求高，施工工期及环保要求也有所不同。高架区间主要由桥墩和桥梁组成，而桥墩由三部分组成：下部为桩基，桩基上部为承台，承台上部为墩身。本章主要介绍高架区间的桥墩基础、墩柱、横梁（盖梁）以及纵梁等结构施工测量的内容。

11.2　桥墩基础施工测量

高架桥墩台基础主要分为扩大基础和桩基础两种。

扩大基础是由地基反力承担全部上部荷载，将上部荷载通过基础分散至基础底面，使之满足地基承载力和变形的要求。扩大基础主要承受压应力，一般用抗剪性能较差的材料（如混凝土、毛石、三合土等）建造，适用于地基承载力较好的各类土层。

桩基础是垂直或微斜埋置于土中的受力杆件，它的横截面尺寸比长度小得多，其所承受的荷载由桩侧土的摩阻力及桩端地层的反力共同承担。如果地质条件较差，为保证基础的承载能力，防止基础沉陷，宜采用"桩基础＋承台"的形式。

11.2.1 扩大基础施工测量

桥墩扩大基础通常采用明挖放坡法施工，扩大基础的构造如图 11-1 所示。可以根据极坐标法放样出桥墩基础中心位置及纵横轴线，用基坑底部的长度和宽度及基坑深度、边坡的坡度，放样出基坑的开挖边界线。边坡桩至桥墩轴线的距离 D 计算公式见式（11-1）：

$$D = \frac{b}{2} + l + mh \tag{11-1}$$

式中：b——基础宽度（m）；

　　　l——预留工作宽度（m）；

　　　m——边坡坡度；

　　　h——基底距地表的深度（m）。

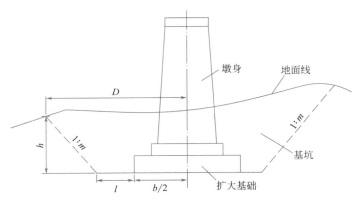

图 11-1　扩大基础示意图

桥墩扩大基础施工时，应以施工控制点为放样依据，采用全站仪极坐标放样法测定出基坑边缘线、基础结构混凝土模板位置线。模板平面位置的中误差应不超过±10mm，基底高程和基础混凝土面标高的测量中误差均应控制在±10mm 以内。

11.2.2 桥桩基础施工测量

桩基础可分为单桩和群桩，单桩的中心位置放样方法与墩柱基础中心放样方法相同。群桩的构造如图 11-2 所示，先在基础下部打入一组桩，再在桩上施作钢筋混凝土承台，使桩和承台连成一体，然后在承台上浇筑墩身。

如图 11-3 所示，桩位测量放样时，应根据设计施工图纸计算出各桩位的中心坐标，采用全站仪极坐标法准确测量出桩心位置，并在实地用木桩和记号笔做好桩位标记。每个中心桩位纵、横轴线方向必须设置 4 个护桩，便于桩基施工过程中对桩心进行检校。每次桩位放样不得少于 4 个桩位，桩位放样后应及时对各桩心的几何位置关系（如桩间距）进行检核。

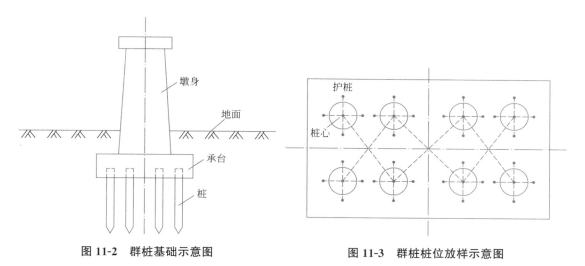

图 11-2　群桩基础示意图　　　　　　　　图 11-3　群桩桩位放样示意图

护筒埋设完成后，使用水准仪测量护筒标高。确认准确无误后，书面技术交底给现场技术员和施工员。

桥墩桩基础的测量放样精度要求如下：

（1）纵、横向放样中误差均不应超过±10mm；

（2）同一桥墩的各桩间距的测量中误差不应超过±5mm；

（3）桩基础护筒高程测量中误差不应超过±5mm。

11.2.3　承台施工测量

桩基施工完毕后，可采用 GPS-RTK 测量技术或全站仪极坐标法放样出承台的四个角点坐标，并及时将水准点引测至基坑周边，以便指导承台基坑开挖深度。

基坑开挖至设计标高后，应及时对基底标高和基坑尺寸进行测量检查。检查无误后，根据设计图纸放样出承台的十字中心线或承台的各个角点位置（图 11-4），并用墨线标记在垫层上。放线完毕后，应用钢尺等工具进行验线，检查各点间的距离及对角线距离，确认准确无误后，书面技术交底给现场技术员和施工员。

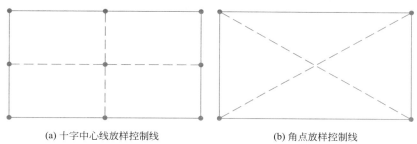

(a) 十字中心线放样控制线　　　　　　　　(b) 角点放样控制线

图 11-4　承台放样控制线示意图

如图 11-5 所示，根据承台放样控制线绑扎钢筋、支立模板，在浇筑混凝土前还应再次对模板平面位置及标高进行测量检核，将模板位置偏差控制在限差允许范围内。

图 11-5　承台模板的安装

承台施工测量放样精度要求如下：

（1）承台中心或十字轴线位置测量放样中误差不应超过±5mm；

（2）模板支立位置测量中误差不应超过±7.5mm；

（3）承台顶面高程测量中误差不应超过±5mm。

11.3　墩柱施工测量

在墩柱施工前，应在不同的测站上对承台成品的中心或轴线位置、顶部高程进行测量检核，检核合格后进行墩柱施工测量。

（1）墩柱平面测量放样

在距离墩柱最近的精密导线点或加密控制点上架设全站仪，后视相邻的控制点进行定向测量。然后采用极坐标放样法，在承台顶面准确放出墩台中心轴线或边线，将放样出的点用红油漆标注，并用墨斗弹出墩身的边线，以此作为支立模板的定位依据。在模板支立完成后，模板的垂直度可使用全站仪或吊锤进行监测。墩柱平面测量放样点位精度应控制在±3mm 以内，模板的垂直度允许偏差应小于 1‰。

（2）墩柱高程测量放样

在最后一段墩柱浇筑前，应将地面高程向上传递测量至模板顶部，可用水准仪＋悬挂钢尺测量、全站仪三角高程测量等方法。

1）水准仪＋悬挂钢尺测量

如图 11-6 所示，水准仪＋悬挂钢尺向上传递高程测量过程中，将一把经过检定的长钢尺的非零端从模板上口铅锤垂下。水准仪架设在高程为 H_0 的水准点和钢尺的中间位置，水准仪照准后视水准尺读数为 a，照准前视钢尺读数为 b，钢尺在模板顶面的读数为 c。则模板顶面的高程 H_1 可按式（11-2）计算：

$$H_1 = H_0 + a + \mid b - c \mid \tag{11-2}$$

设墩顶的设计高程为 H_2，则可以用钢尺从模板顶面向下量取 $h = H_1 - H_2$，即得到墩顶的设计位置。考虑到墩身模板的模板上口并非绝对的水平，用上述方法在墩身模板的不同位置测出 h 并取其平均值，以保证墩顶高程放样的准确性。

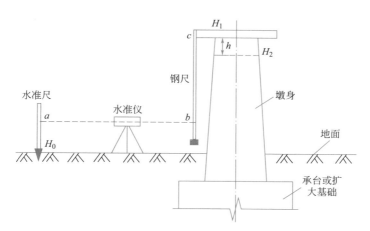

图 11-6　水准仪＋悬挂钢尺向上传递高程测量示意图

2）全站仪三角高程测量

如图 11-7 所示，全站仪三角高程测量中，为减少测量误差，需要保持棱镜杆的杆高不变。全站仪架设在高程为 H_0 的水准点和墩柱的中间位置，先将杆高为 i 的棱镜杆立在水准点上，全站仪照准测量其高差为 h_1，然后将棱镜杆立在模板顶面上，全站仪照准测量其高差为 h_2。则模板顶面的高程 H_1 可按式（11-3）计算：

$$H_1 = H_0 + h_1 + h_2 \tag{11-3}$$

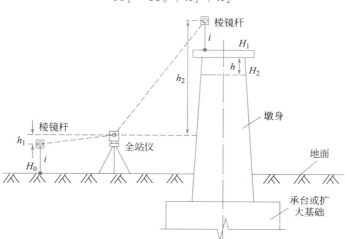

图 11-7　全站仪三角高程测量示意图

墩柱高程向上传递测量应独立进行 3 次，其较差应控制在 $\pm 3\mathrm{mm}$ 以内，并以 3 次测量高程的平均值作为最终高程。

11.4 墩顶帽中心坐标和高程测量

桥墩施工完成后，应将桥墩的设计中心坐标和高程引测至桥墩顶帽上。

桥墩顶帽设计中心坐标应利用线路中线控制点及加密导线点等，将桥墩的中心坐标独立测量两次，两次投测较差应小于±3mm。投测后应埋设中心标志（图 11-8），并测量其点位坐标，其实测值与设计坐标较差应小于±10mm，否则应重新测量放样中心标志位置。

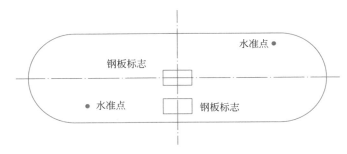

图 11-8 墩顶帽测量标志位置

如图 11-9 所示，桥墩顶帽的高程应利用水准仪＋悬挂钢尺测量方法，将高程传递到每个桥墩顶部的高程点上。桥墩顶帽的高程 H_1 计算公式如下：

$$H_1 = H_0 + a + \mid b - c \mid - d \tag{11-4}$$

式中：H_0——地面已知水准点的高程（m）；

a——水准仪后视地面水准点的读数（m）；

b——水准仪前视钢尺下端的读数（m）；

c——水准仪后视钢尺上端的读数（m）；

d——水准仪前视桥墩顶帽的读数（m）。

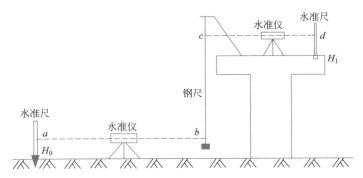

图 11-9 墩顶帽高程传递测量示意图

桥墩顶帽的高程传递测量按城市四等水准测量精度要求独立测量两次，其较差应控制在±5mm 以内，并以两次测量高程的平均值作为最终高程。

11.5　盖梁施工测量

墩柱施工完成后，应对桥墩顶部的中心位置、高程及相邻柱距进行检核和调整，并依据检核后的控制点进行盖梁施工测量。

11.5.1　盖梁施工测量主要内容

盖梁施工测量的内容主要包括：盖梁中心、法方向及高程控制，基座板中心、法方向及高程控制。

在线路曲线上，因存在超高，基座板中心与抗剪榫中心不重合，必须根据超高计算出抗剪榫的中心坐标，并且宜按照先进行高程测量放样，后进行平面位置测量放样的顺序作业。在线路直线段上，高程和平面测量可以不分先后次序。

11.5.2　盖梁施工测量方法和步骤

盖梁施工平面放样主要采用全站仪极坐标法，高程测量主要采用水准测量方法或全站仪三角高程测量法，并分为初测、精调和检核测量三个环节。施工测量步骤如下：

（1）根据横梁支座设计坐标、方位，用极坐标法标定出盖梁的法线和切线，进行盖梁模板放样。

（2）上支架及锚箱安装固定后，用相邻墩柱（或盖梁）上引测的高程测量基座板四角高程，计算出与设计值的差值，根据其差值用锚箱支架上的高程调节螺杆调节基座板四角的高程。由于基座板四角的高程精度要求为−5～0mm，因此，可将高程调整至−2.5mm左右，以便后续工序不至于使高程超限。

（3）根据基座板法方向的两个标记点坐标和基座板中心坐标（线路曲线上，可用计算出抗剪榫的中心坐标）计算出到横梁切线和法线的距离，并用钢尺量取各控制点到切线和法线的距离，根据其差值用锚箱支架上的平面调节螺杆反复调整锚箱支座的平面位置。

（4）重新检查基座板四角高程，若有变动，重复上述2）～3）步骤进行调整，直至满足要求方可进行混凝土浇筑工作。

（5）混凝土凝固成型后，应再一次检查基座板中心、法方向及高程和盖梁中心坐标。

盖梁施工要求：盖梁现浇前应检测模板支立的位置、方位和高程，其轴线测量中误差为±5 mm，结构断面尺寸和高程测量中误差为±1.5mm。预制梁安装前必须检查其几何尺寸和预埋件位置，检查几何尺寸测量中误差应小于限差的1/5。

11.6 支座施工测量

在支承垫石施工前及支座安放前，必须进行平面控制点、高程点的复测及墩顶或盖梁顶高程的复测，并要与相邻工区联测平面和高程控制点。

采用全站仪测量放样出支承垫石的角点位置，同时使用钢尺复核相邻支承垫石的间距。支承垫石顶部先用水平尺进行粗略整平，然后使用水准仪精确测量控制高程（图 11-10），并经测量监理复测合格后，再以书面技术交底交予现场技术员。

(a) 支承垫石顶部粗略整平　　　　　　(b) 支承垫石高程精确测量

图 11-10　支座高程测量

11.7 纵梁施工测量

纵梁施工可分为现浇梁施工和预制架梁施工两类。现浇梁施工又可分为支架现浇梁施工（图 11-11）和悬臂现浇梁施工（图 11-12），悬臂现浇梁施工俗称"挂篮法"；预制架梁施工如图 11-13 所示。纵梁施工前应对各支承盖梁线路中线点、桥墩跨距和顶帽上的高程进行测量复核。

图 11-11　支架现浇纵梁施工　　　　　　**图 11-12　悬臂现浇纵梁施工**

图 11-13　预制架梁施工

11.7.1　现浇梁施工测量

（1）支架现浇梁施工测量

1）将支架现浇连续梁以每块模板划分为一个断面，准确计算出每个断面端头处梁底与梁面两侧坐标及高程。

2）当满堂支架搭设完成后，对支架进行预压。根据预压监测数据计算出预拱度，再结合设计高程计算出施工中模板搭设的高程。

3）在模板安装完成后，根据计算出的坐标及调整后的模板搭设高程调整模板的位置。

4）模板调整完成并固定后再对模板的位置进行检核，复核合格后，报测量监理复核。

（2）悬臂现浇梁施工测量

1）桥墩施工完后，搭设 0 号块支架，铺设 0 号块底模，然后进行支架预压。预压过程中进行连续的标高测量，根据测得的数据确定支架的弹性变形值。根据支架的弹性变形值重新调整支架的高度，并且利用全站仪对 0 号块进行精确定位。

2）当箱梁当前悬浇段的挂篮初步就位后，根据箱梁施工控制网，在 0 号块工作基点上架设全站仪，依次放样箱梁节点立模具体位置，确定箱梁里程桩号。

3）通过桥梁平面控制网控制点和高程控制点来精确测定局部控制点的平面位置和高程。局部控制点用来控制各个梁段挠度观测点和后视点，局部控制点在施工完成一定数量梁段或重要环节时经过校准，以保证局部控制点能满足精度要求，同时利用沉降观测中的墩身观测标点、标高变化，监测基础沉降和墩柱压缩变形。

现浇梁时，施工测量精度要求如下：

① 应在现浇模板上测设线路中线和高程控制点，其测量误差均应小于 ±5mm；

② 测放底模和侧模位置时，应以上述控制点为依据，且相对于上述控制点的误差不应超过 ±5mm。

11.7.2　预制梁施工测量

（1）箱梁架设前首先放样出墩顶线路纵横中线以及垫石纵横中线，并对墩顶线路纵横中线以及垫石纵横中线控制点、每孔的跨距和高程进行检查。

（2）箱梁吊装过程中测量人员配合现场指挥人员，采用全站仪三维坐标法来控制梁体的位置。

（3）箱梁就位后测量人员要及时复核梁体的中线和高程，保证箱梁线形平顺、无错台现象。

当纵梁采用混凝土预制纵梁安装时，其中线和高程与线路设计中线和高程间的较差应小于5mm。

思考题与习题

1. 简述桥墩扩大基础施工测量的精度控制要求。

2. 简述桥墩桩基础的测量放样的精度控制要求。

3. 简述承台测量放样的精度控制要求。

4. 墩柱高程向上传递测量应独立进行几次？各次的高程较差不得大于多少？

5. 简述现浇梁施工测量的精度控制要求。

第 **12** 章

竣工断面测量

知识目标

　　当城市轨道交通工程车站竣工、区间隧道贯通后，即可开始竣工断面测量工作。在轨道工程施工前，设计院会分析竣工断面测量成果数据是否影响地铁列车的运行安全，如有影响，则需要进行调线调坡。通过本章节教学，使学生掌握竣工断面测量的相关要求、测量方法和精度。

能力目标

　　（1）具备组织实施竣工断面测量的能力。
　　（2）具备计算处理竣工断面测量数据的能力。

思维导图

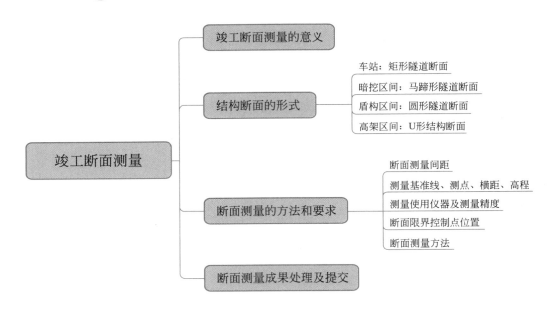

12.1 概述

城市轨道交通工程车站、区间隧道和高架线路的竣工断面测量又称结构净空测量，是在土建结构施工完成后，测定土建工程行车区域的结构断面现状尺寸，并检验土建结构限界是否满足设计要求所进行的测量工作。竣工断面测量的成果会作为设计院调坡调线的判断依据，因此须严格按照设计院给的断面测量技术交底执行。

12.2 结构断面的形式

城市轨道交通工程的车站和区间隧道结构断面多种多样，与施工工法、单洞单线、单洞双线、站台与车辆的布置关系等相关。

如图 12-1 所示，明挖法施工的车站及区间隧道行车区域的结构断面一般为矩形，暗挖法施工的车站及区间隧道行车区域的结构断面则有圆形、马蹄形等多种形式，高架段的车站及区间隧道行车区域的结构断面一般为无顶盖的矩形。

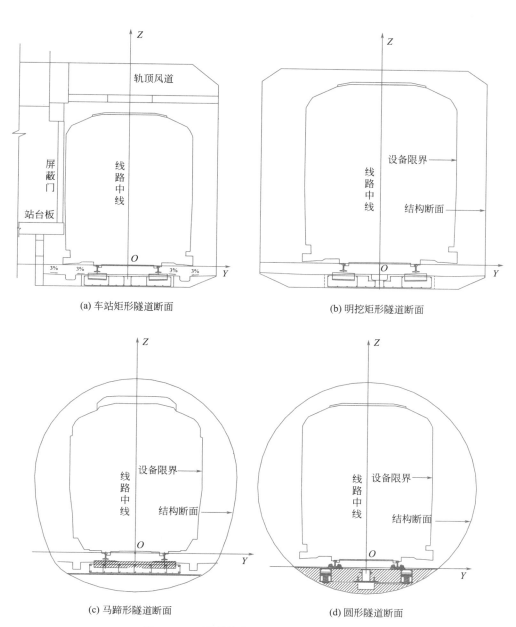

(a) 车站矩形隧道断面

(b) 明挖矩形隧道断面

(c) 马蹄形隧道断面

(d) 圆形隧道断面

图 12-1　不同结构断面的形式示意图（一）

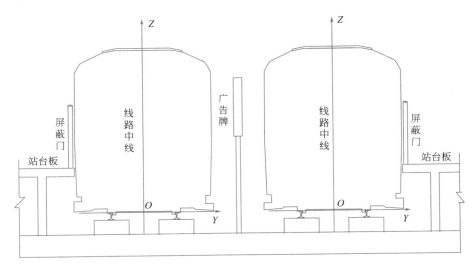

(e) 高架侧式车站断面

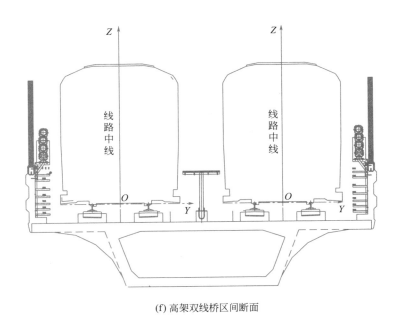

(f) 高架双线桥区间断面

图 12-1　不同结构断面的形式示意图（二）

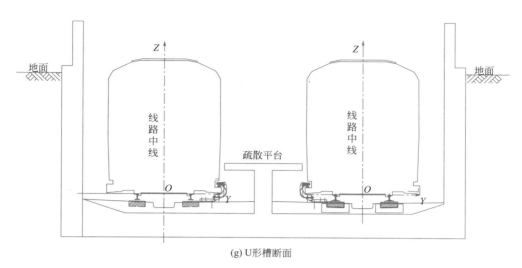

(g) U形槽断面

图 12-1　不同结构断面的形式示意图 （三）

12.3　断面测量的方法和要求

当隧道贯通后，应进行其竣工断面测量。竣工断面测量应以经过贯通控制测量、严密平差的控制点成果为施测依据。

12.3.1　断面测量间距

（1）沿里程增大方向，明挖法施工、矿山法施工（过渡段及车站）、高架桥段的直线段每隔 6m、曲线段（含曲线以外的 20m 直线）每隔 5m 测量一个断面。

（2）沿里程增大方向，盾构法施工的直线段每隔 6m（管片 4 环）、曲线段（含曲线以外的 20m 直线）每隔 4.5m（管片 3 环）测量一个断面，测点为管片接缝处的突出点。

（3）曲线起点、缓圆点、中点、圆缓点、终点、盾构进出洞位置、联络线通道、人防门（防淹门）门框两端、车站站台门两端点、折返线（含渡线）范围内的中隔墙和立柱等断面突变处及施工偏差较大段须加测断面。

（4）在道岔处，12 号道岔以设计岔心为原点，岔前后各 30m 范围内共 60m，沿设计线路每隔 4m 测一个断面，每根立柱处加测一个断面；9 号道岔以设计岔心为原点，岔前后各 26m 范围内共 52m，沿设计线路每隔 4m 测一个断面，每根立柱处加测一个断面；7 号道岔以设计岔心为原点，岔前后各 24.5m 范围内共 49m，沿设计线路每隔 4m 测一个断面，每根立柱处加测一个断面。

（5）在转辙机处，12 号道岔以设计岔心为原点，岔前 13m 测一个断面；9 号道岔以设计岔心为原点，岔前 11m 测一个断面；7 号道岔以设计岔心为原点，岔前 8.65m 测一个断面。

（6）另外，在下列特殊位置也需加测断面：

① 线路起点、线路终点、曲线五大要素控制点（*ZH*、*HY*、*QZ*、*YH*、*HZ* 或 *ZY*、*QZ*、*YZ*）；

② 结构横断面变化点（测同一位置的两种横断面）；

③ 人防隔断门门框两侧、区间联络通道两边缘、道岔岔心位置、区间射流风机处、站台、区间、配线地段线路两侧的中隔墙和立柱等断面突变处须加测断面；

④ 区间排水管处（测量管内底标高）；

⑤ 在出现较严重侵限地段，应根据调坡调线需要加密测点。

（7）盾构隧道施工期间进行过调坡调线的地段，每隔 1～2 环（视施工误差情况而定）测量一处横断面，测量位置也在环缝处。

12.3.2 测量基准线、测点、横距、高程

（1）以线路专业施工图的设计线路中心线为测量基准线，左、右线均需要进行断面测量。

（2）测点距基准线的横距是指轨顶设计高程以上规定高度位置由基准线至结构内壁的距离。

（3）顶部测点是设计线路中心线在结构顶部内壁的投影点，底部测点是设计线路中心线在结构底部内壁的投影点，均以高程表示。

（4）盾构区间中曲线段的线路中心线与隧道中心线不重合，底板和顶板高程均为实际盾构内壁最低点和最高点高程，并非线路中心线处上下内壁高程。左右横距以线路中心线为基准向盾构左右内壁测量距离。

（5）设计院给的断面测量技术交底中的方向是指沿设计线路由小里程至大里程的方向，资料整理时均应按小里程至大里程的顺序排列。

12.3.3 测量使用仪器及测量精度

（1）结构横断面测量，可采用Ⅲ级全站仪、断面仪、三维激光扫描仪等进行。

（2）测量断面点的里程纵向允许误差应在 ±20mm 之内，断面测量精度横向允许误差为 ±10mm，矩形断面高程误差应小于 20mm，圆形断面高程偏差应小于 10mm。

12.3.4 断面限界控制点位置

车站和区间横断面上测量点的位置应为依据断面形式确定的建筑限界控制点或由设计指定位置的断面限界控制点。

车站的限界控制点通常位于结构的顶、底板以及结构边墙和站台边沿上；区间隧道的建筑限界控制点应位于结构顶、底板和两侧边墙上；高架线路的限界控制点应位于结构底板和两侧边墙上。图 12-2 分别为城市轨道交通工程矩形、圆形、马蹄形隧道以及高架区间单洞单线横断面限界控制点示意图。

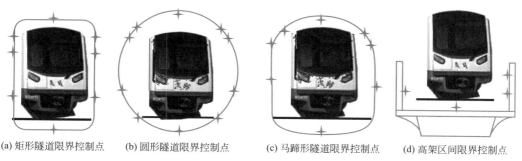

(a) 矩形隧道限界控制点　(b) 圆形隧道限界控制点　(c) 马蹄形隧道限界控制点　(d) 高架区间限界控制点

图 12-2　各种横断面点位测量示意图

12.3.5　断面测量方法

断面测量可采用全站仪极坐标法、断面仪法、支距法、三维激光扫描法等。横断面里程中误差不应超过±50mm，断面限界控制点与线路中线法向距离的测量中误差不应超过±10mm，除横断面底板上的线路中线点外，其他限界控制点高程的测量中误差不应超过±20mm。

（1）车站矩形断面测量

若地铁车站范围内的线路中线为直线线元，则车站纵横轴线构成直角方格网。可以借助直角方格网坐标系建立车站方格网施工坐标系，这样更容易根据建筑施工坐标（A，B）找到对应的设计里程断面和水平偏距，断面数据处理计算也更加方便。

（2）暗挖隧道断面测量

在进行暗挖隧道断面测量时，应先计算好需要测量的断面的里程桩号、线路中桩坐标和设计轨面高；然后用全站仪在隧道内放样出线路中桩坐标，从而找到该断面；再根据各断面限界控制点与轨面高的相对位置关系，一一找到并测量出它们的实际三维坐标，保存在全站仪中。等断面测量工作结束后，将断面测量数据拷贝到电脑中进行计算处理。

（3）盾构圆形断面测量

在进行盾构圆形断面测量时，可以利用盾构掘进施工过程中的管片姿态测量资料，根据管片的对应里程来判断哪些管片位于直线、曲线上，从而统计出直线段和曲线段应进行断面测量的管片环号，然后进行断面施测。施测过程与暗挖隧道断面测量步骤相同。

12.4　断面测量成果处理及提交

断面测量完成后，应对断面测量成果进行检核，对限界尺寸紧张的断面应进行复测。检核无误后，应按设计要求的数据格式编制和提供断面测量成果表，并绘制断面图。

编制、提交《地铁××号线工程隧道断面测量报告（××工点××里程）》，内容包括测量方法、使用仪器、工作时间、工点里程、成果精度、采用的基准点等，并按要求的参考表《地铁××号线工程隧道断面测量记录表》编制最终测量结果。

根据工程进度和工程需要，向承担调坡调线的设计单位提供纸质签署齐全的分段隧道断面测量报告（含断面测量成果）和电子文件各一套（表 12-1、表 12-2）。

表 12-1

车站断面测量记录成果表

工点(区间):××站右线　　隧道类型:车站矩形隧道断面

断面里程 YDK	测点位置	左 实测值 L(mm)	左 实测值 H(m)	左 设计值 L(mm)	左 断面偏距 差值(mm)	右 实测值 L(mm)	右 实测值 H(m)	右 设计值 L(mm)	右 断面偏距 差值(mm)	底板高程 实测值(m)	底板高程 设计值(m)	底板高程 差值(mm)	顶板高程 实测值(m)	顶板高程 设计值(m)	顶板高程 差值(mm)	轨道结构高度(m)	轨面以上高度(m)	设计轨面高(m)
53022.04	上	1415	478.906	1350	65	2295	478.328	2250	45									
	中	1604	475.386	1600	4	2288	476.265	2250	38	473.654	473.699	-45	479.046	479.006	40	0.802	4.590	474.456
	下	2223	474.365	2200	23	2270	474.206	2250	20									
53029.99	上	1360	478.591	1350	10	2276	478.321	2250	26									
	中	1606	475.380	1600	6	2263	476.254	2250	13	473.676	473.715	-39	479.043	479.006	37	0.780	4.587	474.456
	下	2254	474.262	2200	54	2254	474.213	2250	4									
53040.04	上	1357	478.562	1350	7	2263	478.366	2250	13									
	中	1604	475.383	1600	4	2274	476.293	2250	24	473.718	473.735	-17	479.030	479.006	24	0.738	4.574	474.456
	下	2251	474.308	2200	51	2282	474.232	2250	32									
53049.94	上	1350	478.560	1350	0	2277	478.492	2250	27									
	中	1602	475.385	1600	2	2277	476.413	2250	27	473.716	473.755	-38	479.029	479.006	23	0.740	4.573	474.456
	下	2241	474.322	2200	41	2270	474.402	2250	20									
53059.95	上	1351	478.570	1350	1	2242	478.488	2250	-8									
	中	1605	475.389	1600	5	2238	476.383	2250	-12	473.777	473.775	2	479.020	479.006	14	0.679	4.564	474.456
	下	2206	474.351	2200	6	2228	474.367	2250	-22									

制表:　　　　复核:　　　　审核:　　　　计算:　　　　复核:　　　　日期:

表 12-2

盾构隧道断面测量记录成果表

工点（区间）：××站～××站右线　　隧道类型：圆形隧道　　计算：　　复核：　　日期：

区间断面测量记录表

| 断面里程 YDK | 测点位置 | 断面偏距 | | | | | | | | 底板高程 | | | 顶板高程 | | | 轨道结构高度 | 轨面以上高度 | 设计轨面高 | 隧道偏差 | |
| | | 左 | | | | 右 | | | | | | | | | | | | | | |
		实测值 L(mm)	H(m)	设计值 L(mm)	差值(mm)	实测值 L(mm)	H(m)	设计值 L(mm)	差值(mm)	实测值(m)	设计值(m)	差值(mm)	实测值(m)	设计值(m)	差值(mm)	(m)	(m)	(m)	X(mm)	Y(mm)
50826.628	上	2102	477.023	2113	−11	2122	477.0205	2115	7											
	中	2681	475.346	2700	−19	2715	475.3532	2700	15	472.642	472.641	0.9	478.0478	478.0411	6.7	0.8591	4.5467	473.5011	16	4
	下	1957	473.509	1983	−26	1997	473.5007	1975	21											
50832.749	上	2080	477.061	2106	−26	2112	477.0553	2111	1											
	中	2686	475.395	2700	−14	2714	475.3765	2700	14	472.652	472.672	−19.8	478.0546	478.0717	−17.1	0.8798	4.5229	473.5317	12	−18
	下	1985	473.536	1980	4	2001	473.5367	1981	20											
50838.757	上	2082	477.089	2108	−26	2116	477.0785	2116	−1											
	中	2685	475.412	2700	−15	2716	475.4173	2700	16	472.692	472.702	−9.4	478.0908	478.1018	−11	0.8694	4.529	473.5618	15	−10
	下	1978	473.568	1982	−4	2004	473.5622	1976	28											
50844.782	上	2112	477.095	2127	−15	2121	477.1156	2111	10											
	中	2687	475.439	2700	−13	2713	475.4382	2700	13	472.727	472.732	−4.8	478.1261	478.1319	−5.8	0.8648	4.5342	473.5919	11	−5
	下	1972	473.593	1977	−5	1985	473.5916	1976	10											
50850.667	上	2084	477.141	2115	−31	2117	477.1453	2111	6											
	中	2689	475.474	2700	−11	2723	475.4752	2700	23	472.754	472.761	−7.2	478.1421	478.1613	−19.2	0.8672	4.5208	473.6213	16	−13
	下	1979	473.624	1977	1	2008	473.6248	1979	30											

制表：　　复核：　　审核：

思考题与习题 🔍

1. 为什么要进行竣工断面测量？

2. 用于竣工断面的测量控制点能否是隧道施工期间的支导线点、支水准点？为什么？

3. 直线段和曲线段竣工断面的测量间距各是多少？

4. 哪些特殊地方要加测竣工断面？

5. 隧道竣工断面是以线路中线还是以隧道中线作为测量的基准线？

6. 简述竣工断面的点位测量精度要求。

第 13 章

监控量测

知识目标

监控量测是城市轨道交通工程施工中非常重要的一项工作。通过监控量测，可直接获取监测对象的变形信息并判断监测对象的稳定状态，并根据变形信息及时修改施工参数、调整施工方法、采取相应的加固措施控制变形、减少或有效控制各类风险。通过本章节教学，使学生掌握监控量测的相关要求、监测基准网的测量、监控量测的内容和方法、监测精度和频率、监测数据处理和信息化反馈等知识。

能力目标

（1）具备从事轨道交通工程监控量测的能力。
（2）具备编制轨道交通工程施工监测方案的能力。
（3）具备对监测数据进行分析、判别预警级别、消警的能力。

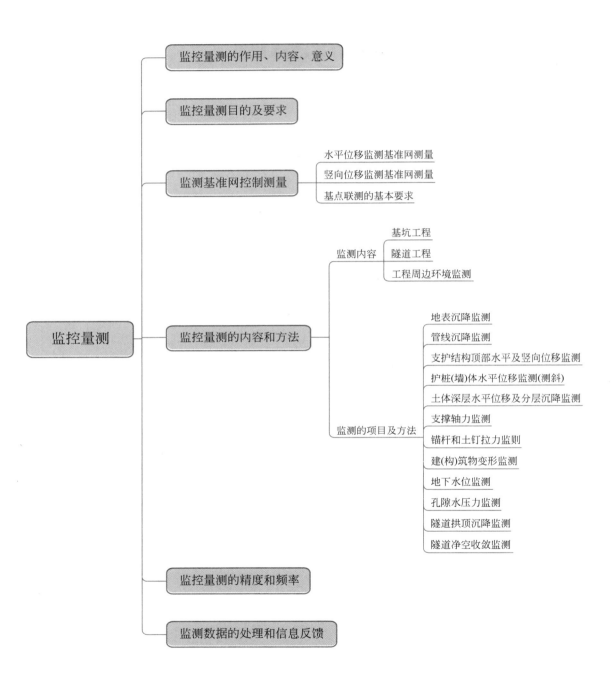

监控量测

- 监控量测的作用、内容、意义
- 监控量测目的及要求
- 监测基准网控制测量
  - 水平位移监测基准网测量
  - 竖向位移监测基准网测量
  - 基点联测的基本要求
- 监控量测的内容和方法
  - 监测内容
    - 基坑工程
    - 隧道工程
    - 工程周边环境监测
  - 监测的项目及方法
    - 地表沉降监测
    - 管线沉降监测
    - 支护结构顶部水平及竖向位移监测
    - 护桩(墙)体水平位移监测(测斜)
    - 土体深层水平位移及分层沉降监测
    - 支撑轴力监测
    - 锚杆和土钉拉力监则
    - 建(构)筑物变形监测
    - 地下水位监测
    - 孔隙水压力监测
    - 隧道拱顶沉降监测
    - 隧道净空收敛监测
- 监控量测的精度和频率
- 监测数据的处理和信息反馈

13.1　概述

在城市轨道交通工程建设中，为了保护工程和周边环境的安全，在设计和施工时都需要科学地估算施工开挖过程中周围地层的变化大小和影响范围；对工程本身结构及影响范围内的建（构）筑物、市政设施等进行有效的保护，就必须要加强监控量测，实现信息化施工。监控量测工作不仅是市政建设管理部门的强制性指令措施，也是工程投资、施工设计的重要依据。

在城市轨道交通工程施工过程中，监控量测的工作内容包括对工程支护结构、周边环境变形，支护结构、周围岩土的应力、内力、压力，地下水位等的观测。在目前的监控量测工作中，最主要的工作是变形监测工作，变形监测具有成本低、操作简单以及信息相关性强等特点。通过监测，可直接获取监测对象的变形信息并判断监测对象的稳定状态，并根据变形信息及时修改施工参数、调整施工方法、采取相应的加固措施控制变形、减少或有效控制各类风险。因此，监控量测工作在城市轨道交通工程建设中是一项非常重要的工作。通过对监测数据的收集、分析，还能为今后类似工程设计提供参考依据。

13.2　监控量测目的及要求

13.2.1　监控量测的目的

在城市轨道交通工程中，监控量测是保障工程结构安全、周边环境稳定的重要手段。该工作贯穿于整个工程，起着安全评价、指导施工、调整施工方法、修正设计和积累资料的作用。

在基坑工程中，基坑的开挖会引起原始土层中的压力改变，造成基坑内外压力不平衡，基坑支护结构及土体发生变形。支护结构变形过大，超过结构自身承受能力，则会导致基坑失稳事故；周围土体变形过大，会影响或破坏工程范围内建（构）筑物、地下管线、道路、既有轨道交通工程设施的安全使用、造成无法挽回的损失。因此只有通过监控量测工作，及时反映变形信息、发现安全隐患，并采取相应的保护措施，才能有效保证工程的顺利进行，避免工程事故的发生。通过对监测数据的分析，可验证设计、施工方案的有效性、安全性，为以后类似工程设计积累经验资料。

由于隧道工程在原有初始应力场的地层中施工，原有的力学体系发生变化，导致地层中力学形态各异，因此通过理论计算来确定支护设计参数、完全反映实际情况是十分困难的。而监控量测数据可真实、客观地反映实际情况，并根据实际情况对支护结构参数设计等进行调整和修改，确保工程的安全性和稳定性。

总体上来说，城市轨道交通工程监控量测的主要目的有以下几点：

（1）根据监测数据，掌握施工过程中基坑、隧道支护结构、周围地层的稳定性以及地下管线和周边建筑的受力变形情况及发展趋势，预防工程事故的发生，确保工程及周边环境的安全。

（2）为施工单位提供及时、可靠的监测数据和信息，指导现场施工，进行信息化管理。

（3）了解工程施工方法的实际效果，验证支护结构设计和施工方案的合理性，确定及优化下一步施工参数，改进施工工艺和施工参数。

（4）为其他类似工程的设计和施工提供参考资料，还可为研究土层性质、施工工艺、地下水条件等与结构、土体及地表变形的关系积累数据。

13.2.2 监控量测的要求

监控量测工作应跟随城市轨道交通工程全线、各工点的开始时间以及工程进度情况进行开展。工作流程为：收集、分析相关资料，现场踏勘；监控量测文件编制及审查；基准点、监测点位埋设、保护及验收；仪器设备检校、采集监测初值；采集、分析、处理监测数据；提交日常监测报告、阶段性报告，工程结束后提交工程总结报告及相关资料。监控量测文件在能有效满足工程需要、确保工程安全的基础上，应根据工程地质及水文地质条件、周边环境条件、工程的施工特点，分析研究工程风险、影响工程安全的关键部位和关键工序，有针对性地编制。

监控量测工作的要求如下：

（1）监控量测工作应以专门的测量仪器设备或专用测试元件监测为主，以现场目视巡查为辅。

（2）监测点位应布置在能反映工程结构和周边环境变形的位置上，且所有测点均应反映施工中该测点受力或变形等随时间的变化，即从施工开始到完成施工且测试数据趋于稳定为止。

（3）各监测项目施工前应测得稳定的初始值。

（4）监测数据真实、完整，能有效反映施工阶段各监测部位的变形情况，起到监控量测的作用。

（5）监测频率和周期应与施工进度密切配合，针对不同工法及施工进度采取相应的监测频率。

（6）变形超过有关标准或场地条件变化较大时，应在原有监测工作的基础上有针对性地加密监测点、提高监测频率或增加监测项目。

13.3 监测基准网控制测量

监测基准网由基准点和工作基点组成。基准点的埋设条件有：点位地基坚实稳固、在变形区域外、通视条件好、利于标石长期保存与观测，一般在监测作业前一个月进行埋设，待稳定后方可使用。一般情况下，基准点可利用设计单位提供的测量控制点（与同步复测成果）；若无法利用设计单位提供的测量控制点，可选择较稳定的位置自行制作。工作基点应埋设在靠近观测目标且便于联测观测点的稳定或相对稳定位置，工作基点的设置应满足工程需要。当工作基点设置于隧道中时，数量不应少于 3 个，设置在从地面的基准点引入到竖井壁距底板一定距离且不易被碰动处。当隧道长度较大时，宜将该基点向前延伸设置在隧道墙角之上，待其稳定后作为工作基点。

　　监测期间，基准点应定期复测，当使用工作基点监测时，应与基准点进行联测。不同地质条件下的水准基准点布设如图 13-1～图 13-3 所示。

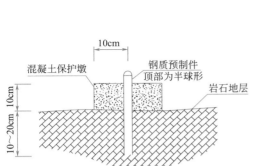

图 13-1　岩石地层水准基准点埋设示意图

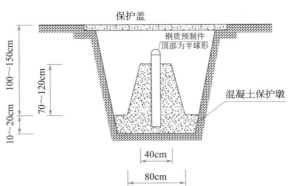

图 13-2　土层中水准基准点埋设示意图

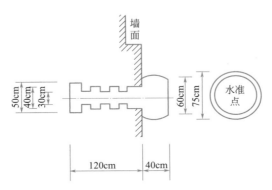

图 13-3　建筑物墙角上水准基准点埋设示意图

　　平面基准点布设如图 13-4、图 13-5 所示。

（1）水平位移监测基准网的布设应符合下列要求：

1）水平位移观测基准点不应少于 4 个。

2）水平位移监测基准网可采用导线网、三角网、基准线和卫星定位等形式。当采用基准线控制时，基准线上应布设至少一个校核点。

3）基准网点位可按监测精度要求建造有强制归心装置的观测墩，也可采用对中误差小于 0.5mm 的光学对中装置。

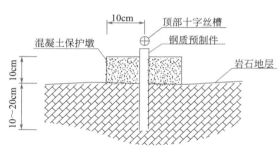

图 13-4　岩石地层平面基准点埋设示意图

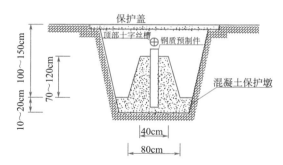

图 13-5　土层中平面基准点埋设示意图

水平位移监测基准网的主要技术要求应符合表 13-1 中的规定。

水平位移监测基准网主要技术要求　　　　　　　　　　　　　　表 13-1

等级	相邻基准点的点位中误差（mm）	平均边长（m）	测角中误差（"）	最弱边相对中误差	全站仪标称精度	水平角观测测回数	距离观测		
							往测	返测	往返测较差（mm）
I	±1.5	150	±1.0	≤1/120000	±1″ ±(1mm+1×10⁻⁶×D)	9	4	4	≤5.0
II	±3.0	150	±1.8	≤1/70000	±2″ ±(2mm+2×10⁻⁶×D)	9	3	3	≤5.0
III	±6.0	150	±2.5	≤1/40000	±2″ ±(2mm+2×10⁻⁶×D)	6	2	2	≤5.0

注：全站仪标称精度包括测角精度和测距精度，D 为测距边长（单位：km）。

（2）竖向位移监测基准网的布设应符合下列要求：

1）竖向位移监测的基准点不应少于 3 个。

2）竖向位移监测基准网可采用静力水准测量、几何水准测量、光电测距三角高程测量等方法。采用几何水准测量和光电测距三角高程测量时，基准网应布设成闭合、附合或结点网的形成。

3）竖向位移监测基准网宜采用城市轨道交通工程高程系统。

采用水准测量时，竖向位移监测基准网主要技术指标应符合表 13-2 和表 13-3 中的规定。

竖向位移监测基准网主要技术要求　　　　　　　　　　　　　　表 13-2

等级	相邻基准点高差中误差（mm）	测站高差中误差（mm）	往返较差、附合或环线闭合差（mm）	检测已测高差之较差（mm）
I	±0.3	±0.07	±0.15$\sqrt{n}$	0.2$\sqrt{n}$
II	±0.5	±0.15	±0.30$\sqrt{n}$	0.4$\sqrt{n}$
III	±1.0	±0.30	±0.60$\sqrt{n}$	0.8$\sqrt{n}$

注：n 为测站数。

水准观测主要技术要求

表 13-3

等级	仪器型号	水准尺	视线长度 （m）	前后视距差 （m）	前后视距 累计差 （m）	视线离地面 最低高度 （m）	基、辅分划读 数较差 （mm）	基、辅分划读数 所测高差较差 （mm）
I	DS05	钢瓦	≤15	≤0.3	≤1.0	0.5	≤0.3	≤0.4
II	DS05	钢瓦	≤30	≤0.5	≤1.5	0.3	≤0.3	≤0.4
III	DS1	钢瓦	≤50	≤1.0	≤3.0	0.3	≤0.5	≤0.7

注：使用电子水准仪观测时，同一测站两次测量高差较差应满足基、辅分划所测高差较差的要求。

（3）基点联测的基本要求：

1）观测前对所用的仪器设备按有关规定进行校验并做好记录，在使用过程中不得随意更换仪器设备。

2）固定观测人员、观测线路和观测方式。

3）定期校验仪器并对基准点进行校核、测点检查，确保监测数据的准确性和连续性。

4）根据更高一级的测量控制网定期复核所需的基准点或工作基点的基础数据（高程和平面坐标）。监测工作开始时应每月全面复测一次监测控制网，待监测控制网稳定后每3个月全面复测一次。

13.4　监控量测的内容和方法

13.4.1　监测内容

城市轨道交通工程监控量测的内容包括工程自身围护结构的监测和周边环境的监测。工程监测对象的选择需满足工程围护结构安全和周边环境保护的要求。

（1）基坑工程

明挖法和盖挖法是城市轨道交通工程中基坑的主要开挖方法。基坑的围护结构主要承受基坑开挖卸荷所产生的土压力和水压力，并将此压力传递到支撑，是稳定基坑的一种临时挡墙结构。根据施工方式、地质条件等情况的不同，采取的围护结构形式也不同。基坑围护结构类型有放坡、土钉、桩、连续墙、搅拌桩支护等形式，支护结构类型有内支撑和外拉锚两种形式；支撑体系包括围檩、支撑、立柱及其他附属构件；盖挖法围护结构中还包括顶板。因此在基坑围护结构监测中应包括对围护结构、支撑结构的变形、内力、拉力等的监测；周边环境监测主要包括基坑开挖影响范围内既有公共设施、建（构）筑物、地下管线、周边土层等的变形监测。基坑工程监控量测内容见表13-4。

在基坑监测中围护结构的变形、支撑轴力、周边地表的沉降监测项目是应测项目，其他监测项目应依据工程情况、地质水文状况、设计要求等进行选测。

基坑工程监测项目　　　　　　　　　　　　表 13-4

序号	监测对象	监测项目	主要监测仪器
1	围护结构	支护桩(墙)、边坡顶部水平位移与沉降	全站仪、水准仪
		支护桩(墙)体水平位移	测斜仪
		支护桩(墙)结构应力	应力计等
		支护桩(墙)侧向土压力	土压计等
2	支撑体系	立柱竖向位移	全站仪、水准仪
		立柱水平位移	全站仪
		立柱结构应力	应力计等
		顶板应力	应力计等
		支撑轴力	轴力计等
		锚杆拉力	锚杆测力计
3	基坑底部	基坑底部回弹隆起	磁环式分层沉降仪或水准仪
4	周边地层	地表水平位移及沉降	全站仪、水准仪
		地中水平、竖向位移	测斜仪、分层沉降仪或水准仪
5	地下水	地下水位	水位管、水位计
		孔隙水压力	水压计

（2）隧道工程

隧道施工常用的方法有矿山法、盾构法。隧道开挖过程中，需要控制开挖面及周围岩土体不发生坍塌失稳，因此在进行开挖的同时，需要及时做好相应的支护措施。矿山法（新奥法）施工在支护手段上以喷射混凝土和锚杆为衬砌，盾构隧道的支护结构由管片构成的隧道衬砌和壁后注浆体组成。隧道工程中监控量测主要是对围岩（土）与支护结构的变形、应力、压力，地下水位等的监测。隧道工程监测内容见表 13-5 和表 13-6。

矿山法隧道工程监测项目　　　　　　　　　　表 13-5

序号	监测项目	主要监测仪器
1	初期支护结构拱顶沉降	挂钩钢尺、水准仪
2	初期支护结构底板沉降	水准仪
3	初期支护结构净空水平收敛	收敛计、全站仪等
4	地表沉降	水准仪
5	土体深层水平、竖向位移	测斜仪、分层沉降仪或水准仪
6	中柱结构竖向位移	水准仪
7	围岩压力	压力盒
8	初期支护结构、二次衬砌应力	应力计、应变计、频率仪等
9	地下水位	水位计

盾构隧道工程监测项目 　　　　表 13-6

序号	监测项目	主要监测仪器
1	管片结构水平、竖向位移	挂钩钢尺、水准仪、全站仪
2	管片结构净空收敛	收敛计、全站仪等
3	管片结构应力	应力计、应变计、频率仪等
4	管片连接螺栓应力	应力计、应变计、频率仪等
5	地表沉降	水准仪
6	土体深层水平、竖向位移	测斜仪、分层沉降仪或水准仪
7	管片围岩压力	压力盒
8	孔隙水压力	水压计

在隧道工程中，支护结构的竖向位移、净空收敛、地表沉降等监测项目为应测内容，其他监测项目应根据监测等级、设计要求和地质条件等进行选测。

（3）工程周边环境监测

周边环境主要包括：建（构）筑物、既有城市轨道交通工程、地下管线、道路、桥梁等。周边环境的监测主要是对其进行变形监测，确保周边环境的安全稳定性。周边环境的监测项目见表 13-7。

周边环境监测项目 　　　　表 13-7

序号	监测对象	监测项目	监测仪器	备注
1	建（构）筑物	竖向位移	水准仪	应测项目
		水平、倾斜、裂缝	全站仪、钢尺	
2	地下管线	竖向位移、差异沉降	水准仪	在主要影响区为应测项目
		水平位移	全站仪	
3	道路	路面路基沉降	水准仪	在主要影响区内需进行观测
		挡墙竖向位移、倾斜	水准仪、水准仪	
4	桥梁	桥墩竖向、差异沉降	水准仪	应测项目
		墩柱倾斜	全站仪	
		裂缝	钢尺	在主要影响区内为应测项目
5	既有城市轨道交通	隧道结构竖向位移	水准仪	应测项目
		隧道结构水平位移	全站仪	
		隧道结构净空收敛	收敛计	
		隧道结构变形缝差异沉降	水准仪	应测项目
		轨道结构竖向位移	水准仪	应测项目
		轨道静态几何形位	水准仪、全站仪	应测项目
		隧道、轨道结构裂缝	钢尺	

注：当工程中采用爆破施工时，应在影响范围内进行振动速度或加速度监测。

各地区城市轨道交通工程施工期间的监测内容，应根据具体情况在满足相关规范、设计文件的条件下进行选择。

13.4.2 监控量测的方法

（1）地表沉降监测

地表沉降监测点位的布设根据施工方式的不同具有一定的差异，基坑周边地表沉降监测点位的布设要求如下：

1）基坑周边地表沉降：监测点沿平行基坑周边边线布设不应少于 2 排，排距宜为 3～8m，第一排监测点距基坑边缘不宜大于 2m，每排测点间距 10～20m。监测点宜按监测断面设在坑边中部或其他有代表性部位、被保护建筑物周边、重要的管线或管线密集处，监测断面应与坑边垂直，每个横向监测断面监测点的数量和布设位置应满足对基坑工程主要影响区和次要影响区的控制要求，每侧监测点数量不宜少于 5 个。

2）矿山法隧道地表沉降：地表沉降监测点布置分纵向和横向两部分。沿纵向（隧道轴线方向）布置的测点，监测等级为一、二级时，监测断面间距为 5～10m；监测等级为三级时，间距为 10～15m。沿横向（垂直于隧道轴线方向）布置的测点，监测等级为一级时，监测断面间距为 10～50m；监测等级为二、三级时，监测断面间距为 50～100m。监测断面应布设于洞口、隧道断面变化、明暗挖分界及地质条件差等部位。

3）盾构法隧道地表沉降：沿纵向布置的测点，一般间距：监测等级为一级时，监测断面间距为 5～10m；监测等级为二、三级时，间距为 10～30m。沿横向布置的测点，监测等级为一级时，监测断面间距为 50～100m；监测等级为二、三级时，间距为 100～150m。

4）地表测点必须按照规范要求进行埋设，测点必须穿透路面硬化层埋设在原状土体内，并设置保护盖和测点编号标识牌，如图 13-6 所示。

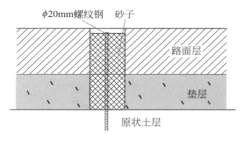  

图 13-6　地表监测点布设示意图

地表沉降观测采用精密水准仪进行观测，观测前对所用仪器按规定进行校验，按闭合或附合水准线路进行观测。监测精度应与相应等级的竖向位移监测网观测一致，主要技术要求见表 13-8。

水准外业观测技术要求　　　　　　　　　　　　　　　　　　　　　　　　表 13-8

等级	仪器型号	水准尺	视线长度（m）	前后视距差（m）	相邻监测点高差中误差（mm）	测站高差中误差（mm）	往返较差、附合或环线闭合差（mm）	检测已测高差之较差（mm）
I	DS05	钢瓦	≤15	≤0.3	≤0.1	±0.07	±0.15$\sqrt{n}$	0.2$\sqrt{n}$

续表

等级	仪器型号	水准尺	视线长度 (m)	前后 视距差 (m)	相邻监测点 高差中误差 (mm)	测站高差中 误差 (mm)	往返较差、附合 或环线闭合差 (mm)	检测已测高 差之较差 (mm)
Ⅱ	DS05	铟瓦	≤30	≤0.5	≤0.3	±0.15	±0.30$\sqrt{n}$	0.4$\sqrt{n}$
Ⅲ	DS1	铟瓦	≤50	≤1.0	≤0.5	±0.30	±0.60$\sqrt{n}$	0.8$\sqrt{n}$

注：n 为测站数。

观测采用闭合水准线路时可以只观测单程；采用附合水准线路形式必须进行往返观测，取两次观测高差中数进行平差。观测顺序为：

往测：后、前、前、后；

返测：前、后、后、前。

观测注意事项如下：

① 使用的仪器设备均在有效检定期内，并在工程期间定期进行检核。

② 观测应做到"三固定"，即固定人员、固定仪器、固定测站。

③ 观测前应正确设定记录文件的存贮位置、方式，对精密水准仪的各项控制限差参数进行检查设定，确保符合观测要求。

④ 水准观测应在确保标尺刻度清晰的条件下进行观测。

⑤ 观测前 30min，应将仪器置于露天环境下，使仪器与外界气温趋于一致，水准仪的圆水准器须严格置平。

⑥ 每一测段的往测与返测，其测站数均应为偶数。由往测转返测时，两根标尺必须互换位置，并重新整置仪器。

⑦ 观测间歇最好能在水准点上结束，否则，应在最后一站选择两个坚稳可靠、光滑突出、便于放置标尺的固定点作为间歇点。间歇后应对间歇点进行检测，比较任意两尺承点间歇前后所测高差，若符合限差要求，即可由此起测；若超过限差，可变动仪器再观测一次；如仍超限，则须从前一水准点起测。

⑧ 完成闭合或附合线路观测时，应注意电子记录中的闭合或附合差情况，确认合格后方可完成测量工作，否则应查找原因返工重测直至合格。

（2）管线沉降监测

地下管线沉降监测点在受施工影响的管线上设置，管线监测点布设如图 13-7 所示。管线沉降监测点布设要求如下：

1）根据现有管线资料，确定监测点设置的方式及布设位置，布置测点时要考虑地下管线与工程的相对位置关系。

2）监测点宜布置在管线的节点、转角点或对位移变化敏感的部位。地下管线位于主要影响区时，监测点平面间距宜为 5～15m；位于次要影响区时，监测点平面间距宜为 15～30m。

3）管线位于主要影响区时宜设置直接监测点，位于次要影响区且无法布设直接监测点时，可在地表或土层中部布设间接监测点。

地下管线沉降监测点采用几何水准测量方法，使用精密水准仪采用往、返线路进行量

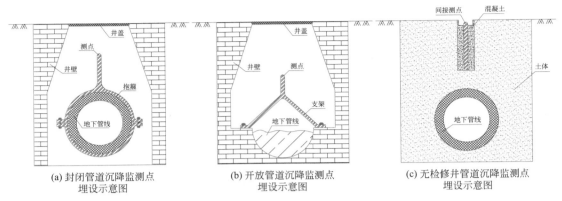

(a) 封闭管道沉降监测点　　　(b) 开放管道沉降监测点　　　(c) 无检修井管道沉降监测点
埋设示意图　　　　　　　　　埋设示意图　　　　　　　　　埋设示意图

图 13-7　管线监测点布设示意图

测。其技术要求及观测注意事项与地表沉降监测点要求一致。成果合格后，计算各测点与水准原点的高差。统计并比较各次的高差值，就能得出该次各地下管线沉降监测点的下沉值。

（3）支护结构顶部水平及竖向位移监测

支护结构顶部水平及竖向位移监测点布设要求如下：

1）水平位移监测点位与竖向位移监测点位共用。

2）监测点布设在围护桩（墙）顶或基坑坡顶上，监测等级为一、二级时，点位布设间距为 10～20m；监测等级为三级时，点位布设间距为 20～30m。

3）监测点应沿基坑周边布置，布设在基坑中部、阳角、深度变化、邻近建（构）筑物、管线以及地质条件复杂部位。

4）对于风亭、出入口等附属工程的基坑，每侧监测点不应少于 1 个。

支护结构顶部位移监测点宜采用在基坑冠梁上设置强制对中观测标志的形式，埋设监测点观测墩的一般方法如图 13-8 所示。首先在基坑边上钻孔，在孔内埋设 φ25 钢筋，并浇筑混凝土观测墩，最后在墩顶部埋设强制对中螺栓。

图 13-8　支护结构顶部水平及竖向位移监测点布置示意图

水平位移外业观测主要指标见表 13-9 与表 13-10。

水平位移外业观测技术要求　　　　　　　　　　　　　　表 13-9

等级	相邻基准点点位中误差（mm）	平均边长（m）	测角中误差（"）	测边相对中误差	水平角测回数（1"级仪器）
I	1.5	≤300	0.7	≤1/300000	12
		≤200	1.0	≤1/200000	9
II	3.0	≤400	1.0	≤1/200000	9
		≤200	1.8	≤1/100000	6
III	6.0	≤450	1.8	≤1/100000	6
		≤350	2.5	≤1/80000	4

注：仪器为 1" 全站仪。如使用 0.5" 全站仪，水平角测回数可减少 1/3。

测距技术要求　　　　　　　　　　　　　　表 13-10

等级	仪器精度等级	每边测回数		一测回读数较差（mm）	单程各测回较差（mm）	气象数据测定的最小读数		往返较差
		往	返			温度（℃）	气压（Pa）	
I	1mm	4	4	1	15			
II	2mm	3	3	3	4	0.2	50	≤2(a+b·D)
III	5mm	2	2	5	7			

注：a、b 分别为相应等级所使用仪器标称的固定误差和比例误差系数，D 为量测斜距。

在城市轨道交通工程的监控量测工作中，水平位移监测主要采用全站仪极坐标法、视准线法、小角法进行监测。

① 极坐标法。它是通过智能全站仪采集监测点的绝对三维坐标（X，Y，Z）值，以正镜观测一次、倒镜观测一次为 1 测回，根据仪器精度观测 1～2 个测回，取观测值的平均值作为监测值。每次观测应遵守"四固定"原则，即观测所用仪器固定、观测人员固定、观测线路固定、观测环境和条件基本固定，减少偶然误差。

② 视准线法。在与水平位移垂直的方向上建立一个固定不变的基准线，测定各水平位移监测点相对于该基准线的距离变化，从而确定水平位移变化量。如图 13-9 所示，在基坑冠梁轴线两端的外侧分别设立两个工作基点 A 和 B（端点），1、2、3……分别是冠梁上的水平位移观测点。观测时将经纬仪置于 A 点，将仪器照准 B 点，此视线方向即为基准线方向，用钢尺等工具测得各水平位移监测点到 A～B 这条视准线的距离 d_1、d_2、d_3

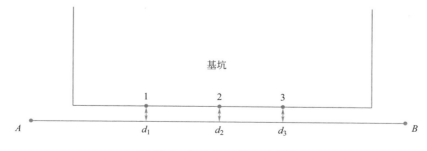

图 13-9　视准线法观测示意图

……。根据前后两次的距离测量值之差，得出这段时间内该点位的水平位移量。

③ 小角法。测量原理如图 13-10 所示，如需观测某方向上的水平位移 PP'，在监测区域一定距离以外选定工作基点 A，水平位移监测点的布设应尽量与工作基点在一条直线上。沿监测点与基准点连线方向在一定远处（100～200m）选定一个控制点 B，作为零方向。在 B 点安置觇牌，用测回法观测水平角 $\angle BAP$，第 1 期观测值记为 β_1，第 2 期观测值记为 β_2，根据两次角度变化值 $\Delta\beta = \beta_2 - \beta_1$ 计算 P 点的水平位移量 δ：

$$\delta = \frac{\Delta\beta}{\rho} \cdot d \tag{13-1}$$

式中：$\Delta\beta$——角度变化值（″）；

$\quad\quad d$——观测点 P 至工作基点 A 的距离（mm）；

$\quad\quad \rho$——常数，$\rho = 206265″$；

$\quad\quad \delta$——水平位移（mm）。

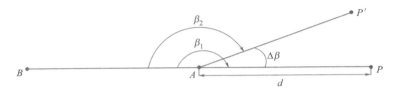

图 13-10 小角法观测示意图

支护结构竖向位移观测方法、使用仪器、数据处理等与地表沉降观测相同。

（4）支护桩（墙）体水平位移监测

支护桩（墙）体水平位移采用测斜仪和测斜管进行监测。首先需要在监测部位预埋测斜管（测斜管埋设如图 13-11 所示），再使用测斜仪进行位移测量。

图 13-11 测斜管埋设示意图

基坑支护桩（墙）体水平位移监测点位布设应满足下列要求：

1）深层水平位移监测点位沿基坑周边的桩（墙）体布设，监测等级为一、二级时，布设间距为 20～40m；监测等级为三级时，布设间距为 40～50m。

2）监测点位宜布设于基坑各边的中间、阳角及其他变形敏感位置，宜与支护结构水平竖向位移监测点处于同一监测断面。

测斜管埋设应满足下列要求：

1）测斜管宜采用与钢筋笼绑扎一同下放的预埋方式，当采用钻孔法埋设时，测斜管与孔壁之间应用细砂回填密实。

2）埋设前应检查测斜管质量，测斜管连接时应保证上、下管段的导槽相互对准、顺畅，各段接头应紧密对接，连接处及管底应做好密封处理。

3）测斜管埋设时应保持固定、竖直，防止上浮、破裂、断裂、扭转；测斜管一对导槽的方向应垂直于基坑边沿。

若发生测斜管漏埋、测斜孔堵塞无法使用等状况时，应重新在围护桩中钻孔埋设，钻孔深度应达到围护桩底部。若是土体钻孔补埋，则钻孔深度不宜小于基坑设计深度的1.5 倍。

待埋设的土体深层位移监测点稳定后进行初始值的测定，应在工程施工前一周内独立采集 2~3 次，取其稳定值的平均值作为初始值。

常用的基坑测斜仪主要为滑动式测斜仪，其实物图及测斜原理如图 13-12 所示。

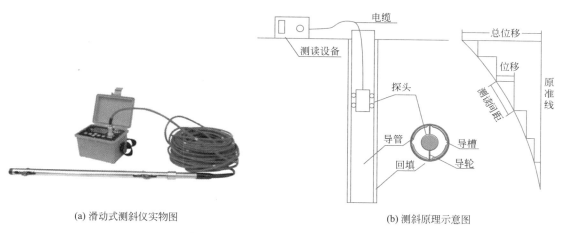

(a) 滑动式测斜仪实物图　　　　　　　(b) 测斜原理示意图

图 13-12　滑动式测斜仪及测斜原理

测斜监测方法如下：

1）测斜管口应可靠固定，并做好水平位移测点的标记。每次测斜前，先测读管口水平位移，以这个读数作为测斜的基准读数。

2）将测斜仪探头高导轮对准与所测位移方向一致的槽口，缓缓放至管底静置一段时间，待探头与管内温度基本一致、显示仪读数稳定后开始监测。

3）从下而上，按探头电缆上的刻度分划匀速提升，每提升 0.5m 记录一次读数，直至到达导管顶部，这组读数称为 A 正读数（正测）。将探头从导管中取出，旋转 180°，将低导轮对准槽口放入导管中，再按上述方法测量得到另一组数据称为 A 负读数（反测），完成一个测回。可以进行多个测回读数，为减少仪器的测量误差，取平均值作为测量结果。

在测读时需注意：

1）因测斜仪的探头在管内每隔 0.5m 测读一次，故对测斜管的接口位置要精确计算，避免接口设在探头滑轮停留处。

2）测斜管中有一对槽口应自上而下始终垂直于基坑边线，若因施工原因致使槽口转向而不垂直于基坑边线，则须对两对槽口进行测试，然后在同一深度处取测量值的矢量和。

3）测点间距应为 0.5m，使导轮位置能自始至终重合相连，而不宜取 1.0m 测点间距，导致测试结果偏离。

4）每次探头下放至测孔前，要仔细清理测孔边的小石块等杂物，避免下放时被带入测孔内，造成探头上拉时卡住。

测斜监测数据计算处理：计算深层水平位移时，应确定固定起算点。固定起算点可以设在测斜管的顶部或底部，当测斜管底部未进入稳定岩土体或已发生位移时，应以管顶为起算点，并应测量管顶的平面坐标进行水平位移修正。

（5）土体深层水平位移及分层沉降监测

隧道周围土体位移监测点位布置应符合以下要求：

1）土体位移监测孔应布设于地层疏松、破碎等地质条件复杂地段，软土、膨胀性岩土等特殊性岩土地段，工程施工对岩土体扰动较大或邻近建（构）筑物区域。

2）监测孔的位置和深度应根据工程需要确定，土体分层竖向位移监测点已布设于各层土的中部或界面，也可等间距布设。

土体分层沉降是指不同深度处土层内点的沉降或隆起，可采用分层沉降仪进行监测，也可采用水准测量方法进行。通常采用分层沉降仪进行监测，方法如下：

测量时，拧松绕线盘后面的止紧螺栓，让绕线盘转动自由后，按下电源按钮（电源指示灯亮）。把探头放入导管内，当探头接触到土层中的磁环时，接收系统的音响器会发出连续不断的蜂鸣叫声，此时读出钢尺电缆在管口处的深度尺寸，这样一点一点地测量到孔底，称为进程测读。当在该导管内收回测量电缆时，探头也能接触到土层中的磁环，接收系统的音响器也会发出声响，此时也须读出测量电缆在管口处的深度尺寸，如此测量到孔口，称为回程测读。

若在噪声比较大的环境中测量时，可能会听不见蜂鸣器的叫声，可观测指示灯进行测量读写。

分层沉降仪实物及观测示意图如图 13-13 所示。

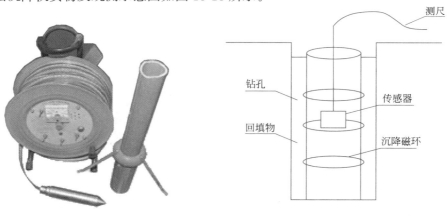

(a) 分层沉降仪实物图　　　　　　　　(b) 分层现降监测示意图

图 13-13　分层沉降仪观测示意图

在测读时必须注意：

1）当探头进入土层中磁环时，音响器会立即发出声音，指示灯亮。此时应缓慢地放钢尺电缆，以便能仔细地寻找到发声或指示瞬间的确切位置后读出该点距孔口的深度尺寸。

2）读数的准确性取决于判断蜂鸣器发声或指示的起始位置是否及时，测量的精度与操作者的熟练程度有关，故应反复练习与操作。

3）沉降探头进入每一只磁环时都会发出两次响声，进程与回程都必须以第一次响声为标准测读。

磁环深度的计算公式见式（13-2）：

$$S_i = \frac{J_i + H_i}{2} \tag{13-2}$$

式中：i——监测孔中测读的点数，即土层中磁环的个数；

　　　S_i——i 测点距管口的实际深度（mm）；

　　　J_i——i 测点在进程测读时距管口的深度（mm）；

　　　H_i——i 测点在回程测读时距管口的深度（mm）。

计算分层竖向位移累计量，只需用每次测量值减去初始测量值就能得到各个测点的累计位移量。单次位移变化量的计算，只需用当次测量值减去上次测量值就可得到各个测点的单次位移变化量。

土体深层水平位移监测方法同支护桩（墙）体水平位移监测。

（6）支撑轴力监测

支撑轴力监测使用的监测仪器主要是振弦式轴力计和频率读数仪（图 13-14），轴力计安装如图 13-15 所示。支撑轴力监测点位布置及安装要求如下：

1）支撑轴力监测点位宜布置在基坑中部、阳角部位、深度变化部位等受力条件复杂的位置。

2）对支撑体系中起控制作用的典型支撑进行轴力变化监测。

3）钢支撑轴力监测点位布设位置应与桩顶水平位移及竖向位移、桩体测斜等监测断面相一致。

4）在同一竖直面内，每道支撑均应布设测点。

5）采用轴力计监测时，测点应布设在支撑端部；采用钢筋计或应变计监测时，测点可布设在支撑中部或两支点间 1/3 部位。

(a) 振弦式轴力计　　　　　　(b) 频率读数仪

图 13-14　振弦式轴力计、频率读数仪实物图

图 13-15 轴力计安装

通过频率读数仪接收安装在支撑端部的轴力计在某一荷载时的频率 f，根据公式（13-3），计算得到支撑轴力值：

$$F_S = K(f_i^2 - f_0^2) \tag{13-3}$$

式中：F_S——轴力计的受力（kN）；

$\quad\quad K$——轴力计标定系数（kN/Hz²）；

$\quad\quad f_i$——轴力计监测频率（Hz）；

$\quad\quad f_0$——轴力计安装后的初始频率（Hz），可在质量检验合格证上查到具体数值（图 13-16）。

仪器型号	FLJ	仪器规格	100T
仪器编号	100441	室温（T0）	36℃
测量范围	压 0~1000KN		
计算公式	P=K(F0²-F1²)		
标定系数（K）	6.785×10⁻⁴KN/Hz²		
导线长度	19m		
初始读数（F）	1833	线圈电阻	537（Ω）
使用范围	-25~+60℃	绝缘电阻	≥50（Ω）
防渗水压力	0.2MPa	检验员	02
经检验，符合产品标准要求，准予出厂		产品质量检验科	

图 13-16 钢支撑轴力计质量检验合格证

在支撑轴力监测工作中，应注意以下事项：

1）轴力计安装后，在施加钢支撑预应力之前进行轴力计初始频率的量测，在施加预应力时，量测其频率，计算出受力。

2）测试 2~3 次稳定值，取其平均值作为计算轴力变化的初始值。

3）在支撑轴力量测时，同一批支撑尽量在相同的时间或温度下进行量测。

（7）锚杆和土钉拉力监测

锚杆和土钉拉力监测位置应选择在基坑各边中间、阳角、深度变化、地质条件复杂部位以及周边存在高大建（构）筑物部位的锚杆或土钉上。应沿竖向每层布设监测断面；每根锚杆或土钉上的监测点宜布设于受力有代表性的部位；监测点位的布置应与支护结构顶部水平、竖向位移监测点共同组成监测断面。

锚杆和土钉拉力监测工具可采用测力计、钢筋应力计或应变计。锚杆或土钉施工完成后应对监测器件进行检查测试，并取下一层土方开挖前连续 2 天获得的稳定测试数据的平均值作为初始值。当采用钢筋计进行监测时，安装的钢筋计数量应与锚杆钢筋数一致，根据公式（13-3）计算每根钢筋计上的拉力，钢筋计拉力总和为锚杆拉力。当采用测力计时，根据公式（13-3）可直接计算出受力。

（8）建（构）筑物变形监测

1）建（构）筑物竖向位移监测

建（构）筑物竖向位移监测点布设要求：

① 建（构）筑物竖向位移监测点应布设在外墙或承重柱上。位于主要影响区时，监测点沿外墙间距宜为 10～15m，或每隔 2 根承重柱布设 1 个监测点；位于次要影响区时，监测点沿外墙间距宜为 15～30m，或每隔 2～3 根承重柱布设 1 个监测点；在外墙转角处应有监测点控制。

② 监测点应布设于不同地基或基础的分界处、不同结构的分界处。

③ 风险等级较高的建（构）筑物应适当增加监测点数量。

建筑物测点标志需根据不同的监测对象采用不同的埋点形式：框架、砖混结构对象采用钻孔埋入标志测点形式，钢结构对象采用焊接式测点形式，特殊装修较好的对象采用隐蔽式测点形式。沉降监测各类测点埋设时应注意避开如雨水管、窗台线、电器开关等有碍设标与观测的障碍物，立尺需要离开墙（柱）面和地面一定距离，一般应高于室内地坪 0.2～0.5m。

建（构）筑物沉降监测点钻孔布设示意图如图 13-17 所示。若建筑物外墙无法钻孔，则可粘贴铟钢尺条码贴纸进行布点，如图 13-18 所示。

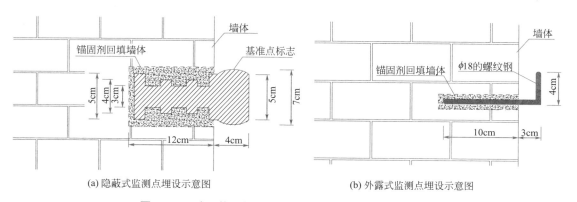

(a) 隐蔽式监测点埋设示意图　　　　　　(b) 外露式监测点埋设示意图

图 13-17　建（构）筑物竖向位移监测点钻孔布设示意图

建（构）筑物竖向位移观测方法、使用仪器、数据处理等与地表沉降观测相同。

2）建（构）筑物水平位移观测

建（构）筑物水平位移监测可利用竖向位移监测点，仅需在埋设竖向位移观测点时，选用顶部具有对中标志的测点即可。选用符合精度要求的全站仪采用极坐标法测量各测点的相对坐标，对比相对坐标的变化即可得到水平位移的量值。

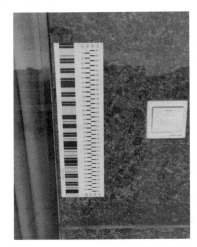

**图 13-18　建（构）筑物竖向
位移监测点（条码贴纸）**

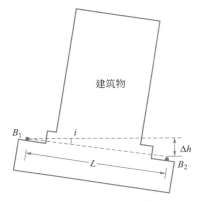

**图 13-19　建筑物基础相对
沉降计算倾斜度示意图**

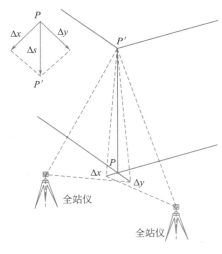

图 13-20　全站仪投点法倾斜观测

3）倾斜监测

倾斜监测主要是利用仪器测量出建筑物顶部或底部的倾斜位移值 Δs，再计算出建筑物的倾斜度，即 $i = \dfrac{\Delta s}{H}$。式中，i 为建筑物倾斜度，H 为建筑物高度。由此可知倾斜监测主要是测定建筑物主体的偏移值 Δs。

建筑物倾斜的测定方法分为两类：一类是直接测量建筑物的倾斜；另一类是通过测量建筑物基础的相对沉降，根据建筑物的不均匀沉降来计算建筑物的倾斜量的间接测量。直接测量建筑物倾斜的监测点的布置应符合下列要求：监测点应布设在建筑角点、变形缝两侧的承重柱或墙上，沿主体顶部、底部上下对应布设，保持在同一直线上；采用间接测量方法时，监测点位布置同建筑物沉降监测点位布置。直接测量建筑物倾斜度的方法有投点法、激光铅直仪法、垂吊法、测水平角法等。

① 测定建筑物基础相对沉降量来确定建筑物倾斜

测定建筑物基础相对沉降量监测方法同建（构）筑物沉降监测方法，通过计算两测点间的相对沉降与距离之比，可计算出倾斜角。采用差异沉降法观测建筑物倾斜时，观测方法与建筑物沉降观测方法相同，计算方法如图 13-19 所示。

建筑物的基础倾斜观测一般采用精密水准测量的方法，定期测出建筑物基础两端点 $B_1 B_2$ 间的沉降量差值 Δh，再根据两点间的距离 L，即可通过公式（13-4）计算出基础的倾斜度。

$$倾斜度\ i = \frac{\Delta h}{L} \times 100\% \qquad (13\text{-}4)$$

② 全站仪投点法倾斜观测

如图 13-20 所示，利用全站仪在两个互相垂直的方向上进行交会投点。将建筑物向外倾斜的一个上部角点投影至平地，直接量取地面投影点与下部角点的倾斜位移值分量 Δx、Δy，则倾斜位移值 $\Delta s = \sqrt{\Delta x^2 + \Delta y^2}$。

③ 吊垂球法

首先在建筑物顶部或需要高度处的观测点位置上，悬挂适当重量的垂球，在垂线的底部固定读数设备（如毫米格网读数板），直接读取或量出上部观测点相对底部观测点的水平位移量和位移方向。该方法的优点是量测方法简单，读数直观；但缺点是受风速影响大，因此不适用于高层建筑，建筑物层数一般不超过 10 层。

倾斜监测的方法应根据建筑物的形态以及现场实地情况进行选择。通过倾斜观测得到的建筑物倾斜度，结合建筑物基础不均匀沉降，同建筑物及基础倾斜允许值进行比较，以判别建筑物是否在安全范围内。

（9）地下水位监测

地下水位观测孔应根据水文地质条件的复杂程度、降水深度、降水的影响范围和周边环境保护要求布设。点位数量应满足降水区域和影响范围内的地下水位动态变化的要求。

水位观测管宜至少在工程开始降水前 1 周埋设，水位观测管埋设在基坑外且距基坑围护结构 1.5～2m，水位观测管布设方法如下：

① 成孔：水位观测孔采用清水钻进，钻头的直径为 150mm，沿铅直方向钻进。在钻进过程中，应及时、准确地记录地层岩性及变层深度、钻进时间及初见水位等相关数据；钻孔达到设计深度后停钻，及时将钻孔清洗干净，检查钻孔的通畅情况，并做好清洗记录。

② 井管加工：井管的原材料为内径 100mm、管壁厚度为 2.5mm 的 PVC 管。为保证 PVC 管的透水性，在 PVC 管上加工蜂窝状 ϕ10mm 的通孔，孔的环向间距为 12mm，轴向间距为 12mm，并包土工布滤网。

③ 井管放置：成孔后，经校验孔深无误后吊放经加工且检验合格的内径 100mm 的 PVC 井管，确保有滤孔端向下；水位观测孔应高出地面 0.5m，在孔口设置固定测点标志，并用保护套保护。

④ 回填砾料：在地下水位观测孔井管吊入孔后，应立即在井管的外围填粒径不大于 5mm 的砾石料。

⑤ 洗井：在下管、回填砾料结束后，应及时采用清水进行洗井。

监测时，让绕线盘自由转动后按下电源按钮，把测头放入水位管内，手拿钢尺电缆，让测头缓慢地向下移动。当测头的接触点接触到水面时，接收系统的音响器会发出连续不断的蜂鸣声，此时读出钢尺电缆在管口处的深度尺寸，即为地下水位离管口的距离。

在首次测量时，用水准仪测出管口的高程 H_1，每次用钢尺水位计测量管口至水面的距离 Δh，按照公式（13-5）计算水面高程。

$$H = H_1 - \Delta h \tag{13-5}$$

地下水位量测精度不宜低于 10mm，为保证观测数据的准确性，须连续观测 3 次，取平均值作为观测值。

（10）孔隙水压力监测

孔隙水压力的变化是土体运动的前兆。孔隙水压力监测对由于基坑、隧道开挖而导致的地表沉降及其对周围环境的影响方面起到十分重要的作用。孔隙水压力监测点位宜布设于支护结构受力、变形较大或有代表性的位置。竖向监测点宜在水压力变化影响深度范围内按土层分布情况布设，竖向监测点间距为 2～5m，且数量不少于 3 个。

目前孔隙水压力计按仪器类型分为振弦式、压阻式及电阻式等。孔隙水压力计由两部分组成：第一部分为滤头，由透水石和开孔钢管组成，主要起隔断土压的作用；第二部分

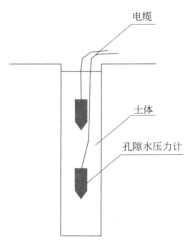

图 13-21　孔隙水压力计安装示意图

为传感器。

　　孔隙水压力计的安装一般采用钻孔埋设的方式，如图 13-21 所示。钻孔埋设有两种方法，一种方法是一孔埋设多个孔隙水压力计，孔隙水压力计间距大于 1.0m；另一种方法是一孔埋设一个压力计。在安装前，需要将孔隙水压力计前端的透水石和开孔钢管卸下，放入盛水容器中热泡，排出透水石中的气泡，然后浸泡透水石至饱和；在安装前，透水石应始终浸泡在水中，隔绝空气。

　　孔隙水压力测试方法为使用数显频率仪直接读取孔隙水压力计频率，然后采用式（13-6）计算出测试部位的孔隙水压力。

$$u = k(f_i^2 - f_0^2) \tag{13-6}$$

式中：u——孔隙水压力（kPa）；

　　　　k——标定系数（kPa/Hz^2）；

　　　　f_i——测试频率（Hz）；

　　　　f_0——初始频率（Hz）。

　　（11）隧道拱顶沉降监测

　　隧道拱顶沉降监测点布设应以不破坏初期支护结构、以一定的间距且垂直于隧道轴线构成横向监测断面为原则。区间监测断面间距一般为 10～15m，车站监测断面间距一般为 5～10m。监测点应在支护结构完成后及时布设，且尽量靠近工作面。

　　隧道拱顶沉降监测时，采用的量测仪器包括：精密水准仪、钢尺、塔尺、全站仪等。采用水准仪测量时，照准水准基准点 A 上的水准尺，后视读数 a；在隧道拱顶设置测点，安置挂钩，将水准尺倒挂在拱顶沉降观测点 B 的挂钩上，作为标尺，读数 b 记为负值。量测方法如图 13-22 所示。

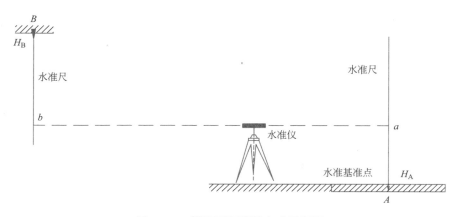

图 13-22　拱顶下沉监测方式示意图

　　拱顶沉降点 B 的高程计算公式见式（13-7）：

$$H_B = H_A + a - b \tag{13-7}$$

式中：H_A——水准基准点 A 的高程值（m）；

H_B——拱顶监测点 B 的高程值（m）。

采用全站仪进行观测时，可在隧道拱顶粘贴反光片，作为观测标志。具体观测方法与数据处理同地表沉降监测。

（12）隧道净空收敛监测

净空收敛又称净空变形，指隧道周边上的两点间相对位置的变化。净空收敛监测点的安装与拱顶沉降监测点位布置原则相同，净空收敛监测点成对布设于隧道两侧壁，尽量与拱顶沉降监测点以及地表沉降监测点布设在同一断面上。

净空收敛可采用收敛计、全站仪或红外激光测距仪进行监测。

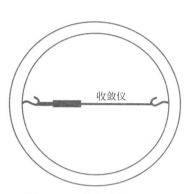

图 13-23　净空收敛监测点
布设及测量示意图

1）收敛计监测方法

净空收敛测点布设及收敛计测量如图 13-23 所示。采用收敛计监测应符合下列规定：

① 应在收敛测线两端安装监测点，监测点与隧道侧壁应固定牢固；监测点安装后应进行监测点与收敛尺接触点的符合性检查，并应进行 3 次独立观测，且 3 次独立观测较差应小于标称精度的 2 倍；初始读数应在下次爆破前获取，在下一次循环开挖前，必须完成初始值的读取。

② 观测时应施加收敛尺标定时的拉力，观测结果应取 3 次独立观测读数的平均值。

③ 工作现场温度变化较大时，读数应进行温度修正。

实际收敛值按公式（13-8）进行计算：

$$U = U_n + K_\varphi L(t_n - t_0) \tag{13-8}$$

式中：U——实际收敛值（mm）；

$\quad U_n$——收敛读数值（mm）；

$\quad K_\varphi$——收敛计系统温度线胀系数；

$\quad L$——基线长（mm）；

$\quad t_n$——收敛计观测时的环境温度（℃）；

$\quad t_0$——收敛计标定时的环境温度（℃）。

各监测点的本次收敛值为：

$$D = H_{上次} - H_{本次} \tag{13-9}$$

$$\sum D = H_{原始} - H_{本次} \tag{13-10}$$

式中：D——本次隧道收敛量（mm）；

$\quad \sum D$——隧道累计收敛量（mm）；

$\quad H_{原始}$——隧道原始净空值（mm）；

$\quad H_{上次}$——上次测量隧道净空值（mm）；

$\quad H_{本次}$——本次测量隧道净空值（mm）。

2）红外激光测距仪监测方法

采用红外激光测距仪监测应符合下列规定：

① 测距仪的标称精度应优于±2mm。

② 应在收敛测线两端设置对中与瞄准标志，隧道侧壁粗糙时，瞄准标志宜采用反射片。对中与瞄准标志设置后，应进行实测精度符合性检查，并应进行 3 次独立观测，且 3 次独立观测较差应小于测距标称精度的 2 倍。

③ 观测结果应为 3 次独立观测读数的平均值。

3）全站仪收敛监测方法

采用全站仪收敛监测方法时，收敛监测点反射片布设示意图如图 13-24 所示。进行全站仪收敛监测时应符合下列主要技术要求：

① 应设置固定仪器设站位置，并在收敛测线两端固定小棱镜或设置反射片。

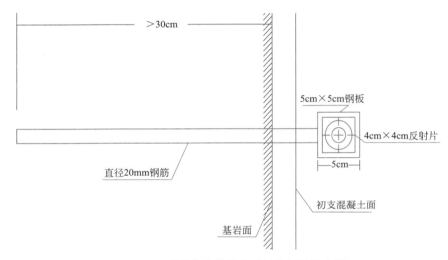

图 13-24　隧道净空收敛点反射片埋设示意图

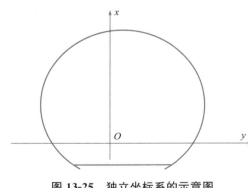

图 13-25　独立坐标系的示意图

② 应按盘左、盘右两个盘位观测至少一测回，并计算测线两端点的水平距离。

在进行现场量测时，为便于变形量的计算和以后各次变形量的比对，必须建立假定的独立坐标系。独立坐标系以被监测的每个断面的工作基点（测站点）为原点，工作基点向上方向（天顶方向）为 x 轴，后视点方向为 y 轴，如图 13-25 所示。

采用全站仪免棱镜模式实施观测时，全站仪采用自由设站法测量各断面内径收敛测点的三维坐标，通过测点的三维坐标反算测点间水平、竖向距离。

通过全站监测的三维坐标反算测点间水平、竖向距离 s_i，并与上次的值 s_{i-1} 进行比较，其差值就是本期收敛量；与初始值 s_0 进行比较，其差值就是该处隧道横断面的累计收敛量。本期收敛量与两期间隔时间相比即为本期收敛变形速率，计算公式如下：

$$S_i = \sqrt{(x_a - x_b)^2 + (y_a - y_b)^2 + (h_a - h_b)^2} \tag{13-11}$$

$$D = s_{i-1} - s_i \tag{13-12}$$

$$\sum D = s_i - s_0 \tag{13-13}$$

式中：x_a、y_a、h_a——测点 a 的三维坐标；

$\quad\quad x_b$、y_b、h_b——测点 b 的三维坐标；

$\quad\quad\quad D$——本次隧道收敛量（mm）；

$\quad\quad\sum D$——隧道累计收敛量（mm）；

$\quad\quad\quad s_0$——隧道初始内径（mm）。

13.5　监控量测的精度和频率

13.5.1　监控量测精度

制定变形监测的精度取决于监测目的、允许变形的大小、仪器和方法所能达到的精度。一般而言，实用目的的观测中误差应小于允许变形值的 $1/20 \sim 1/10$，科研目的的观测中误差应小于允许变形值的 $1/100 \sim 1/20$。在实际工程中，各类水平、竖向位移监测项目监控量测精度应符合表 13-11 中有关要求。

变形监测的等级划分、精度要求及适用范围　　　　表 13-11

变形监测等级	垂直沉降监测		水平位移监测	适用范围
	变形点的高程中误差(mm)	相邻变形点高差中误差(mm)	变形点的点位中误差(mm)	
Ⅰ	±0.3	±0.1	±1.5	线路沿线对变形特别敏感的超高层、高耸建筑、精密工程设施、重要古建筑等以及有高等精度要求的监测对象
Ⅱ	±0.5	±0.3	±3.0	线路沿线对变形比较敏感的高层建筑、地下管线,建设工程的支护、结构、隧道拱顶下沉、结构收敛和运营阶段结构,轨道和道床以及有中等精度要求的监测对象
Ⅲ	±1.0	±0.5	±6.0	线路沿线一般为多层建筑、地表及施工和运营中的次要结构以及有低等精度要求的监测对象

注：1. 变形点的高程中误差和点位中误差是相对最近变形监测控制点而言的。

　　2. 采用各类传感器类监测元器件的监测项目，量测精度不宜低于 $0.5\% F \cdot S$，分辨率不宜低于 $0.2\% F \cdot S$；各类测力计、应力计等量程宜为设计值的 2 倍；结构应力监测中钢筋应力计或应变计的精度不宜低于 $0.25\% F \cdot S$。

13.5.2 监控量测的频率

监测频率应根据施工工法、施工进度、监测对象、监测项目、地质条件的情况和特点，结合当地的工程经验确定。监测频率应满足监测信息能及时、系统地反映监测对象动态变化的要求。

基坑工程施工中支护结构、周围岩土体和周边环境的监测频率可按表13-12确定。

基坑工程监测频率 表 13-12

施工工况		基坑设计深度（m）				
		≤5	5~10	10~15	15~20	>20
基坑开挖深度（m）	≤5	1次/1d	1次/2d	1次/3d	1次/3d	1次/3d
	5~10	—	1次/1d	1次/2d	1次/2d	1次/2d
	10~15	—	—	1次/1d	1次/1d	1次/2d
	15~20	—	—	—	1~2次/1d	1~2次/1d
	>20	—	—	—	—	2次/1d

注：1. 基坑工程开挖前的监测频率应根据工程实际确定。

2. 底板浇筑后可根据监测数据变化情况调整监测频率。

3. 支撑结构拆除过程中及拆除完成后3d内适当增加监测频率。

对于竖井工程，在开挖及支护结构施工期间，井壁支护结构净空收敛监测频率为1次/1d，支护结构完成7d后监测频率为1次/2d，30d后为1次/7d，当净空收敛达到稳定后监测频率调整为1次/（15~30d）。基坑坑底隆起（回弹）监测应在基坑开挖前、开挖完成后、浇筑基础混凝土之前各进行一次，可根据基坑开挖完成至基础施工的时间长度增加监测频率，监测次数不少于3次。对于车站中柱竖向位移及结构应力的监测频率在土体开挖期间宜为1次/1d，在结构施工期间为1~2次/7d。

盾构法隧道工程中隧道管片结构、周围岩土体和周边环境的监测频率可按表13-13确定。

盾构法隧道工程监测频率 表 13-13

监测部位	监测对象	开挖面至监测点或监测断面的距离	监测频率
开挖面前方	周围岩土体和周边环境	$5D<L≤8D$	1次/（3~5d）
		$3D<L≤5D$	1次/2d
		$L≤3D$	1次/1d
开挖面后方	管片结构、周围岩土体和周边环境	$L≤3D$	（1~2）次/1d
		$3D<L≤8D$	1次/（1~2d）
		$L>8D$	1次/（3~7d）

注：1. D——盾构法隧道开挖直径（m），L——开挖面至监测点或监测断面的水平距离（m）。

2. 管片结构位移、净空收敛宜在衬砌脱出盾尾且能通视时进行监测。

3. 监测数据趋于稳定后，监测频率调整为1次/（15~30d）。

矿山法隧道工程中隧道初期支护结构、周围岩土体和周边环境的监测频率可按表13-14确定。

矿山法隧道工程监测频率 表 13-14

监测部位	监测对象	开挖面至监测点或监测断面的距离	监测频率
开挖面前方	周围岩土体和周边环境	$2B<L\leqslant5B$	1 次/2d
		$L\leqslant2B$	1 次/1d
开挖面后方	初期支护结构、周围岩土体和周边环境	$L\leqslant1B$	(1~2)次/2d
		$1B<L\leqslant2B$	1 次/1d
		$2B<L\leqslant5B$	1 次/2d
		$L>5B$	1 次/(3~7)d

注：1. B——矿山法隧道或导洞开挖宽度（m），L——开挖面至监测点或监测断面的水平距离（m）。

2. 当拆除临时支撑时应增大监测频率。

3. 监测数据趋于稳定后，监测频率调整为 1 次/(15~30d)。

地下水位监测频率应根据当地水位地质条件复杂程度、施工工况、地下水位对工程影响程度及地下水控制要求进行确定。

爆破振动监测频率应根据首次爆破时，对需要监测的周边环境对象进行的爆破振动监测结果结合环境对象的特点确定。

施工降水、岩土体注浆加固等工程措施对周边环境产生影响时，应根据环境的重要性和预测的影响程度确定监测频率。工程施工期间，现场巡查每天不少于一次，并做好巡查记录，在关键工况、特殊天气等情况下应增加巡查次数。

在遇到以下情况时应提高监测频率：

① 穿越既有轨道交通工程和周边环境监测等级为一级的工程。

② 工程及周边环境出现异常、监测数据异常或变化速率增大时。

③ 存在勘察时未发现的不良地质条件且影响工程安全时。

④ 盾构始发、接收以及停机检修或更换刀具期间。

⑤ 矿山法隧道工作面及受力转换部位。

⑥ 暴雨或长时间连续降雨。

⑦ 周边环境条件发生较大改变时。

13. 6　监测数据的处理和信息反馈

13.6.1　数据处理

现场量测的数据不经过处理是难以直接使用的，经过处理后的数据能体现监测部位随时间的变化情况。监测数据的处理主要是指对原始观测数据的处理，每次监测结束后应立即对观测数据进行分析、处理，确认监测成果是否超预警指标，对结构及建（构）筑物、地表等的稳定性进行分析。当监测数据出现异常时，应及时分析原因，必要时须进行现场复核。

对监测数据应及时计算累计位移量、变化速率，并绘制相关曲线图（散点图）。施工期间一般绘制监测数据随时间变化的规律曲线即时态曲线（或散点图），如图 13-26 所示。图 13-26（a）绘制了监测变量累计值 P 的时态关系曲线，图 13-26（b）绘制了监测变量变化速度 ΔP 的时态关系曲线。

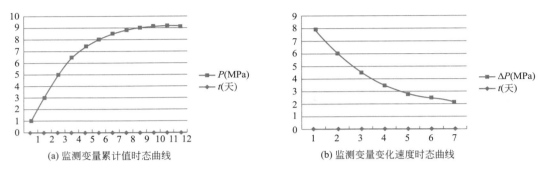

(a) 监测变量累计值时态曲线　　　　　(b) 监测变量变化速度时态曲线

图 13-26　监测数据的时态关系曲线图

根据散点图的数据分布情况，合理选择函数对监测结果进行回归分析，以预测该测点可能出现的最大变形值（位移值）、应力值、变化规律和发展趋势，预测结构和建筑物的安全状况，并根据工程的安全状态提出应采取的措施。

13.6.2　信息反馈

监测信息的反馈方式一般包括书面、电话、短信、QQ 等相关通信方式，监测成果一般采用定期提交报告（日报、阶段性报告）的形式反馈。如遇异常情况，可采取先口头后书面的信息反馈形式，在遇警情时第一时间通知各方单位，并及时出具书面警情报告。监控量测信息反馈程序如图 13-27 所示。

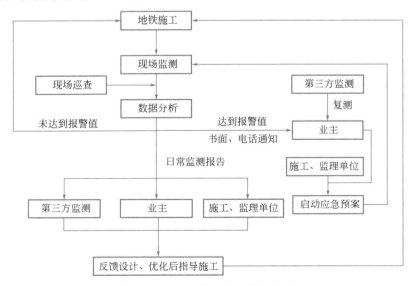

图 13-27　监控量测信息反馈程序

　　工程监测成果资料应完整清晰、签字齐全，监测成果应包括现场监测资料、计算分析资料、图表、曲线、文字报告等。监测报告可分为日报、警情快报、阶段性报告和总结报告。监测报告应采用文字、图片、表格、照片等形式，报告内容表达直观、准确。

思考题与习题

1. 在城市轨道交通工程施工过程中，监控量测的工作内容包括哪些？
2. 在城市轨道交通工程施工过程中，监控量测的目的是什么？
3. 监控量测工作的要求有哪些？
4. 水平位移监测基准网的布设有哪些要求？
5. 竖向位移监测基准网的布设有哪些要求？
6. 基点联测的要求有哪些？

第 **14** 章

Chapter **14**

施工测量管理与质量控制

知识目标

城市轨道交通建设工程中的施工测量是基础性工作，也是工程质量的基本保障。通过本章节教学，使学生系统掌握施工测量的组织管理制度、技术管理制度、质量控制措施等知识。

能力目标

(1) 具备担任工程测量主管的能力。

(2) 具备系统管理施工测量的人员、技术、仪器、资料的能力。

(3) 具备良好的施工测量质量管控能力。

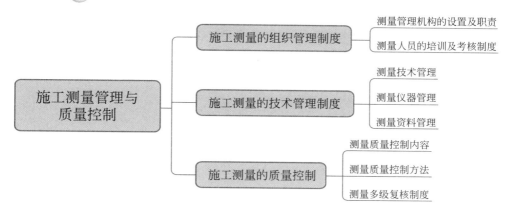

14.1　概述

　　城市轨道交通建设工程中的施工测量是基础性工作，建设工程的质量直接关系工程安全、经济社会发展和人民群众的切身利益，而实施施工测量管理是工程质量的基本保障。为加强城市轨道交通工程测量成果质量的控制、保障建设工程的质量与安全、提高测量成果质量水平，在建设工程中必须要加强施工测量管理与质量控制。本章主要介绍城市轨道交通建设工程中的施工测量组织管理制度、技术管理制度以及质量控制等内容。

14.2　施工测量的组织管理制度

　　针对工程建设中的施工测量工作特点，在施工测量管理中，必须建立测量管理机构，为实现建设项目的测量目标进行筹划、制定实施计划，在工程中进行组织、协调和控制等。管理机构的具体工作内容包括确定施工内容、测量组织架构、建立多级复核体系、制定测量岗位职责、安排测量人员和仪器配置、制定考核标准等。

14.2.1　测量管理机构的设置及职责

　　测量组织架构要适合测量工作的开展与管理，因此应根据工程项目的特点设计组织架构。具体工作包括测量项目的组织形式、组织层次、各层次的组织单元以及相互关系框架等。

　　（1）施工总承包类项目

　　施工总承包：建筑工程发包方将全部施工任务发包给具有相应资质条件的施工总承包

单位。施工单位（承包方）从业主或工程总承包处接受投资及施工图，负责整个工程所有分项；各个专业的全部施工任务接受业主及业主委托监理及质量监督部门的监督。办理工程竣工验收手续，提交各项工程资料。

国内大部分城市的地铁集团将一条城市轨道交通线路分割成多个标段，由各个施工单位进行施工总承包，各自组建项目经理部，进行项目施工生产。在该模式下，项目部的测量管理机构设置如图14-1所示。项目部总工程师全面负责主持施工测量工作，测量主管在总工程师的领导下，带领测量组各成员开展施工测量工作。

随着城市轨道交通工程建设的提速，部分城市的业主将一整条线路直接发包给施工总承包联合体，由施工总承包联合体组建总包管理部，各联合体成员（承包商）组建项目经理部，总包管理部负责对各项目部的质量、安全、进度等进行管理。在该模式下，施工测量管理工作由总包管理部、总包管理部的精测队、项目部三个层级进行管理，各管理层级各司其职、密切配合，总包管理部和项目部的测量管理机构设置如图14-2所示。总包管理部总工程师负责全面领导施工测量管理工作；测量经理负责全线测量工作组织、协调、下达任务、制定技术文件、成果审核、指导精测队和项目部测量组工作等；精测队在测量经理的领导下，负责全线的施工控制网测量及维护，对施工过程中的施工控制测量、竖井联系测量、关键测量工序等进行测量复核；项目部测量组负责工程的全部施工测量作业。

（2）工程总承包类项目

工程总承包：承包范围包括项目资金管理、勘察、设计、施工、请施工监理、办理工程竣工验收手续以及提交各项工程资料。业主可以委托他方做工程总承包，也可自己管理、分项发包。在工程总承包模式下，总包商应注册成立项目公司，下辖工程建设指挥部，建设指挥部及项目部的测量管理机构设置可参照图14-2中的总包管理部和项目部测量管理机构设置。

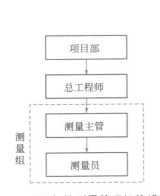

图 14-1　项目部的测量管理机构设置图

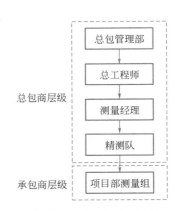

图 14-2　总包管理部和项目部的测量管理机构

14.2.2　测量人员的培训及考核制度

1）明确岗位的能力要求，如文化水平、工作经历、技能要求、培训要求等。

2）监理岗位培训制度，不断提高业务水平，确保工作质量。

3）明确测量任务所要求的设备类型、规格，如 GNSS 接收机、全站仪、水准仪的精度要求和操作流程等。

4）定期召开施工测量培训交流会，结合现场情况进行技术总结和经验交流。经常开展测量先进经验和先进方法的推广活动，适时举办测量技能比赛，促进测量人员的技能水平提升。

5）为了保证项目目标的实现与工作内容的完成，必须对组织内各岗位制定考核标准。考核标准包括考核内容、考核时间和考核形式。

14.3　施工测量的技术管理制度

14.3.1　测量技术管理

施工测量技术管理主要包括施工图纸会审、施工测量规划和方案设计、测量技术交底、测量检查与验收等。

（1）施工图纸会审

图纸会审是承包商熟悉设计图纸，了解工程特点、设计意图和关键部位质量要求的手段。项目部测量组应参加图纸会审，以便了解对测量的精度要求，制定合适的施工测量方案，以满足设计、施工需要。

（2）施工测量规划和方案设计

测量人员应了解施工组织设计和施工工期节点目标，以便根据施工要求，提前规划施工测量工作、编制施工测量方案或专项测量方案及施工测量工作计划。

（3）测量技术交底

测量技术交底是由监理单位的测量专业监理工程师对全线测量控制网的布设要求、施测方法和测量技术指标，施工测量采用的测量技术标准、质量要求及质量评定标准等进行交底。

（4）测量检查与验收

根据测量技术标准和质量要求，由监理单位的测量专业监理工程师采用现场实测、旁站监督、指令承包商复测以及对施工单位项目部的测量方案、测量计算资料和成果的复核等监理方法进行检查，重要项目要组织专家对测量成果进行质量验收。第三方测量单位应采用仪器检测、成果复核等手段对承包商的测量产品、成果进行检查复核。

14.3.2　测量仪器管理

测量仪器是测量人员工程施工的有力武器。爱护好测量仪器及工具是我们每一位测量工作者应具备的职业素养，正确使用、科学保养仪器是保障测量成果质量、提高工作效率、延长仪器使用年限的重要保障，是每个测量工作人员必须掌握的基本技能。否则不但会延误测量工作的进展与任务的完成，还会造成仪器损坏。为此，我们必须正确使用仪器，了解仪器性能、基本构造和操作方法，加强仪器的维护和保养意识。

1）测量仪器应存放在仪器室中由专人保管；对贵重精密测量仪器（如全站仪、精密水准仪、激光铅垂仪）应规定专人保管、专人专用、专人送检、他人不得随意动用，以防损坏，降低精度。

2）新购仪器、工具在使用前应到国家法定计量技术检定机构检定，其他仪器每年在检定证书到期前应及时送检。

3）各种测量仪器使用前必须进行常规检验校正，使用过程中做好维护，使用后及时进行养护。

4）严禁使用未经检验和鉴定、校正不到出厂精度、超过鉴定周期以及零配件缺损和示值难辨的仪器。

5）仪器要小心轻放，避免强烈的冲击震动。安置仪器前应检查三脚架的牢固性，整个作业过程中工作人员不得离开仪器，防止意外发生。

6）仪器长途运输时，应切实做好防震、防潮工作。装车时务必使仪器正放，不可倒置。测量人员携带仪器乘汽车时，应将仪器放在防震垫上或腿上抱持，以防震动颠簸损坏仪器。

7）必须建立健全测量仪器设备检定台账、日常检校维护记录台账、仪器档案等制度，仪器出库、入库调迁项目，应办理登记、签认手续。

14.3.3 测量资料管理

城市轨道交通工程的测量资料包括施工测量资料和施工监测资料，应明确施工测量应形成和保留的各种记录类型和数量，明确记录人、校核人，明确记录要求和保存要求等。测量室设专人管理原始记录和资料，建立台账，及时收集，按控制测量、单位工程分项整理立卷。因人事变动所涉及的测量记录和资料，由总工程师、测量主管主持办理交接手续。

需要整理归档的施工测量资料主要有：

1）交接桩记录表。

2）施工测量方案。

3）控制测量类：控制网复测报告、加密导线（水准）测量报告、联系测量报告、地下控制测量报告、贯通测量报告。

4）车站施工测量类：围护桩工程定位及测量复核记录，基坑验槽测量放线及标高抄测记录，车站底板、中板、顶板及侧墙、立柱测量放样记录，人防门基座测量定位记录等。

5）暗挖隧道施工测量类：长管棚工程定位及测量复核记录、洞身开挖测量放线记录、初支断面测量记录、二衬断面测量记录等。

6）盾构隧道施工测量类：洞门钢环测量报告、盾构计划线坐标计算复核报告、盾构始发基座和反力架测量报告、盾构始发姿态测量报告、盾构管片姿态测量报告等。

7）高架结构施工测量类：桥墩桩基工程定位及测量复核记录、承台工程定位及测量复核记录、墩柱工程定位及测量复核记录、支座及垫石工程定位及测量复核记录、盖梁及纵梁工程定位及测量复核记录等。

8）竣工断面测量报告。

需要整理归档的施工监测资料主要有：

1）施工监测方案。

2）施工监测周报、月报。

3）施工监测预警、消警资料。

4）施工监测总结报告。

施工测量作业过程中的施工测量记录资料应符合以下要求：

1）原始真实、数字正确、内容完整、字体工整。

2）记录应填写在规定的表格中，开始应先将表头所列各项内容填好，并熟悉表中所列各项内容与相应的填写位置。

3）记录应当场及时填写清楚，不允许先记在草稿纸上后转抄誊写，以防转抄错误；保持记录的原始性和可追溯性。采用电子记录手簿时，应打印出观测数据。记录数据必须应用法定计量单位。

4）字体要工整、清楚，相应数字及小数点应左右成列、上下成行、一一对齐。记错或算错的数字，不准涂改或擦去重写，应将错数画一斜线，将正确数字写在错数的上方。

5）记录中数字的位数应准确反映观测精度，如普通光学水准读数应读至 0.001m，若某读数正好是 1.45m 时，应记作 1.450m，而不是 1.45m。

6）记录过程中的简单计算应现场及时进行计算，并做检校。

7）草图、点之记图应当场勾绘，方向、有关数据和地名等应一并标注清楚。

14.4　施工测量的质量控制

对于施工测量管理活动，应按照质量管理体系标准的要求，明确施工测量必须的过程、活动及其合理的顺序，明确对过程的控制所需的准则和方法。收集与施工测量相关的法规、规范、标准等工作中应依据的文件的有效版本。

14.4.1　测量质量控制内容

城市轨道交通工程施工阶段的测量质量控制主要有：为土建结构施工所进行的地面控制测量、联系测量、地下控制测量、贯通控制测量以及施工监测的质量控制。内容包括技术设计、测量过程、成果质量控制等；保证结构贯通测量中误差横向不超过 ±50mm、竖向不超过 ±25mm；为防止重大安全事故发生及时提供施工中基坑、隧道以及周边环境的变形信息等。

14.4.2 测量质量控制方法

城市轨道交通工程施工阶段的测量质量控制方法有多种，应根据实际需要有针对性地选用。测量质量控制方法可分为技术方法、组织方法和管理方法等。

（1）技术方法

质量控制的技术方法包括编制施工测量方案、测量方案的审批、测量技术交底、测量方案的实施和过程中的质量检查、测绘产品的质量验收和质量评定、技术创新等。

（2）组织方法

质量控制的组织方法主要是建立测量质量体系、推行质量责任制、实施质量审核制度等。

（3）管理方法

质量控制的管理方法包括开展测量质量管理活动、进行质量监理与监督、制定质量奖惩制度并进行质量奖惩、加强合同管理等。

14.4.3 测量多级复核制度

为保证施工测量的质量，杜绝测量质量事故，城市轨道交通工程测量实行多级复核制度。施工单位必须建立健全自己内部的、行之有效的多级复核制度，以保证测量成果的准确。

项目部必须建立测量成果自检和互检制度。总承包管理部或投融资项目公司建设指挥部应成立精测队，对项目部的控制测量及关键测量工序进行复测管控。受业主委托的监理部测量组及第三方测量对项目部测量成果进行复核把关。

在城市轨道交通土建工程阶段的施工测量过程中，各总承包管理部或投融资项目公司的专业精测队、监理部测量组、业主的第三方测量队必须进行测量复核的重要测量环节如下：

（1）地面、地下控制测量及联系测量

1）交接桩复测。

2）地面加密导线点、加密水准点测量。

3）明挖法或暗挖法车站在施工完第一块底板后的地下导线及水准测量。

4）明挖法或暗挖法车站在施工至整个底板长度的1/2处时的地下导线及水准测量。

5）暗挖法车站初支底板结构完工时的地下导线及水准测量。

6）暗挖法车站二衬施工完成后的地下导线及水准测量。

7）矿山法竖井、盾构始发前的联系测量。

8）矿山法区间在隧道分别掘进至50m、100～150m、贯通前150m处时包括联系测量在内的地下导线及水准测量。

9）矿山法区间若单向掘进长度超过1000m时，掘进至150m后每600m必须增加一次包括联系测量在内的地下导线及水准测量，并加测陀螺定向以校核坐标方位。

10）矿山法区间初期支护贯通后的地下控制点联测。

11）盾构法区间在隧道分别掘进至 150m、300～400m、贯通前 150m 处时包括联系测量在内的地下导线及水准测量。

12）盾构若单向掘进长度超过 1500m 时，掘进至盾尾距始发面 600m 后每 500m 必须增加一次陀螺定向，以校核坐标方位。

13）盾构法区间贯通后的地下控制点联测。

（2）明挖法车站施工测量的重要测量环节

1）围护结构桩的第一根桩设计中心或第一幅连续墙设计中线两端点，以及整个车站围护结构两端的设计中心的四个角点。

2）围护结构的不规则位置及转折点位置。

3）主体结构不规则位置及转折点位置。

4）如有盾构洞门钢环，须在浇筑混凝土前检测成型洞门钢环。

5）与相邻工点的贯通误差测量及相邻工点的联测。

6）竣工断面测量。

（3）盾构区间施工测量的重要测量环节

1）始发井或接收井内的成型洞门钢环复测。

2）盾构计划线逐桩坐标计算复核（项目部→后台公司→总承包管理部精测队），在项目部测量组导入盾构测量导向系统后，精测队再次导出到办公电脑中独立复核（简称"双向确认"）。

3）始发基座及反力架复测。

4）盾构始发姿态测量。

5）管片姿态测量。

6）隧道贯通误差测量。

7）与车站底板的地下控制点联测。

8）竣工断面测量。

（4）暗挖区间施工测量的关键测量工序

1）进洞口及出洞口处的长管棚、导向墙复测。

2）初支断面测量。

3）隧道初支贯通误差测量。

4）竣工断面测量。

（5）明挖区间施工测量的关键测量工序

1）围护结构的第一根桩设计中心或第一幅连续墙设计中心线两端点。

2）围护结构曲线要素的直缓点、缓直点对应的围护结构桩设计中心或连续墙设计中心线。

3）围护结构、主体结构的不规则位置及转折点位置。

4）与相邻工点的贯通误差测量。

5）竣工断面测量。

（6）高架区间施工测量的关键测量工序

1）施工中的第一根桩设计中心。

2）承台中心坐标、轴线复测。

3）墩身垫石轴线及标高测量。

4）桥梁贯通误差测量。

5）竣工断面测量。

思考题与习题 🔍

1. 施工测量技术管理主要包括哪些内容？

2. 哪些施工测量资料需要整理归档？

3. 施工测量作业过程中的施工测量记录资料应符合哪些要求？

4. 测量质量控制的内容有哪些？

5. 简述测量质量控制方法。

参考文献

［1］潘正风，程效军，成枢，等．数字测图原理与方法［M］．2 版．武汉：武汉大学出版社，2009．

［2］王劲松，李士涛．轨道工程测量［M］．北京：人民交通出版社，2013．

［3］程鹏飞．2000 国家大地坐标系实用宝典［M］．北京：测绘出版社，2008．

［4］李征航，黄劲松．GPS 测量与数据处理［M］．3 版．武汉：武汉大学出版社，2016．

［5］张正禄．工程测量学［M］．武汉：武汉大学出版社，2005．

［6］邱冬炜，丁克良，黄鹤，等．变形监测技术与工程应用［M］．武汉：武汉大学出版社，2016．

［7］秦长利．城市轨道交通工程测量［M］．北京：中国建筑工业出版社，2008．

［8］杜晓波，张莉．城市轨道交通工程施工测量［M］．北京：中国铁道出版社，2013．

［9］中华人民共和国住房和城乡建设部．城市轨道交通工程测量规范：GB/T 50308—2017［S］．北京：中国建筑工业出版社，2017．

［10］中华人民共和国住房和城乡建设部．城市轨道交通工程监测技术规范：GB 50911—2013［S］．北京：中国建筑工业出版社，2013．

［11］中国城市轨道交通协会．城市轨道交通 2019 年度统计和分析报告［J］．城市轨道交通，2020（02）．

［12］宁津生．测绘科学与技术转型升级发展战略研究［J］．武汉：武汉大学学报（信息科学版），2019（01）．

［13］齐庆会．三维航摄及激光雷达技术在权籍调查中的应用［J］．辽宁：辽宁工程技术大学学报（自然科学版），2020（04）．

［14］中国城市轨道交通协会．城市轨道交通 2022 年度统计和分析报告［J］．城市轨道交通，2023（02）．

［15］中国城市轨道交通协会．城市轨道交通 2021 年度统计和分析报告［J］．城市轨道交通，2022（02）．